四川大学哲学社会科学出版基金资助

符号学译丛 ◎ 丛书主编 赵毅衡 唐小林

符号与传媒
Semiotics & Media

成为丑闻的事件是否有内在的"丑闻性"？
丑闻并非来自于事件本身，
而是由公众舆论制造出来的，
公众观念往往由媒体建构。

Power of Scandal: Semiotic and Pragmatic in Mass Media

丑闻的力量：
大众传媒中的符号学

[意]约翰奈斯·艾赫拉特/著　　宋文/译

四川大学出版社

责任编辑：吴近宇
责任校对：黎伟军
封面设计：米迦设计工作室
责任印制：王 炜

图书在版编目(CIP)数据

丑闻的力量：大众传媒中的符号学 ／（意）约翰奈
斯·艾赫拉特著；宋文译. 一成都：四川大学出版社，
2016.10
 （符号学译丛／赵毅衡，唐小林主编）
 ISBN 978－7－5614－9812－5

Ⅰ.①丑…　Ⅱ.①约…　②宋…　Ⅲ.①大众传播－传
播媒介－符号学－研究　Ⅳ.①G206.2-05

中国版本图书馆 CIP 数据核字（2016）第 205665 号

四川省版权局著作权合同登记图进字 21－2016－312 号

书 名	丑闻的力量：大众传媒中的符号学
	chouwen de liliang dazhongchuanmeizhong de fuhaoxue

著　　者	约翰奈斯·艾赫拉特
译　　者	宋　文
出　　版	四川大学出版社
地　　址	成都市一环路南一段 24 号 (610065)
发　　行	四川大学出版社
书　　号	ISBN 978－7－5614－9812－5
印　　刷	郫县犀浦印刷厂
成品尺寸	170 mm×240 mm
印　　张	16
字　　数	293 千字
版　　次	2016 年 12 月第 1 版
印　　次	2016 年 12 月第 1 次印刷
定　　价	48.00 元

◆读者邮购本书，请与本社发行科联系。
　电话:(028)85408408/(028)85401670/
　(028)85408023　邮政编码:610065
◆本社图书如有印装质量问题，请
　寄回出版社调换。
◆网址:http://www.scupress.net

主要内容：成为丑闻的事件是否具备内在的"丑闻性"，或者说，确实存在本身就会演变为丑闻的事件吗？在《丑闻的力量》一书里，"丑闻"这一概念重新得到了审视。丑闻并非来自于事件本身，而是由公众舆论制造出来的，而公众对某一事件的观念则由媒体叙事建构。丑闻之所以有力，是因为它能够挑战现有体制，削弱其合法性。在丑闻的制造过程中，传媒起到了整合作用，它将真实事件解释为公众有目的性的行为。通过对当今大众传播中大量丑闻的讨论，艾赫拉特得出了全新而令人惊奇的结论：丑闻是建构出来的观念。

　　艾赫拉特将经典的符号学和实用主义理论用于对当今传媒的分析，特别针对性虐童案和电视布道中的道德话语进行了深入考察。在他看来，对丑闻的社会学和传播学研究忽略了传媒的建构本质，而他关注的是有意义的公众叙事方式是如何被生产出来的。通过对传媒观点和公众舆情的对比研究，《丑闻的力量》一书为我们理解大众传播提供了另类的视角。

序

什么是公众舆论？或者更该问：什么不是公众舆论？

它既不是我的观点；也不是你的观点。它甚至不是我们共同的观点，那么就让它成为共识，作为总和，或者至少作为你我的共同点。此外，它甚至不是个人观点。实际上作为公众舆论，丑闻是"大众"对于某人或某事的看法。

那些以研究为目的的民意调查并非所谓的公众舆论。它至多是研究人员选择的数据概要，用于阐释那些被选来代表大众的人们的观点（布尔迪厄，1980）。

事实上，公众舆论是所有人的意见。它是我认为的大众想法，也是你认为的大众想法，但是没有人认为任何人有可能弄清大众的共同看法。

公众舆论是迷你的外行的微观社会学。我们都沉溺其中，和专业社会学家考虑行动时遇到同样问题（舒茨，1973，Ⅰ：118－39），即我们将如何理解大众？显然大众不是外面世界的一个客体，而是作为实际主体在本质上和我们自身相连。舒茨在讨论韦伯的中心原则时指出，社会认知身份是韦伯理论支柱，其结论我们以后会提及。

这并不意味着公众舆论仅是一个观念。事实上，它对采取何种行动，如何实施行动有着很强的影响力。

正如我们刚提到丑闻是"大众"对于某人的看法。也即是说，民众具有自身惩罚某人的权力，但只能集体行使。一个丑闻引出一个小而重要的区别：众人和被处罚的人之间的差别，也就是说，这是个坏人，而我们是好人。

宗教和公众舆论之间关系特殊。可以说，两者是天敌，彼此争夺权威的战场。公众舆论通过设定目标指导人类行动，而作为宗教参照物的上帝，则在信仰者追寻超验目标和美德源头时，对公众生活产生实际效果。

在方法论上，公众舆论的天然诉求从一系列历史事件中剖析宗教丑闻话题，宗教不是其他宏大理论，而恰恰是争论焦点。这将意味着要"重新叙述"宗教丑闻——绘出叙述全景，以揭示主题的不同侧面。一些研究已将此天然诉求运用于政治丑闻、性丑闻等研究当中。对于宗教来说，尤其是在滥用丑闻的美国，此种话题处理方法已泛滥于市。我们的兴趣不在事件本身，而是更理论化和普遍化的探寻。因而我们的方法不在于讲故事，而在于揭示（任何方式的）历史伪装。

本书的前四章旨在理论综述。从观察媒体丑闻中形成初级洞察力，进而从中推断出可传播的公众意见中的反观意义理论，同时指向符号学理论的传播，最终我们将对照检验哈贝马斯和卢曼的媒体理论。

第一章我们回顾丑闻现象并检视多种应对理论。这将形成一个平台以揭示其隐含维度，以便深入探寻更为广阔和普遍的领域。

第二章我们剖析其中之一领域：客体本身特性即公众舆论现象。为了领会如此难以理解的观念，我们提出两种截然不同的思维方法：拟像和实证。拟像是将无形的熟悉物视为一种经验"比喻"。实证是从熟悉的经验上升为无形的原则，并能维持下去。针对理式对象的讨论提供了一个和哈贝马斯——最闻名的剖析公众舆论的作者进行辩论的机会。但为了避免对哈贝马斯的狭隘诠释，我们将撒下更大的网。目的是包含从根本上处理自在传播意义性质所采用的截然不同的方法，以及传播如何和社会观念相联系。如果不明确公共意义的来源和如何建构，丑闻就是其浓缩点，所有对公共舆论的说明都将难以服人。我们判断在争论中逐步引入符号学核心概念是有益的（而非从头开始制作符号论述表格）。这样做的好处是本书讨论的符号学实例会立刻和具体的理论问题相联（这样就不会非常抽象）。此外，对符号学的一般介绍已由本书作者在早期论著中论及（艾赫拉特，2005a）。

第三章是符号观念和概念对舆论的全新理解以发挥其成效。作为意义的产品而非可触摸物品，其具体模式是符号产生的独特过程。这样说来，我们必须避免将公共意义和现实隔离开来，好像现实不在意义生产中起作用似的。此外，舆论是一个符号特殊过程，产生了叙述文本和合法化的目的论。当然有古代和现代的多种叙述的概念化，语言学姿态导向结构主义者，符号学理论成为主导。其最新体现是符号叙事学，设想叙事依赖阐明行为。尽管企图合并，符号学并不享有基本假设，而这导致了不可避免的辩论，同时也要求符号学二中择一。在调查目的论和合法化的逻辑和符号活动后，我们将考虑公众舆论的文化和历史形式。虽说是历史偶然性的自然结果，但舆论并不新颖，相反，它建立在一种模式上，其特殊意义可回溯到古代。我们恰当地将公众舆论的戏剧模式总结为景观意义模式，希腊语为"θεωρία"。

第四章花了很大篇幅讨论卢曼系统理论的关键设想，主要是媒体理论。符号学本来不仅是对媒体，更是对符号的各种变体的认识。和系统理论争论的焦点在于原则层面，如符号有功能吗？在经典的皮尔斯认知掌握领域（可能的、现存的、必然的存在），或仅是狭义的社会存在，他们的事务何在？又比如，提供机会以发展社会符号，并即刻将成果和具体的社会媒体存在联系起来。此时我们会检验引人入胜的公众舆论现象的初始分析，它对宗教有侵害（反之亦然）：电视布道。

第五章我们力图在理论上厘清意义的核心机制。系统理论试图将此机制看作功能。这是否比取决于符号三义的现实理论更具有阐释力量？系统理论的力量在于声称为社会提供全面的理论，指的是非实体的"社会之社会"（卢曼）。即使没有同样的假设，我们仍会测试在此领域的符号学潜力：具有挑战性并占据中心的社会理论概念。此章延续对核心问题的实用考量，以宗教呈现的形式侵犯大众逻辑。我们将看到，一旦社会符号对电视布道施加影响，它将不仅作用于美学层面，更是一种电视形式。

第六章将浅涉在成为大众舆论对象前的宗教。我们将论述在哪个关卡宗教会决定推向公众。电视布道仍是从私人宗教仪式到大众宗教仪式转折的经典诠释，这为电视布道秀的结构性支柱提供了符号过程描述。在此阶段作为宗教仪式大众化后引发的最初反感，和公众舆论的基本冲突也更为明显。

第七章检视丑闻生产的叙述"技巧"。何种叙事手段能产生特殊效果，一系列事件报道后哪一个可能形成丑闻。我们追踪分析如今闻名的《波士顿环球报》报道的虐童丑闻（CSA）新闻报道，会发现这一案例将引导我们思考专业实践，比如记者调查和客观性"产业"生产。符号学分析的一个重要结论是两种元文本概念：权力的合法化和自我实现，就此我们能够从理论上推断出各类丑闻。我们从报道程序中观察丑闻的形成过程。此阶段最重要的发掘是构成事件的整个步骤叙述和逻辑关系。关于理论论据，我们将在具体的系列虐童丑闻论述中重点关照。

第八章事实的核心议题。何为丑闻真实？当初我们未曾考虑过分简单的所谓造成丑闻的"真相"。由于未顾及，我们的调查形式主要是几乎可以完全决定丑闻意义的叙事要素。但是这种意义下现实是内在的，因此理论必须找到成熟的方法来整合现实。在元文本帮助下，有可能将社会视为体制现实而非简单的实际真实，这是组织化现实。在此范围内，揭示丑闻可能倒逼体制进行实质性的改变，一个社会制度影响其他制度。但有后果必有前因，除"愤慨"外，更需考量丑闻产生的原因。我们将检视如何把经验现实转化为问题现实，这是前者对制度产生影响的关键。

当我们回到研究对象——丑闻，很明显它正逐渐成为新闻工作的理论和实践的简短定义。丑闻存在是如此普遍，它是报刊支柱，甚至是新闻业的最高境界。在世界范围内，我们常常陷入各种"门"。然而由英美媒体（始自查拉比著名却极端的论文）发明，像工业产品的丑闻似乎和客观性理式在某些方面相左。客观性理式已让位于更符合实际的新闻产业产品，当然它仍然管用。媒体的自我诉求不可阻挡地呼吁这一理式。在《波士顿环球报》发表的分析丑闻曝光的文章中，我们将论证吸人眼球的冲突：冲突双方的来源，法律公司的公关努力。沿此脉络，当丑闻目标是宗教时，相关棘手问题便出现，且凌驾于公众舆论裁决之上。

在传媒研究的主要方法论下，令人吃惊的是媒体本身遭到了忽视。主流社会学将"丑闻"置于受众一方。作为产业文本产品的丑闻因而被看做仅是抽象概念：丑闻貌似有迹可循，实际根植于公众舆论的操纵。文化理论中的"定性的""主动的观众"方法不适用于媒体性质。因而一个囿于且游离在媒介之外的社会总需求的读者群，重新建构起丑闻应激反应的预期标准。在此，事实发生在观众的日常生活中，恼怒情绪，社会互动和思维框架。另外，丑闻是真实生活事件的起点，媒体学者的任务是通过媒体跟踪事件的直线或弯曲的路线图。这一方法相当普通，但无法作出解释。这些令人反感的事件来源于公众的基本判断，而非自我辩解。媒体既不传输丑闻也不公开透明——他们以自己的权利和方式生产意义。将制造丑闻的各种因素混杂在一起是无益的，恰恰是掩盖了新闻建构的关键因素。

丑闻并非新闻报道中的真实事件，而是对事件的媒体报道。换句话说，是通过公众舆论使一个真实事件变成丑闻。公众舆论不是任何人的意见，也无法定量衡量；相反，它产生叙事意义，且总是如此。

目　　录

1 媒体丑闻本质的理论方法研究

并非每个丑闻都会真正发酵为丑闻，那些特权阶层所谓的丑事倒不具备丑闻的效力。因此建议分清良莠。不是每一则负面报道都具备影响力，正如不是每一次成功的公关手腕都能维持效果。另外，许多小丑闻是产业不择手段乞求名人进行炒作的结果。在"名利游戏"的规则下，公关机构（名人经纪人）和娱乐小报之间彼此心照不宣，事实上，两者是完全的双栖/寄生共存关系。无疑，如何定义丑闻并非不着边际，相反，它对理论研究至关重要。这点会在1.1章节处展开讨论，1.2章节将涉及如下主题：从获利者和受害者角度讨论媒体丑闻特点，理式主体和理式客体的价值之关键因素如何建构，以及裁决或惩罚如何通过。我们注意到任何炒作都无法由个人孤立运作完成，而是均由产业实施平台来支持，这依赖于或者说根植于古代仪式的文化逻辑模式，如以古代剧场的形式涉及建筑、社会、意义。这在丑闻叙述形式上表现得相当明显，我们会在1.3部分进行详细讨论。

媒体丑闻的"实质性"不仅和其生产实际性相关。1.4部分还主张"丑闻"的宗教（始发的）意义和其社会意义不同，更不必说媒体背景。由此得出结论：没有语义杂交的媒体丑闻反而能得到最佳诠释。

电视是否是最适合传播丑闻的媒介？在1.5部分我们将看到，电视在其他方面也许一无是处，却最具潜力解除疑虑，消除丑闻的盲目构想。电视如果不确定其指控要点的客观性（客观的，ἁμαρτία），那么电视丑闻生产不过是主观上的冒犯而已。

我们如何发展一个在根本上以媒体为主导的丑闻理论？有无可能发展这样的理论，即我们能否无须不断将一般的人类行为作为解释要素，作为道德和处罚依据？在1.6部分我们诉诸绝对叙述，不依赖真实的人类行为，而是在逻辑上进行模仿、转换。我们从不按叙述演绎事件，虽然后见之明让我们相信我们的确这样做了。然而同一个行为在不同的故事可以被重新叙述。媒体舆论恰恰形成于可确定、可辨别的叙述方式，并得到多元世俗文化模式的支持。

这种模式可以概括为舆论。舆论由叙述完成，但并非每次都是从头做起。它以叙述为基础，然后分化为亚论述。但是由后者提供叙述的规范性，每一事件都在综合矩阵中被重述，显得焕然一新。我们在 1.7 部分论证标准型叙述具备的真相条件，通过各种标准连接以辨别事实真相。

1.1 丑闻研究趋于如何看待媒体丑闻

要搞清真正丑闻的影响力，实非小事。有些学者认为丑闻和"主流道德标准"之间形成冲突，如麦克罗比和桑顿（1995，560）就详尽讨论了隶属媒体社会学的论题"道德恐慌"（559）。然而丑闻真的和道德有关吗？把丑闻"内在道德"叙述生产作为纯文本来调查，难道不足够吗？对于确实作用于实际生活中的道德标准的大众传媒影响，以及最擅长说教的媒体类型提供的丑闻证据，人们如何能够将其概念化？这些如何堂而皇之地进行操作？充斥着真实世界读者、听众或观众的愤怒当然是不够的，然而这是勒尔和海纳曼（1997，10f）留下的印象。很多情况肯定会激起义愤，而且该义愤往往和特殊阶层和利益关联。但这不是造成丑闻的可靠标记，因其并不依赖真实的受众。相反，丑闻需要一个"读者"，他仅存于新闻工作者头脑想象中，是丑闻制造的目标人群。

有个丑闻社会学定义常被引用，"当私人行为使一个社会团体理式化的主流道德蒙羞或冒犯而被媒体公之于众，媒体丑闻便产生了，造成一系列从意识形态到文化方面的整顿、侵扰和变化的后果"（勒尔和海纳曼，1997：3）。然而这一定义需要修订，以此调整相关因素间的关系，经过媒体的发布和叙述，作为公众舆论实例经受惩罚判断构成事件；作为负面惩罚行为，对社会制度和社会人产生影响，媒体丑闻得以成型。"建构"一词并非暗示虚构。我们将在符号学意义上使用"建构"，其构成和衰退一样，进一步阐释是自然且必需的。当新阐释赋予新意义时，符号意义便会"扩大"。正是在此意义上，丑闻的丑闻性是意义剩余价值超越了原本的行为规范意义。这一附加意义需进行独立分析，因为它无法从潜在的行为发生去阐释其意义。尽管分析对象是丑闻，为了获得对丑闻本身更为准确地把握，我们将暂时不涉及方法论上的行为实际意义。当然，在更为宽泛的实用语境中，丑闻和行为相关联。

从方法论上把丑闻和正常行为划分界限可以防止我们仅将丑闻视为一般行为的延伸。如果我们基本将丑闻看作是正常行为，媒体丑闻就特别要冒着失去其特性的风险。勒尔道德论切入法的缺陷并不在于其假设的现实主义，而在于其暗示的 ceteris paribus（其他因素不变），真实世界表演者的道德情操根本上应当和媒体丑闻因忽略重要的原则差异而由叙述造就的愤慨相一致。一个精确的符号学分析将显示出媒体丑闻和可耻行为不仅相关意义不同，而且性质不一。该区分对道德情操本身也有裨益，因其认知无法通过简单的叙述手段得以解释。符号学—应用学—符号规范的道德行为当然是值得一试的主题。即便这样，很显然认知—逻辑生成（符号关系的第三相关物）并非由叙述—目的论预定。相反，和它特别相关的是直接经验，即第二相关物。在道德情操的特别语境下，因某事生气会在意义上得出和媒体丑闻叙述拼凑截然不同的判断。我们有正当理由声明放弃参照真实读者在道德情操方面的努力，或者是不参照主流道德观，然后从某些情绪中推导出媒体丑闻的道德性质。在这方面，勒尔和海纳曼（1997，18f）从符号学的视角误读了"符号使用"，好像社会和个人经历的互动需添加他物。事实上，真正的社会互动本身即是符号象征。

不断炮制丑闻的产业必然具备相当不同的娱乐观。许多制造者对丑闻产品的自我辩解必然和媒体丑闻学研究相关。我们应当接受丑闻制作者抱歉式的自以为是，断言社会必须感谢他们确保作恶者不能压制令人不安的事实吗？他们辩解说只有通过他们的努力，政治家和法庭才能经争吵磨合而采取行动。这些努力目标会使人看待事物的角度全然不同。从他们的角度来看，丑闻仅是用来设计达到淫秽的目标。丑闻的力量甚至法庭也几乎无法抵抗（即使原告赢了官司，造成的伤害已难以修复）。

丑闻是关乎个人感知的吗？人们站在哪一立场？感知力是丑闻（某种意义上）的关键特性吗？从这些意义上说，丑闻似乎消弭了中立的可能性。在各冲突方取得平衡之前，社会也乐见此经由法律系统的第三对手，民主政休是由主权在民的第三党能够随时带来变化。丑闻却缺乏这些机制，而是更接近过时已久的私刑、自设袋鼠法庭（非正规法庭），人物刺杀以及"民众情绪试探"。

我们的兴趣在于丑闻本身。它们如何运作，如何产生，如何避免？然而让我们首先提问：到底是什么造成了丑闻？丑闻传播交易的一部分显示不同之处在于目标——只有通过丑闻才能揭示某些特别的事情。但这是特许的自我标榜——一个文本掩盖了许多同一情况文本类型的普遍情况。一则温和的警察报告和头条媒体丑闻可能目标完全相同，报道完全一样的历史事件。然而，这是两个不同的世界，因为丑闻有其特殊性。是什么使丑闻成为丑闻，而警察报告却成为法律档案？通过何种手段，丑闻变成额外的对象，即我们所说的剩余价值。仅淫秽一项就能够诱惑我们有所反应，难以自持，也让我们期待他人和我们反应相同吗？

任何事都可能成为丑闻。但不是任何方法都能炮制丑闻——人们必须知道如何去制造它。这并不是说丑闻事由即"素材"是任意的，它可以想象或发明出来，因为丑闻的重要方面需是"对的"，而"对的"材料却可以是制造的任一部分。在丑闻报道中出现真实可靠、无可争辩的事实很重要。然而，"每件事"对并不说明整件事也是"对的"。那些可靠事实有时不只是事实，事实把真相编入所要叙述的故事，该故事以亚里士多德的诗学从头到尾按照叙述者意愿近乎合理地安排。因此，当丑闻故事需要事实时，目的却并非证实真相。同样是事实，目的却各不相同。警察报告以事实为证据，程序法规的唯一目的在于决定是否合法。

和警察报告相比，丑闻有其特殊的一面：看它如何制造剩余价值，丑闻对象本身并不特殊。修辞论证和丑闻正相反，前者一般夸大或压制事实，但仍和它所说的现实相关，而后者涉及转化过程，其目的在于对演员的改造。我们对媒体丑闻的先期观察令人印象深刻，但最终如果要深入了解，我们需用强有力的理论来支撑。另外，我们需要理论以观察内在的丑闻运作模式。只有这样我们才能掌握宗教丑闻的特性。即使是实际的交流策略（公共关系、危机处理、舆论控制）也依赖理论。

当丑闻捏造事实时，它实际收获了什么？从其结果中我们能梳理什么特点？一旦我们能回答这些问题，我们将能区分丑闻和修辞论证。尽管接近现实建构问题将我们置于某些丑闻理论碰撞中，我们仍然要回答上述问题。

冲突主要来源于图姆伯尔和韦斯博德（2004a，b）的理论，它专注于比较丑闻和事实。然而如我们将看到的，以下问题揭示的是伪问题：丑闻是否忠实于真相，是真实的或客观的吗？或是（用贝雷尔森的术语反省假说）丑闻暴露的社会现实？图姆伯尔和韦斯博德追随洛伊，将丑闻具体还原为腐败的曝光，由此建立普通人所期望的和那些被选中的、特权阶层的行为之间的关系。但这样做，他们忽略了丑闻正面的"成就"和动态。鉴于媒体丑闻频发，尤其是宗教丑闻，不可避免地造成公众印象：越来越多的丑闻正在发生，因为我们的社会正走向溃败，反过来也一样。至少，媒体丑闻有这样的效应：他们制造了真正的危机。尽管我们不断地听到金融丑闻、性丑闻等，但这不意味着法庭上有更多的经济犯罪，或者心理治疗师不得不对付更多的个人道德难题。显然，接下来只有与方法论彻底决裂才会使我们理解丑闻的真正结构和活力。

丑闻通常有两面性：该观点主要归功于图姆伯尔和韦斯博德，且源自丑闻构成原则。下面要讨论的明晰度印象，从文本机制角度而言很容易得到论证。上述作者的腐败例子基本表明每个丑闻是掌权者对无权者的关系

（是实施者和判断者的关系）。然而，这种关系并非真正政治和经济权力，相反，就其本性来说是纯粹象征性的（也有人说是象征性广义）。因此，它甚至可以指名人，他们除了名声，根本没有实在权力。在无权者的期待和掌权者的责任之间的象征性联结之外，丑闻的特殊性并不等同于犯罪行为或是其他社会现实。

暂时换位思考是非常有益的，也就是说，去考虑法律系统如何处理社会存在及其冲突。尽管公众有绳之以法的压力，这里披露的丑闻材料却很难得到证实。因为丑闻中的演员并非作恶者和违法者。丑陋行为如果可以诉讼，通常不含法庭可以谴责的内容即以收受贿赂为基础的体系而闻名。意大利的超级丑闻几乎席卷了整个政坛，但却没有走向最终的法律裁判，尽管使用了犯罪化术语，如"tangente"暗指发生贿赂。媒体惩罚和法律审判之间的蓄意相似并非是想象出来的，而是具有搅乱法庭程序的潜在能力。法律系统步骤缓慢而有所节制，至少有时候在某些方面拒绝容忍干涉。在英国，萌芽阶段的媒体丑闻被取消，唯一原因是案件仍在审理之中。1948年威胁政府的贝尔彻丑闻被呈上调查庭，因此也成了丑闻悬案。媒体报道和议会辩论被禁止，直到法院最终裁决。

更可疑的观点是如今我们被丑闻淹没，原因基于"问责机制"，公众已变得更具批判性。文艺复兴时期，关于当权者欲望和谋杀的故事摧毁了这样的概念。文艺复兴时期的丑闻甚至震惊了当代的我们——事实上，它们令今天的丑闻也相形见绌。

1.2　丑闻逻辑：理式和惩罚

丑闻无法让人回避，包括从不同视角看待同一事件的受害者。参与者通过逻辑程序，是逻辑的产物，因为丑闻遵循逻辑进程。

丑闻建构可分为两个逻辑阶段，且不一定按时间顺序。首先，丑闻塑造一个理式，然后它加以惩罚。丑闻从来不是基本司法范围的自然事件，后者会过度悲情或过量惩罚，且注定要悲剧性地接受。而违规和惩罚之间的错位被称为悲剧。相反，如果想上演媒体丑闻，就要明确对理式的亵渎（也就是实际事件背景）。从逻辑上看，理式具有实用功能、行动目标，以及一系列实用价值。价值是观念，而从来不是事实。因为无从直观事实，观念必须由人来呈现给公众。尽管人们可以参考行动客体，该客观性不是二价相对的对与错，也不是一种事态。比如说，"总统尊严"价值观（非事实）上的对/错由克林顿总统引发，但究其根源是体制性代表行为目标。总统行为必须和"性的自我决定"的实用目的呈负相关，以免"拉链门"发生。这一案例表明要首先提出行为目的，而不是代替客观事实（放在我们面前的）。这些可以通过一系列语义手段实施——愿望、欲望、渴望等。"必须"应当体现语用目的，然而却没有体现。

出于同样的原因，理式行为主体所陈述的和语用目标价值体现一同发生。行为目的和主体必须相一致，否则会由于缺乏能力而表演失败。无论具体表演的人的主体是谁，当他们实施丑闻基石的理式并承受所有行为判断时，他们已经比自身更伟大。随后，理式的语用能力立即附着其上，而那些理式不过是与行为理式客体相一致的人格特点。只要有使客体具体化的可能，而非行为的理式目的，就能使演员人格化。然而实际上，上述两者造成从语用目的推演而来的每件事的混乱状况，人们把它——语用里的表述作为一种理式。

丑闻真的如此复杂吗？照一般说法，表演意味着有人要做某事。但是，皮尔斯的实用准则表明，当人们将行动构想成某种行为时，事情变得更为复杂。这使得表演更为"自觉"，也就是说，由意念控制，它是一条准则因此也具有普遍性。只有如此才允许我们就演技进行交流，只有如此行动才具有意义，只有如此丑闻才能被理解、批评、得到充分讨论。更多的行动通过意义而了解更多的过去、目前和将来。由意义来掌控全局，而不仅是数量总和。这是一个一般原则。在行动的正常进程中，意义不入演员的法眼。一旦无法心照不宣地预先假设意义，整个演示结构平台就会凸显出来。然后必须追寻的是意义。比如，我们出人意料地发现迄今未知事物，或受外界力量强制干预的丑闻意义。我们不得不调查意义的该种强加属性。但就整体来说，还是通过目的论或目的层面传达意义。归根结底，意义本身呈现为一种理式。

对于丑闻，阐释是最关键且更深入的一步：理式，它包含理式的主体能力，与所涉演员主体形成比较关系，并由此产生惩罚基础。这也可以因两个领域的比较而产生。其一，理式行为是行为客体领域（相对于一个平行世界）；其二是被解释为丑闻行为客体的真实世界。代表丑闻领域的真实现实——一个尽管定位于"现实"（表演），也建构出语用的叙述领域。目前，丑闻包含的逻辑运作概要必须充分梳理。但我们不得不仔细调查，而非关注作为叙述逻辑的复杂意义产生过程。在当下的语境中，我们仅希望强调理式存在的意义产生过程，这反过来造成必然的、内含的或外显的两个领域及两个语用主体的并置。

克林顿—莱温斯基丑闻（"拉链门"）表明理式和操作模式运行良好。为了与丑闻保持逻辑一致，在一场"文化战争"中需转换各种立场，"可信度建构"满足了理式功能（兰格曼，2002，502）。在这一特殊的理式模式中，高度确定的诺言（"我敢担保"）才是大众传媒中作为可信性的唯一可能。然而，克林顿在能够袒护自己，或是抵御其惩罚前已经建构了这一理式模式。通过他娓娓道来的风格，既适于上镜又令人信服地维护其个人名声。政府官员必须从内心忠实于政府机关：他们说的都是真的（根据公职理式）。政府机关的理式行为是预先约定的（通过详细的合法程序授予具体的行为主体）。

相反，一旦政府官员被合法授权，任何争论或者是虚华措辞的劝说行为都必须终止。此理式已有其承受者（信任光环是政府官员的天赐之物）。卢曼定义此权力光环为"象征性广义"，它是一种免除正当争论需求的功能型沟通。在理式的光环外，和修辞性论证相反，只有冗长的政治话语，即是利益领域，只有通过大多数群体施压给其他利益领域来执行。这类权力是否理性无关紧要。传统的"重大同义反复"，或是颂歌，"多数就是多数！"少数人惊讶于议会辩论是场斗争，更确切地说，争论话语（无论如何要变成对的），而不是在论坛中优秀的论证有望获胜。甚至法庭也拥有自己的辩护论证的行为模式：遵循先例原则。如果理式模式开始生效，它却会改变认知客体：官员（不再是政客）的理式行为是解决方案，即"对的行为"，也即具有引人注目的艺术精巧的专业标准的客观解决方案。这不再是特殊政治利益的进步，而是认识论上的悬而未决，衡量起来不是很邪恶，以争论的方式看，一个人可能是正确的（但不是站在正义的一面）。

于是理式侵吞了主体和客体。它不涉及实现理式的主体。和其制造相一致，丑闻只关心主体或客体，而不是媒体丑闻起初建构的理式模式本身。这和新闻调查过程的证据收集相左。记者调查首先发现犯罪事实或是用于犯罪的冒烟的枪，然后才是犯人。司法语义（许多变体出现在新闻文本中）可以无须详述法律参考，因为罪行总是以命名它的法律条文为先决条件。正式条款的优先权并没有给予媒体丑闻，甚至没有给出一些道德准则。新闻业继续假装它仅需要参考一般原则即可。实际上，这些原则首先要被发明出来，必须假定貌似真实，且一定要包括在故事中。在编造的努力过程中有帮助的是丑闻先例——丑闻图解在此工业中已经能够取得地位，易于辨认和回想。除了这个平台，理式的创建仍是媒体丑闻的核心部分，只有这样才能寻求其主客体。

让我们聚焦政治理式，这对韦斯博德的丑闻研究极为关键（图姆伯尔和韦斯博德，2004 a，b；韦斯博德，1994，2002）。若行为目标和良好的职场理式一致，便是胜任的"出色的解决方案"。相反，若媒体丑闻行为将私人或个人好处凌驾于理式利益之上，即着手行贿以及试图行贿，主体就要受到惩罚。惩罚只涉及主体，传媒丑闻客体（美国曾经出现的"丹奎尔效应"；在意大利，某一政客绰号奥尔南的"贝卢斯科尼"），因缺乏毅力或决心，或不能自律、酗酒、不诚实等而被视为无能。在政治理式建构过程中，以下衍生的逻辑运作顺序包括：

理式领域主体

理式建构→行为客体→人格特点

（＋）信任→客观问题解决方法→可靠能力

（－）丑闻→自我本位的解决方法→无能

关于宗教理式模式建构——行为客体尤其是主体——同样情况却适用于更为严格和复杂的形式。在此领域里，媒体丑闻明显不如社会丑闻尺度自由（丑闻一词是对圣经语言的亵渎，参见§7.4和n227）。至于特定的理式建构，在公众舆论媒体和宗教行为目标之间存在关键差别。不难想象这一区别特性造成的误解和冲突——也就是我们所说的有待我们仔细调查的宗教和教会的"原始丑闻"（§5.7）。公众舆论一般会寻求避免这一冲突，但会让宗教在同一屋檐下容纳其同居的模仿者。当公众舆论和宗教理式明确时，它们仍需被建构。在同居条件下，公众舆论本身会建构起宗教丑闻理式。两者共生，以人类礼仪奇妙条款赋予理式的宗教主体——也就是主体必须遵守纯粹的道德规范（以替代政客拥有的几乎神奇的一贯正确能力），而不是宗教戒律。

一旦认识到理式的塑造性质，媒体丑闻就毫无"自然"可言。尽管公众舆论控制局势，其理式模式依然会被建构。尤其表现在行为目的先决条件和其他理式起冲突时。这些理式不是来自于社会内部，就是更令人难以忍受地来自文化疆域之外。宗教，诚然不是文化，但它却像政治一样，不完全地融入了公众舆论之中。当两种理式都是媒体文本塑造的产品时，他们对社会现实就能起到作用，他们在行为能力接受端被同样的理式变成合作关系，不是同谋犯罪就是互惠依存。当我们的分析涉及电视布道、腐败的牧师、滥权的主教等媒体丑闻时，将进一步清楚、详细地展示这一点。通过公众舆论，所有这些角色被赋予不同以往的外形。

如今在公共平台的主教角色和历史上罗马教皇时代的主教毫无相似性。公共舆论已经将今天的主教变为公共道德的代言人。几个世纪以前，主教的特别角色和领土、地产有关。人们期望主教举止和社会地位相称，但并不需要行为高尚。直到后来，主教的角色经历了巨变，将道德楷模包含进来。起先并无此意，主教角色如今受到公共舆论裁决权威的控制，是后者首先创造了该角色。和历史上教会批评模式相比较，比如，比较巴洛克讽刺诗和当代丑闻新闻，这一转变的逻辑性的微妙显而易见。饶有兴致的却是分析从正面到负面的评判转换（是丑闻新闻业产品的意义所在）。宗教演员能做什么呢，尤其是被授权成为教会体制性的一员的时候？既然新闻界要讲故事，它只能以语用意图叙述一个演员角色，从而使行为可以理解，但又意味着一种语用能力理式。这种宗教行为职责的理式化/理式构成了罪人的反语。丑闻相当于双重反语"非—非—罪人"，此时人赃俱获。这也是某种肯定，不是简单的"是"，却是重申的"确实"。在这一点上，宗教公共理式和政务人员公共理式截然不同，后者形象倾向于彻底的无所不能。

对公共舆论媒体的分析将显示出，他们喜好外包单个的目标实例，不管在规范人的行为必须想什么，说什么。这就使得理式建构更为实际和便于操作，也使得将理式模式转变为职业规范和工业实践成为可能。高远目标因此得以问世，形成理式模式，条件是领航人身体力行，品行高尚。一个功能性模式存在于某些古剧场打造的角色，就像道德权威和行动地点分开，戏剧舞台和规则剥离，而统统归入作者所有。作者使该角色通过虚构在媒体上崭露头角，但显然和古代剧院不同，它没有神助的超越。

1.3 丑闻工业产品和制度实践

我们已将某种论辩逻辑呈现为整个产业实践。在为有争议产品辩解时，人们有可能试图模糊这点，但却在职业规则、道德、行业标准、代码等方面继续保留大量实际修辞努力的痕迹。这一修辞学运用，加上产品本身的文本分析，可从方法论上将其视为一种论证类型来进行重构。

在冷静考虑后，我们将新闻界作为产品和实践整体，受到主题而非事实的吸引。主题范围非常有限（如热门话题），且有某个生命周期，而存活率总是受到媒体特性的限制。意料之中的是新闻档案和互联网数据库收集和储存这些新闻故事主题。有人用法庭隐喻"卷宗"（《新苏黎世报》），有人用"档案"隐喻"卷宗"（《纽约时报》），有人用舞台隐喻"聚光灯"（《波士顿环球》）。主题秩序通常就是叙述的时间顺序。而文案依序讲述一个故事的行动、时间、地点（和亚里士多德的《诗学》吻合）（所有这些构成了语用时空，而不是物理时空）。即便如此，每天连载讲述的仅仅是一些分集演出的故事。因此，人们需要一个统一力量从一开始就重新将时间顺序重组为语用时间，以造成"终结感"（如弗兰克·科莫德构想的那样）。

然而当今的新闻类型范式并非仅包含叙述：它们发展出一种相当特别的形式。此种形式的特性是"倒转的金字塔"，在美国内战后作为一种工业实践便开始被接受。它逐步盛行，自然取代了按时间顺序叙述方式。如今，它帮助读者立即辨认出新闻体文类。这一转变主要影响到辩论和修辞技巧。在此种考量下，通过文本定位，达到主题权衡目的。我们将更为详细地考察已为新闻业实践的此文类的其他形式特点，由此检视修辞效果。最终，这一切促成了被称为新闻业修辞产品的完成，它能将其伪真的一面隐藏在专业标准和职业道德之后。

作为修辞艺术史的传播史还未从认证模式发展角度进行书写过。文学形式也未成为新闻业的目标；即便如此，新闻业采用的文学形式仍由事实建构，因而也是一种事实形式。我们不应感到惊讶的正是这一萌发期的事实组成了该工业生态：权力和原素材积累。相对于核心关系即特定现实，其他事实当然要观察，但或多或少是外来的。这一工业分化为新闻、广告和娱乐分支的事实更清楚地阐明事实建构是作为整体来进行的，但无论如何不会造成同一类领域的解体。在这点上，人们很容易跌入某种本体论陷阱（隐现于极端构成主义）。毕竟，新闻业没有比运用修辞手段，或是选择论证方式更有目共睹的了。争论的要点不是形成感悟的经验世界，而是经激辩而产生特定领域的修辞艺术。然而新闻业在和其他行业相处和竞争中，不过是种修辞。此外，它有其自身发展史，也就是将虚华措辞—辩论能力运用于重构历史事件。我们没有理由认为该产业目前的发展状态是自然的，还不如检验其目前状况为何是修辞选项和逻辑确定的结果。今天被我们统称为"报刊"的，并非始于卖出的报纸，也不会终结于博客空间的兴起。

对于我们的目标，新闻史文类中的某种亚形式，特别是丑闻史有特殊利益。目前演绎的媒体丑闻导致了多元化准本体论的统一。在当前实践中，新闻事实滑入娱乐剧情中，辅以虚妄不实的广告粉饰。丑闻本身已成为特定的媒体产业，是带有不同角色和利益的工业生态。名人雇佣被称为"名人助手"的经纪人经营和美化其公众形象（毁坏其对手的名声）（萨蒙，2005），通过"恰当"的丑闻进入名人殿堂。丑闻便成为报刊和名人之间互惠的市场交易。甚至政治权力也越来越无法恰当地与丑闻运作分离。媒体顾问和调查记者可以经营或毁掉政治生涯。那些在新闻界有好人缘的政治家的政治生命也最长久。

形成丑闻生态的前提是提供统一叙述的丑闻形式，既然将照片或故事贴上丑闻标签，实际上生成随时间推移的统一体，将分章节拼成一个完整丑闻故事。这和具体事实形成鲜明对照——唯一无可动摇、确凿无疑的事实可能就是股票行情表，它既缺乏意图也没有终结，只有在股票市场崩溃或银行破产时才被人顾及。只有到这时，乱成一团的新闻报道才被泛化成故事。随后我们都以公众舆论自娱的世界似乎统一起来。我们将丑闻归功于渗透并编织所接受印象进展的叙述红线。就这样无中生有，一个"案例"变得众所周知。

从什么时候开始，我们目前作为工业产品的虚华措辞实践和丑闻联系起来了？丑闻爆发总是被呈现为一大发现，因而不是呈现为理式建构，而是根据丑闻类型（比照下文），即过去的已知对象和一般研究主题的"常新情况"。然而，只有在通过理式建构而进入评价过程并成功转化时，这一发现才运转起来进入议案。和历史写作一样，故事写作首先提出行为描述，但理解为通过此行为要实现相应目的。这一目标是逻辑运用核心，即使无法实现理式，在反事实情形下，行为本应瞄准一个目的，尽管事实不尽如人意。纯粹的新闻发展可理解为事件连着事件的新闻，然而它并不存在（证券报价机是例外）。新闻必须走向危机，然后寻求结局。就像一连串小说情节可成为危机，直到那时，会找到承担事件责任的人。比如，政府承担经济繁荣或衰退进程的责任。在此过程中，依据理式和理式对象而修改的主题将逐步全面登上舞台，这就是真正的场景调度。

丑闻解释了读者为什么需要不断被告知新消息，或扩展为特定社会为什么不能失去监督，不管人们是受到束缚或是放任自由的原因。在丑闻"情境"中，人们一直紧盯后续发展，报纸、新闻广播必须没完没了地报道。丑闻，或责任人创造了一个统一世界。此时一个概论足以完成该工业的论证实践。下文会涉及真正有趣的细节来细致地描述一些媒体丑闻案例。

1.4　媒体丑闻是什么和不是什么

"丑闻"一词有印欧语词源，也就是说有梵文词根。在圣保罗的书信中（迦拉太书 5：11；cf. 1 格林多后书 1：23），以及随后的整体基督教神学中，"绊脚石"（强调十字架的绊脚石"scandalum crucis"在进入救恩的"窄门"）扮演中心角色，结果使"丑闻"一词成为冒犯的简略表达方式。这一语言学、词源学根基却无法用来理解作为媒体产物的丑闻。伯克哈特（2006）借用原则分类从语义学角度分析媒体丑闻注定要失败。首先，此概念根植于非常古老的旧约书面层次。比如，《利未记》（19：14）中放置在盲人道路上的障碍物，在通行本中被译为绊脚石（offendiculum）。而在希腊文译本（The Septuagint LXX）中，首先译成希腊语（δκάνδαλον），然后是类似的希伯来语。即使希伯来语一贯被译成相同的希腊术语（实际情况并非如此，参见《以赛亚书》8：14，《耶利米书》6：21），假设它的词义一直保持不变就大错特错。其次，主要的变化发生在基督自己成为 δκάνδαλον（绊脚石）后。术语的变更意味着人们犯了多重罪，或者是失足的隐喻。人们不得不涉及更多细节来解释罪的概念转化。该术语第三个即最后的意义转化来自于说教文献的再次语境化。那些试图以连贯的神学理论来分析此术语的人将会发现它充满了矛盾。尝试是可笑的，因为很快人们会发现术语是如何进入新语境而造成含义的彻底变化。尤其是当不同语言的边界被跨越后，很快便缺失从具体事物到抽象概念的隐喻基础（此处希伯来"绊脚石"被希腊隐喻主题的"诱捕器"所取代）。此外，无论隐喻基础或不同抽象概念都无法解释媒体丑闻正在发生什么。

人们必须反对其他条件相同的处理方法。许多和圣经、心理学、社会模型的比较误将丑闻解读成由道德低下引起，或为心理创伤事件，或为社会惩罚之类。然而媒体运作却大相径庭：他们并不引发谴责或惩罚跌倒的罪人，作为文本产品，它对人类心理产生的影响并不像人们面对面交流时那么直接。它们也永远无法达到宗教经历实在痛苦的境界。对所有这些误导的比较要求双倍小心来应对误读及协调理解。

（一）丑闻并非事实

它们超越事实。不存在可耻的和不可耻的事实，只有引发丑闻兴趣的和被丑闻忽略的事实。会有媒体将事态实际上转化为丑闻，即便如此，将事实裹挟进丑闻，如我们将会看到的，是一种重要功能。相反，没有丑闻能够分解为纯粹事实而不失其意义。媒体丑闻分析并非不可避免地走向唯名主义，或更糟糕的极端的构成主义。不幸的是，客观性问题趋向于妨碍媒体丑闻分析。直到我们在直率的讨论中重返新闻客观性话题时，我们才能避免那些以争论的名义预设所有事实是真相，因而声称丑闻故事是真相的陷阱。让我们假定那些所谓的事实能够或应该能够在法律、历史或其他验证话语语境下被证明是真实陈述。话语核实，如将事实转化为有效且最终的法律裁定，或是历史效应，或是心理治疗的既往病例，或是单纯的道德瑕疵，都取决于各自的论证过程。让此假定（不是偏见）因为拉链门，因为牧师的同性恋或恋童虐待，因为电视布道者的通奸等，而暂时有效。但同时，我们也必须把丑闻从对法律、医疗、道德、历史、行政，或纪律查实等的影射中排除出去。我们唯一争论的将是媒体丑闻构成，其功能发挥无须借助法律、历史编纂、心理分析或宗教证明，它们自行奏效。

维护丑闻功能而不能遵循真相（法律的）并不意味着运用在丑闻故事中的事实是不真实的。在我们对 CSA 的分析中，我们会忠于丑闻本身而不纠结于是否真实。甚至在他们转向谴责前（其叙述目的），受害者叙述并不类同——

他们和生活本身一样复杂。他们真实痛苦的证词赢得了最终的尊敬和同情。尽管现实根本没有机会成为某种正义基础，但人们是绝对真实地遭受着全然无尽无边的人类痛苦。如果有人试图将这些受害者的故事变成媒体丑闻故事，他就必须不仅改变叙述性质，而且改变语用真实性，甚至是筛选同一事实。对丑闻故事分析和批评可以稳妥地和编入叙述的事实分离，因为丑闻构成既非基于现实也不遵循其逻辑。揭露或剖析丑闻构成逻辑并非要低估事实的准确性。丑闻不是对或错，而只是能否奏效。

（二）冒犯行为或者社会丑闻和媒体丑闻截然不同

本书兴趣仅限作为认识客体的媒体丑闻。这便造成了特有的二元判断：可耻的或正常的。媒体裁决不会将任何人投入监狱，或接受心理分析，或进行忏悔，也不会逼人撤职。这是因为它有不同的惩罚手段。社会丑闻奉行的是人际间的惩罚，不管是在村庄或是法庭，或是上流社会，因本质不同而运用其他手段。

和媒体丑闻相比，可以大胆推测，在社会语境下，丑闻过程引发了更为复杂的人类学或民族志学描述。大众媒体并不是将村落扩大到超规格（麦克卢汉的步伐）。由于手法必须截然不同，至少在本书中不会涉及社会丑闻调查。我们究竟如何定义社会丑闻尚未有定论，然而即便如此，人们坚持真正的丑闻力度上远比社会流传的丑闻要复杂。对后者来说，已经存在一种文学类型，而前者很难识别行为规则和模式。和社会丑闻相比，所有的"丑闻文本"可能显示不利于媒体的一面，如无效和无能。至少对于媒体丑闻来说，事实和效应一样成问题。基于此，我们的主要兴趣首先涉及媒体形式。如此指定的兴趣，在媒体的评判体系里可以和分析话语相比较，比如犯罪过程法规（code），有其特别的绝对法律的和非法律的事实产生形式。在大众媒体中什么或者什么可能产生丑闻？通过何种手段？因何与众不同？

此类主题集合，以及和其余社会现实产生的距离，使我们能够理解大众媒体在丑闻上聚集的惊人争论效应。总之，它解释了什么既令人愤怒又自以为是。像这样的剩余价值效果不能被纯粹解读为煽情（或用艾柯的比喻来说是"爆发和催眠"），而后者仅因事态要求放大事件而已（从实际问题的意义上）。当媒体"炒作丑闻"时，一个成熟节目依序运行。早在此程序启动之前，该节目逻辑（预期我们以下详细讨论的要点）产生暂时后果，通过叙述建构，读者/观众确定他们的角色，媒体以外的社会进程得到模拟。尽管有这样的社会模拟，媒体丑闻也不能称为社会丑闻。原因是没有人有违规行为，且大众无排斥反应。然而这并非意味着媒体丑闻一旦产生，不会引起政治利益相关者的真正兴趣。媒体丑闻并非无意义的书面练习，相反，媒体经特有方式运作，他们成为力量的载体（参阅§8）。媒体丑闻也不能解释为情绪上愤慨或狂暴的心理丑闻（或使用宗教意义上的圣经术语，如冒犯），因为缺乏心理创伤因素（同样没有对宗教敬畏的冒犯）。

上述前提使这一方法与大量传播、政治和社会科学的丑闻研究不符。从我们的角度来看，它明显忽略了媒体调解、媒体形式和其构成。我们的研究兴趣，以及上述和研究对象相关手段，一定不能将传播学降格为某种缺少现实针对性的文学理论。相反，人们不能从贴上丑闻标签的其他相关社交情境，简单推断出贿赂的实际结果。将任何事都称为丑闻并不能证明所有丑闻的产生方式是一致的。对于媒体丑闻学来说，有必要像一些学者相信的首先研究社会道德吗？这样不是将媒体产品披上社会现实的外衣吗？当然人们使生效的社会道德束缚降低到话语规范内在束缚。但是如此一来就会本末倒置，话语缺乏集体道德体验，当然此时道德等同于公众舆论话语。这样做不会简单将道德趋近于文学建构并失去真实体验（如何理论化会在后文讨论），但也会忽视两者之间的本质不同。社会生活总是由获取合作期望的规则组成。这些法则既可被概括成物体定义，也包括纯粹规范性。在第一种情况下，像"椅子"这样的单词真正意味着终极的因果关系，如"坐在某物上以便和力的行使者相互作用"。在第二种情形下，我们会发现从法律到行为得体的所有规则实例。这些案例的共同点是制裁总是真实的。然而公众舆论却只是制裁的外表，仅对媒体和媒体叙述中的演员有效，但不涉及媒体消费者或整个社会。后者遭受另一性质的可能制裁。这其中的根本不同由勒尔和海纳曼（1997，10）进行总结："媒体丑闻……是私人行为时……羞辱或冒犯社区的理式的、主流道德"。同时我们必须强烈质疑他们的说法："丑闻作为术语在道德行为和权威之间记述违规行为"（勒尔和海纳曼，1997，3）。媒体丑闻道德是出于自身目的，相当自足。在被用作媒体丑闻后，临时的德行如果不能被类似丑闻模式回收利用，它们就如废品一样被抛弃。但原则上，所有媒体丑闻产品都能自由构想自身理式，或者模拟修补社会道德。

两者本质的不同带来实际的重要性，因其存在本身就保证了存有对日常生活颠覆、公众舆论压力的反抗、躲避的可能性，如德塞都（1980）所描述的。

当我们将道德和故事叙述中建构的道德混为一谈时，会导致重大的方法论失误。洪德里希并不认同媒体丑闻的自主性质，（1989），他仅是在其他条件相同时将社会丑闻运用到大众传媒中。他所描述的愤怒和媒体造就的愤怒表现无关，除了后者是对前者的模拟之外。然而，愤怒及愤怒表现在其起源和效果上都不相同。"经验"派沟通专家倾向于运用心理学方法来分析媒体对象。他们假装依据经验描述的"公愤"，在多种说法中都是怪异的努力。首先，他们必须"供给"调查对象只存在于传媒世界而非实际体验（至多是文学的体验）的媒体生成的材料（丑闻）中。第二，既然调查，固然是选择手段，是费钱又延时的（因此是估量过去的愤怒记忆），只在极端偶然的情况下才被用来接近"真实的大众"。因而在传媒世界表现出的愤怒，只是欣然接受的难以接近的真实世界真实愤怒的替代品而已。"判定公愤"的埃塞尔和哈通（2004，1047-8）写道："一些方法就在手边。人们对公众的设想，人们对公众的情感，可以帮助猜测其程度，但人们永远无法确定。团体组织可能从人群中发出信息，但可能带有偏见。日常接触可以告诉政治家人们的反应，但很多人群生活在分离世界。人们可以进行调查，但需耗钱费时。所有这些手段都有其局限性，我们可以假定大众传媒常常充当代理人，或者从形式上作为等价功能，在丑闻传播中等同于大众。"简言之，媒体不应该被视为任意的刺激物。通过某种方式媒体产生丑闻世界的意义。在其中，作者和受众表现出超越文本的作用。他们也决定了如何和现实社会建立关系。

我们如何证明社会丑闻和媒体丑闻之间的区别？这里起作用的是各种媒体在交际行为中的不同贡献。所有交流由媒介调解，可能是语言（一些学者简单称其为"命题"），或是言语行为或是其他语用学手段，或是象征性概括。每一种媒介调解是不同类型的符号关系，也强加以不同类型的解释。比如，不可能有"黑和白"的谎言。因此，印刷和书面交流允许错误叙述，人们可以批评和前者相反的大量陈述。这些陈述的集合体现为"图书馆"理念（作为复数的权威收集）。谎言在它们那里，预设了此时此地在两个说话者之间一个共享的话语体系。大众传媒和它们不同的解释规则，再次改变了平衡。大众传媒如何"说谎"？既不是以说谎者的方式，也不和延时的、非终结的印刷模式相同。

每个社会都有异常规则以及依情况而定的惩罚，这很容易辨别。难以看到的是各种媒体带有自身的禁忌，同时他们制造符合自身特性的异常行为——此异常情况只能通过该媒介而存在，仅此而已。社会无法简单、直接地规范异常行为。否则，它不再可能将八卦放在小报的"八卦栏"，而将"谣言"（口头方法）作为实际电视新闻。因此，在社会背景下的一个家庭丑闻意义不尽相同，和电视连续剧《王朝》不可同日而语，后者开启了家庭角色丑闻的新形式，或者像英国报刊反丑闻的新闻产品"克利夫兰丑闻"。

金融或经济丑闻（像安然和其他非著名案例）、法庭丑闻（O. J. 辛普森审判）、政治丑闻（由水门事件开始，新闻调查之母及偶像）都有媒体促成之嫌。反之，如果没有大众传媒，这些事实不会曝光，尽管如今作为多重混杂的结果，再也无法区分媒体和社会现实。无疑，法律丑闻在资产阶级和大规模报刊兴起前存在，但他们产生时间不同，争议性不同，不得不在不同的社会共识下寻求不同的正义感。

由于模拟，媒体丑闻和社会丑闻相似当然是可能的。因而没有必要否认其相似度。比如说，理式的情况是莫妮卡·莱温斯基以现代"苏珊娜"面目出现，而克林顿总统则相当于丹尼尔圣经故事中的"脏老头"。只不过这一效应模糊了该媒体丑闻的整个动态。大众传媒通常通过叙述建构了典型意义。但叙述总是在纯粹语用和伦理可能性的基础上奏效，并将其锚定在一个相当确定的社会道德上。作为后果，媒体必须预设这一叙述的可信性并付诸实践。

我们有充分的理由运用"媒体丑闻"这一术语单数：它显示不管演员人数如何增加，只存在一种媒体丑闻。同样貌似可信的是将宗教丑闻看作统一整体。两个术语将相关现象概念化，同时并不充当种种现象的保护伞。但该一致性并不适用于单一用意的"丑闻"一词。媒体丑闻演员听命于宗教角色库存清单，和真正的宗教丑闻本质不同，且非不同程度和不同范围而已。宗教丑闻产生在神圣敬畏领域，有些人类行为会令人心烦继而妨碍他人。相反，媒体丑闻的宗教角色总是会遵循媒体丑闻的一般模式。在媒体领域里，不存在人类和上帝之间的敬畏。而会出现扮演宗教角色演员的权力滥用。其他演员在政治、法律、世俗领域恰以同样方式扮演角色。媒体丑闻可靠的价值认同是它们市场和消费的基础。

1.5 视频真相

丑闻恰是超越事实的剩余价值。然而在丑闻生产中真相是不可替代的，因而值得探索的是，是否这一生产能够叩击丑闻特有的电视潜在真相，这一事实似乎已被广泛接受。电影标题《性、谎言和录像带》（索德伯格）产生的小轰动激发了一系列头版标题，尤其是和视听媒体性丑闻相关的（安然，1998 社论；坎农，2002b；费林，2002；诺克斯，1999）。根据勒尔和海纳曼（1997：17）："因为视觉媒体最能够通过清晰易懂的图像抓住违规的本质，电视、报纸、杂志、和在线图像是叙述的最佳载体（谁会忘记在国际电视屏幕上尼科尔·辛普森青肿血污的脸，或是约克公爵夫人从她情人的游泳池走出，被写进小报封面），然而这还不足以解释灵感的来源。

正如我在他处所说，视听媒体其实和事实真相有着特殊关系（艾赫拉持2005a，435－457 等各处）。最终，如果媒体想特意阐明真相，他们必须在功能上，或是在逻辑上预设一个常识。该常识包括移动影像和在电影素材前的现实之间直接的逼真关系。人们可以将此技术和逻辑构造称为影片装置，在此基本关系上，不论是通过电路呈现的电影胶片，或是在电脑上的模拟。这些是让逼真的移动图像特别真实吗（因为要操纵的话会涉及感知的欺骗，而这几乎是不可篡改的）？假定摄影具备真相精神，或者至少有可靠性，如可以追溯到巴赞；然而如果我们仅仅或特别将认知能力归因于视听媒体，这样会显得过于简单。正确的理解是所有符号都能分享这一特性。每个符号关系始于认知，只有我们认识到认知能力不仅包含感悟才有意义——也就是说，它们是感知的判断。但是作为判断力，它们的唯一的特点是绝对明确的。这将所有其他判断和认知区分开来。因此，认知能力不能批评性解释：一旦它显露不足，就将最终被其他认知所取代。只有在超过一种认知的情况下，批评性的符号关系才能进行比较。但这其实已是另一种符号，或者说是另一种认知，它研究的是认知欺骗的基础，已不再是知觉本身。

单单认知不会跑题去解释视听媒体真实性的特别印象，因为它会注意到移动影像有可能被操纵。然而甚至在这里，获取影像生产条件的已有知识是必需的。在这些条件中，有三条特别重要：第一，摄像机的构成原则导致洞悉意义的感知被加以架构，光学深度和焦距清晰效果成为可能。第二，非连续，导致蒙太奇和编辑的随意时间序列成为可能。第三，感知器通道的技术分割使声音和图像能够不一致并分离开来，还允许异质声音和图像任意组合。但通常媒体特定的强制力继续有效，尤其是移动图像和声音的时效不对称的时候，两者都费时。此领域的操纵会立即毁坏视听印象。这样会产生预期的后果吗？结果应该是一个艺术实验电影，或是影像艺术、动画电影，或是电脑游戏。然而，无法有幸得出真相关系。事实上，这样的关系能够存在是由无法否定视听媒体图像来证明的。另一方面，动画视频能够完美地让物体完全消失。无法取消胶片给它带来特别适宜"纪录片"目的的声誉。在语言领域内，连系动词"is"决定命题存在事实，或者定语附属于事态。在纯粹的视听符号中，却找不到可比之物。尽管这一明显的缺失，电影还是能够超越语言确认或刻画某事。

一个极好地说明电影和语言相对立的例子——更明确地作为赘言：法语中的"我""你""他""她"（阿克曼，1974）。其他例子表明电影试图说谎。必须眼睛不眨就说谎是非常困难的（i. e. 没有修辞反讽的支撑）我们发现原因不在图像中，而是在产生过程的知识里。只有这时我们才明白电影是时空合一的世界，倘若我们知道摄影如何判定存在着世俗物体和记录它的材料之间的联系。一旦我们搁置这一知识，时空真实印象也消失了。在动画片、卡通和（最近）电脑合成仿真动态影像产品中，没有出现所谓的时空世界效果，仅有一个语用的故事世界。但是同样的效果也出现在潘奇和朱迪秀中，至少在年轻观众的眼中。不同的是，电影摄像机可以看作是现存关系的借代。

很多电影在真相面前说谎。摄像机将真情演变成将谎言，艺术地织进叙述的目的性中。《罗生门》（黑泽明，1950）以混乱的游戏精湛地说明了这一过程。在游戏中，当然无法预期通过重建真实的正确的语用目的来建构故事真相。这一目的在《性、谎言、和录像带》中更为明确，在片中，谎言是自我表现的一部分，也就是说，是体现社会目的的身份。至少后一目的的合理性能够被重构。

从符号学角度来看，毫不奇怪的是视听材料的特性直接达成三元符号关系的第一对应物。通过此入口，符号关系的剩余部分也由随后的阐释项所决定。问题就有趣在，第一对应物的视听符形在明确而有效区分电视新闻和其纸媒兄弟后，究竟如何决定叙述性质。具体来说，叙述目的必须和动态影像不同吗？时间持续和影像移动的非对称并不必然导致某种目的。此媒介本质上仅是强加的一个个连贯物体。某个和自身同样的物体首先在某种状态，然后又是另一状态——这里皮尔斯以古时候醉酒又悲伤的菲利普为例（CP 3.93），由此产生逻辑矛盾（遵循排中律原则）：如果同时既认为有，也否认有某种品质。这一矛盾只有当人们从第一阶段进入第二阶段的程序时才得以解决，该次序然后就变成时间序列，受到支配序列规律的影响。菲利普或者可以喝醉，或者清醒起来（如果人们已经掌握酒精效应的规律）。通过这一法则，一系列影像达到某一目的。在此逻辑进展中，影像的次序不再重要（如果人们考虑视听不连贯现象）。

这样的法则不会从时间序列中自动生成。但是，视听序列次序会对逻辑顺序产生暗示力量。当它混淆缺失基本法时，即使不正确，也可创造性地运用此谬误逻辑。尤其在视听媒体中，说明纯粹时间进程能够创建一个样式，用以精细地凸显再现这一事件过程的必然性："事件就该这样发生。"这便省了电影导演详述事件进程的麻烦。然而在通常情况下，符合大众口味的叙述电视和标准的商业电影将这个理由说得不能更清楚了。他们通过心理动机：谋杀、恋爱、复仇以及反击，为事件时间进程提供目的论理由。如果没有恰当理由，这样的时间序列就是可能理由的强烈暗示。我们必须探寻后者，因为它们没有包含在事件的纯粹过程中。这可由实验电影得到印证：因为它妨碍了目的论宣言，所以造成来回漫无目的的印象。原则上，此种电影应提供任何时间开始的可能，也就是它不妨是真实时间的无限循环。然而正是这些"难懂"的电影特别宣称，在某个节点上观众对事件经过给出了理由。换句话说，从此以后，事件被引向一个目的，演变成"某个事件"。

至于可能的视听和事实的自然联系，提及一个强制力就足以证明。时间的流逝鼓励我们寻求对流逝的阐述。这需要一个既定目标，但又不能通过合理方式来实现。这时候，作品的艺术角色开始发挥作用，这就将电影和真实的外部世界彻底分离开来。人们不是总有可能"阅读"围绕在我们身边的法律本质；在相当大的程度上，我们没有选择地活在缺乏认知的物质世界中。但是对于人工产品或是加工品，我们总是假设产品背后的目的，由此断定会有预期目的被认知。作为符号过程，视听和语言对象很不同，但此差异不适用于预期目的的必然性。正是这个原因，视听叙述才成为可能。

如果有可能进行叙述，那能够为惩罚目的而叙述吗？这就使电视丑闻成为可能。然而事件时间进程的不对称也特别适用于视听目的的构成，且暗示"自然"的预期目的。由于对于谎言的"自然"免疫力，恰是因丑闻将所隐瞒的揭示出来，它在电视媒体上应该比平面媒体表现更好。人们只需展示它，可以说它所暗示的就是其所含意味。相反，在语言—依赖媒体人们开发语言的模棱两可，以便通过比喻表达获得此谬误逻辑的对应物。

试图通过控制手段驯服视听潜能常常受阻，或是因为需求无益，或是因为身体控制的印象是完全主观的。法律说明，比如诽谤或中伤案例语境，通常只能完全依赖视听媒体语言。这和时间媒介在逻辑上一致，且能胜任，假定纯粹的目的暗示仅在旁观者的头脑中成为现实，结果常常是播报令人羞愧的真实图景。

在视听流程中，令人羞愧的"正派"来自于成熟的叙述目的论：在极端手段下，面纱被从"无耻"对象身上撕开，然而所看到的在不同语境下解释完全不同。这仅仅显示目的论从来没有和事件纯粹的时间进程硬性联结，也不会被不同的目的论所取代。

"真坦白"：特别是视听材料有进一步令人羞愧的潜能实际上根深蒂固的是：作为工业实践，坦白可自然演变为一种类型惯例。真伪指标也在这里起关键作用，唯一的区别在于它不依赖时间的不对称，反而依靠光学仪器。摄像机变为忏悔室，因为它具有特别能力显示忏悔的真实性，特别是面部模仿特写。在某些方面，这一实践在纸媒新闻曝光中也找到其对应物。一旦视听媒体抛出丑闻对象，常常会相当显著地使用特定的表现形式。这些忏悔一般来自受害者，侵犯者以及证人。

将一个产业类型归为忏悔必须确保不能得出表现类型模式有事实真相诉求的错误结论，这一事实既不正面也不负面。哪些事实实际上被规定或否定，只有通过细查才能发现。然而证据对视听媒体来说尤其困难：首先，以视听的特殊方式产生一种告解类型，在此范围内，当然没有必要用语言来声明"这是在忏悔"：镜头本身就显示在告解，不是在说谎，而无须明确坚持；第二个原因和忏悔类型相关，真实性带有法庭的形式特点，如姚斯在始于让—雅格·卢梭的《忏悔录》的文学传统中清楚表明地那样（姚斯，1977）。

实际上，该类型在当今的媒体产业中运转正常，但也造成一些矛盾。符号分析一方面关心二价的、存在的、二元的真相关系，另一方面肯定还谋求更多。一般来说主要关心的是预先确定一个目的，或者一个实用目标来作为规则，即三元法则（我们后文会详细分析）。尽管从逻辑上说，二元真相关系也源于此，它是两者之中较为简单的一个，这样的收获在于这样的事实，而事实不能用来争辩。此外，他们也依赖于无可否认的终极真/假权威的存在。该存在总是和声明者，或是和自己及对手的话语世界相关联。举例来说，指示代词"这"（this）只能显示对你对我、支持者和反对者相关的对/错（仅此而已），摄像机也建立了和他物的存在关系。这要比通过语言发生的关系更为简单。在两种情形下，只有在异他（aliud）和另一方面的话语世界之间，二元存在关系在符号学意义上是重要的。摄像机的真实性（忏悔时熟练地被开发）一贯彻底依赖此存在关系，它总是直接地以第二人称（你），看待第一人称（我）。以同样目的，语言首先必须使用指示代词（这是）以建立真实价值，而摄像机只需看着。就绝对值来说，最有效的观看是反看。如果一个简单的摄像机镜头能代表它自己的观看，它所看到的也是真实的——带有其终极权威。

另外，摄像机内置的真相为诸如"忏悔"和（甚至更多）"揭露"真实性的逻辑延伸做好准备，两者都包含变体和异常，直至成功盛行于产业实践或流派。除其他特点外，新闻调查（是否人们称之为或其他不那么高尚的名称）是建立在确凿性上（明迪奇，1998；舒德森，1978，2001；塔奇曼，1972）。那么电视显现为一种适宜的媒介来"真实"展现某些事物，在影像和事实之间的明显的双/单义性也因此不可篡改。尽管表面上影像已具有可能阐释语用目的再现体或符号（一个可能的阐释）。由于解释已成定局，它强加给符号使用者一个选择。那些有关图像聚焦能够也确实迫使人们将其经历塑造成视听真实性的表现形式。语言不能像摄像机那样展现同样"自然"的真实标志。在种种微妙状态下，模拟和姿态只有当被摄像机面对面捕捉时才完全有效。这就是说，甚至摄像机所呈现的也必须谨慎相信。它们一定要令人信服（和哈贝马斯的治疗话语一致）；它们必须让我相信另一个自我的自卑状态，通过这一主体呈现（经过解释）得出定义。不管人类痛苦的真实背后是什么，人们都无法独自地呈现其自卑形式。

在丑闻生产中，这一视听"忏悔"类型已被广泛应用，即使常常是不情愿或勉强的告解：某些人违心地无法阻止真相的揭示。这使人想起非常有效的丑闻曝光模式。比如，某加拿大产品，"公司"（阿克巴和阿尔伯特，2003）以及其他"仿制纪录片"（米歇尔·摩尔的电影，见摩尔，1989，2002，2004）常常是很特别的丑闻真相的视听形式。他们果断地支持揭露话语的雄辩，一贯坚持全程使用声音关闭、话外音、剧情声。那种话语争辩公众舆论判断的标准尺度，而牢记该话语的人们则像密探一样进入事件舞台。其他物品，包括摄像工作服务于唯一目的：揭示锁定目标的反应以便撕下他们的假面具。

1.6 从媒介角度理解媒体丑闻

作为媒体对象的丑闻和只是社会背景下的丑闻是不同的，因而需区别对待。这就提出了一个方法论问题：我们如何在媒体中而不是在社会层面调查丑闻产品？不幸的是，孤立地进行的媒体分析让我们想到结构主义的不幸途径。另一方面，作为媒体自反性基础的真实世界社会互动分析，通常反映在经验主义教条中。相反，真实任务是将媒体和外部现实联系起来，而不压制各方面的定性性质和特别规则。如果听起来显然矛盾的问题当然不容易完成，但符号—实用主义理论开启了解决这一双重问题的无限可能性。

媒体和事实之间的联系常被提及，但是无法找到令人满意的理论。遵循旧有的反映假说，媒体是固有正当现实的非固有、不正当的镜子。这一假说有赖于社会行为作为媒体现象的解释基础，并由此"窃取"原归于媒体符号的贡献。我们的方法起先颠倒了因果关系——也因此颠倒了解释项和待解释项之间的关系——以便领会符号的自主生活。一旦得到分析，与被符号规定的事实真相间的关系会自我显露。在此领域内，很多人天真地追寻并在方法论上继续"现实主义"反映，好像媒体仅是先导媒体人际交往现实的反映（再现是镜中画般的反映，相当于沟通模式的监测镜头）。当然，恰是"客观"印象是媒体本身乐于推销的。他们这样做有策略原因：这使他们不再易受攻击，好像"世界"本身（不仅在新闻业）都充满丑闻，好像丑闻是由事实而非仅由逻辑建构的世界。但是真实世界本身，"不过"是充满事实，然后合成逻辑规则：其中很多在符号学概念下，以便生成必要的认知。这样就有能力像在真实世界里一样控制行为。只有通过这些超越现实的基本规则，丑闻才得以强加于人。当然在此之后，他们才能够建构语用学后发者因之而发逻辑的实用目标。恰恰是由此逻辑来构成叙述。媒介固有的特点是：原则上它和叙述之前的纯粹事实真相不尽相同。因此将媒体和事实相比不能公正对待媒介的转换完成。那些不能承认叙述性成就的人注定相信故事和事实之间的简单化关系，但是永远不能实质上达到那种水平。作为对叙述内容的最低要求，我们仅存叙述逐渐反映事实的希望；另一方面，这也混淆了真实叙述的生成成就。

为驳回温和的反映命题，我们不会省略这些合理问题：真实世界如何进入叙述？媒体丑闻叙述难道不能成为人类通常社会行为的一部分？他们不是发生在我们普通的社会中？难道不因此而寻求经验主义解决媒体和现实之间关系难题的方案？媒体这样会与经验世界联合，它们的内涵本质不会成为注意力分散的对象。然而自然调解也会从社会现实中浮现吗？人们会期待媒体和事实的连接清楚显示媒体世界和真实世界之间人性化界面的枢纽，也就是说，消息源和出版物，线人和记者接触。经验框架是故事的社会起源，而社会现实生成叙述。

人们付出努力将媒体丑闻关系编排为经验的、真实世界的、真实的人际关系，本质上不同于丑闻建构，这并不令人惊讶。在媒体丑闻源起的中心人物，在丑闻对象一方是线人（也指吹哨人或间谍）。在媒体一方，中心人物是掌控"联系人"的记者（令人联想到特工机构）。冲突群会在两个不同方向产生：如果源头被称为"公共关系"，记者就处于期待矛盾中；如果另一方面的源头是"吹哨人"（揭发者），冲突便在自家阵营。关于两者，那些按照相应期待行动的被称为"忠诚的"，而那些不遵守规则的必然付诸"更大的忠诚"。但这里符号学背叛了某个行为动因，因为忠诚（legalis）选定那些根据法则行动的人（如机构办事方式的规则）。因此在那些冲突中，是规则彼此起冲突，而不是和人起冲突。因为规则能够精确预测，体制行为也能被核算，当然被个人动机策略性地利用。既然语用主体很少屈从于他们对制度规则的行为实用目标，或是被多家机构控制，忠诚管理行为（也是体制行为）只能相对一致（对于吹哨人）。

在此情境下，就其本质来说，制度冲突作为个人语用主体内在性，或个人动机是可以被描绘的。但这样的表述能在媒介之外的现实被洞察吗？在本书中，可以恰当地称之为不忠吗？除了依据比喻性许可，当然不能，因为如果没有制度忠诚规则，如此背叛是不可能的。信任或背叛的主观感觉根植于制度规则；因而只有信任，相互依赖的关系才能忍受损害（利布斯和布鲁姆－库尔卡，2004）。加以必要变通，同样的秩序适用于被婉转地描述为"公共关系"的体制规定的记者——源头关系。

　　事实如何找到进入媒体的路径，这一更为普遍的问题没有被人性化的界面所解答。人际关系的主观感觉至多是社会现实和媒体表述之间起媒介衔接作用中的一个。此连接由体制逻辑所规定，精确建构是我们以后兴趣的焦点，进一步由事实和媒体间的逻辑决定因素获取。在故事和事实两端中，若干逻辑决定阐释步骤已达到。每一步据其程度、决心和操作构成一种可能，但这些逻辑步骤无须是时间顺序。比如，利布斯和布鲁姆－库尔卡对于信用失灵的描述，即同时具备了公众舆论的功能，被看成是真丑闻（吹哨者——内部人员的背叛）：它不仅忽略了叙述转化的本身成就，也因故事讲述者的揭露，混淆了"源头"的叙述成就（不是声学的或音乐性的）。既然这样，爆料人设置语用目的，记者因其与体制目的吻合而接受（这一主题在"元文本"概念下将再涉及）。

　　在现实生活和丑闻故事中的每一个逻辑步骤，在有效行为和叙述行为间的每一程度，都凝聚着阐释的特别成效。人们可以系统化概略地显示这些步骤和程度（这让阐释特性保持开放状态）：

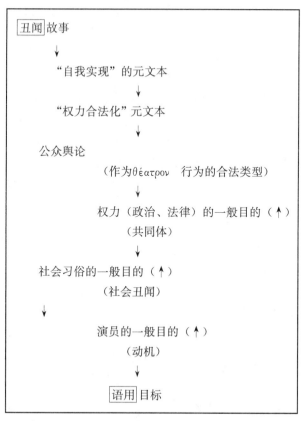

图 1-1：现实生活和丑闻故事中的每一个逻辑步骤

　　既然阐释或再现是认知倾向的行为，行为解释也是行为倾向的行为。其逻辑层面始于大众传媒产品"丑闻故事"，终于某个行为的语用执行，当然可以任意提炼，特别是在权力和公众舆论接口处。在底端，首先出场的演员，预示、提供展现自身或他人行为的目的。如上图所示（我们会详细回到此例），我们提及尚利在日记中再现的"良心谴责"。通过控制人的行为，人们已经供给阐释的一般规则，将笼统的"无所事事"解释为"睡觉，或休息，或懒散"。如果被明确问到，人们会借助公众相同的阐释规则（含蓄的解释是主体认同的内心对话）。这一心理模式提出双向解释，向上箭头总是意味着一般规则，而向下箭头指向某个对象阐释。

　　在机构中执行权力的演员必须根据其体制的语用目标规则来解释他们的行为。吹哨者的不同仅在于：他们在拒绝评价和再现公众舆论的关键价值时，阐释了机构的体制行为。比如，尚利以获得许多公众荣誉和奖励为傲，嘉奖他对逃离者和年轻的同性恋付出的关心。另一方面，否定性评价都是尚利的大主教提出的投诉，而尚利在其事业早期一再为自己辩护。两种解释都可能成为记者的源头：前者是个人提升或公共关系，后者是吹哨者。如果这一关系会演变成社会丑闻，它将包含在两个阐释中：一个主观，另一个体制的冲突，而不是行为和新闻故事间的冲突。在正常情形下，新闻记者和其线人的共生纠缠（他们假装要控制）几乎是全部，只留下极小空间给个人解释。这使得和线人接近更加困难；也不鼓励线人（他们实际上，更确切地说是自我陈述者）对讲述感兴趣，记者也会忽略这点。丑闻因而只能来源于对手的陈述者，无论来自机构的内部还是外部，其表现兴趣因此能够得到满足。然而，既然这一来源群体和演员群体在行为动机上很少有相同之处，他们处于其他诠释选择的源头。很显然，这与演员的解释起冲突。

　　如果行为是互动的，双方都有行为动机，当然他们会向不同的公众陈述。以波士顿（CSA）丑闻为例，他们之间因行为动机不同起冲突而导致法庭陈述。但这是以实在法的名义，对双方陈述发表意见的情况，还是面对相对高端的公众。当事件转化为丑闻会产生两个后果：第一，经历一个虚拟理式事件作为语用目的的抽象意义过程。第二，某种在裁判所和演员，法庭和舞台间分化的"社会本体论"的角色。

　　双向双重的陈述表明规则在高级阶段生效。这些高级条例和语用条例很不一样。它们既不是以动机阐释，也不是以社会丑闻著称。媒体领域本身仅能通过其特有的建构手段理解。传统媒体理论无法对这一现象正确处理。因此，没有"使用与满足"理论帮助我们理解丑闻。也没有某个实例煽动丑闻效果，以引发媒体效应。最后的情形是，这样的理论以丑闻同谋理论形式，产生人格化媒体效应理论（利布斯和布鲁姆－库尔卡，2004）。但即使合谋意图能被演员证实，该理论也不具备多少解释力。它不能解释丑闻是如何（即便是蓄意的）产生的。

如果研究对象确实是丑闻，而非其心理效应或被政治利用，这就给方法论提出一个问题。在这样一个严格的实证模式中，结果可能会是一种戏仿。这便将丑闻从独立变量转化成可测量事物，就好像丑闻是简单的存在事实一样。只是这一方法允许我们在其从属变量发生之前或之后来衡量丑闻效果（如在主体和主体之间的实效）。常识表明任意事实效力是造成其他事实的真正原因（根据利布斯每件事都有其充足的理由），任何状态的改变都可解读为因果性。然而，这种方法不让我们理解事件前后的复杂进展，而这却是丑闻的全部魅力所在。

媒介所成就的首先是叙述性。和真实世界的核心关系建立在故事基础上，带着这一研究目的，只有全面的叙述方法才能解释传播媒介本身和通过媒介发生的一切。这甚至不足以分析连接语言和世界纽带的有关绯闻真实事态的议题（涉及理论定位的实证数据）。说它不够充分是因为遭到诽谤的真实社会主体并不面对声称事实或事态的议题（考虑到这些主体缺乏和事实本身协调的途径）。此外，每种视丑闻仅为事态的方法将消除其最根本部分。在此语境下，新闻的从业"客观性"是欺骗人的。谋求实质把握丑闻生产的方法不能建立在命题的事实运用上，即经"严肃报刊"筛选以达到新闻故事的客观效应。尽管事实性这一标准并不妨碍叙述理式的建构。它们单独便可启动丑闻逻辑，但事实缺乏理式的逻辑关系。因此，丑闻既非犯罪，也不是罪行陈述，而是作为负面理式化的"堕落"。只有早已不再声称真实事件的故事才能够传达道德败坏，因此，丑闻的认识对象是故事，它在事实上并不存在，因为故事才是目的。康德认为目的论的认知潜力属于"形而上学外表"范畴。它们假装属于认知，尽管没有终极经验。媒体丑闻认知对象性质有时隐而不现，同时，丑闻生产的真实地点也颇为含糊。希门尼斯（2004，1008－9）告诉我们：

> 政治丑闻是真实愤慨的社会反应，一旦有公众意识到由演员实施的某种特定行为发生时（或者会在将来持有）就有社会信用的公众机构举行调查。但不是每一个政治代理人的行为都会造成丑闻；只有他们中的一个小团体是如此的，规定该团体界限的是文化界限。就是说，决定政治家的某种行为（公众传播或阐释）是否可能造成丑闻，有赖于在文化框架里如此行为被赋予意义。

这里名副其实的丑闻制造者是文化，但它说不清楚的是文化何以造成愤慨。即使在此定义中极端模糊的文化概念遮蔽了三界接受性的一些秩序（黑、灰、白），它无法告诉我们为何在某区域是丑闻而另一区域不是；就是说，某事件如何演变或不演变成丑闻。

正是出于这样的认识，丑闻发生，或者是仅有一贯意义相同的极端例子，属于黑色地带，或者是依赖在特定时刻被阐释的某些行为。该阐释也依赖于制度性或时间性因素（同上）。

依据分析，我们不可能和希门尼斯一样假设，丑闻产生的前提条件是政治力量全体一致的施暴。相反，公众舆论有能力造成大家感觉一致的印象，即使这可能仅是精英或者一个既得利益集团筹划的感觉。涉及米歇尔·弗里德曼的媒体丑闻会被广泛研究，因为他是著名的对抗性电视主持人，也是德国犹太中央理事会成员（伯克哈特，2006）。

有关媒体丑闻产生的方法论问题不会被略过。一旦原则上认同，媒体所有事实建构实际上是可叙述的，且有方法论效果。因此，只有那些能够处理大众传媒事实建构的修辞和诗性方法才能考虑作为分析媒体丑闻现象的手段。属于符号叙述学的如符号学和话语理论，以及实用主义传统，也可考虑归于批评理论或民族方法学框架下。

1.7　作为丑闻前提的公共叙述

媒体丑闻仅仅是某种逻辑的发动机而已，即一种理式的持续建构（见1.2），其中事件可被贱卖为丑闻。这和纯粹社会领域的丑闻发展截然不同。村庄、王室丑闻的产生性质相当不同：流言蜚语和诽谤行为预先假定确实参与互动的某些模拟过程。如果大众传媒要"报道"社会丑闻，他们需要创造一个新产品。然而一般性地八卦和社会丑闻叙述呈现会过于单调，因为它恰是互动丑闻无法在媒介中传达的流言（嘈杂声）。结果是媒体通过自己的方式建构他们最棒的丑闻，他们可以在社会新闻栏下自己造就更为有趣的丑闻，比如，明星、怪物、名人（和上流社会不同）、政治家、罪犯，甚至那些无名的怪咖或呆子。

制造丑闻的社会或大众传媒在逻辑上各不相同：前者起作用的是逻辑准则，后者则是其理式。社会行为的第三个标准，所有行为比较的关键点，已不再是理式而是准则，人们为此付出相当大的努力而使其貌似合理。社会准则是每一项社会行为所依据理论的前提，它们既存在于前又建构在前。然而，规范性所反映的客体总是物质和社会世界约束下的真实主体的真实行为。大众传媒必须从中提取并建构其意义。

规范大于理式；另外，它们性质不同且证明其正当性和无可非议的方式不同。在阐释理式时，将其看成文本构建便已足够，或是更大框架内的确定文本类型的逻辑推论；而规范则相反，需要与现实关系相当确定。从定义上看规范，规定还未存在，但和价值一样，它们超越存在本身。康德总结存在的先验前提同时，那些价值对于认知不起作用。但他也认可像实用价值的道德行为，且承认是自成一格的概论。皮尔斯紧随康德的实用主义，运用自己的实效主义理论阐释存在整体，包括认知和美学。作为认知行为，在所有其他行为中，认知服从于规范性，因而其规范先行于具体认知。由此他发展了规范科学概念，包含的反映层面在经验或认知思维以下，但在现象学之上，而后者完成了将发生的一切考虑在心理内容内的任务。所以，符号学和逻辑一起（最广泛的规范科学）将所有可能想法归为抽象概念。由此在根本不同的存在模式上，规范成为符号和现实之间的语用连接。

正如规范需要涉及真实存在模式，丑闻理式需要一种连贯的"正确"形式，没有的话也只能使自己适应自身建构。媒体的实践性结果是他们不能从经验发现意义，不管是制造者或消费者的经验。此种再现是能够陈述经验而自身不能产生，只能借助纯粹象征或甚至文本的经验手段。那些涉及存在经验而重构媒体意识的——如上述适用于所有社会心理的丑闻研究方法，事实上在更大范围内使之充实。大众传媒的意义不在于广泛的生活体验和人类生存，尽管有可能通过进一步经验阐释使其更为丰富。这里皮尔斯说到了构造上相应退化的符号。

经验和理式的逻辑分化不应当被误认为和我们遭遇的现象学传统意义上的社会经验彻底分割。"重构"社会哲学家像舒茨，伯格和卢克曼认同两种层次的意义。除了根植于主观意向性的主观意义，他们假设在主观之外，另一种"社会的"理性意义（舒茨，2003 Bd. 2）。人们可以反对他们的现象学方法，他们无法重构第二层意义源自何方，显然不可能是主观意义的集合或概括。甚至海德格尔也要区分真实性和通俗两个层面。尽管作为生存体验的"永存我心"，属于孤独地向死而生领域，时间也是现实存在的公众时间。利科成功构造了其将时间通俗化的叙述时间理论。实际上，这相当于舒茨所说的"客观意识"，故意行为的社会部分。

对于世界关系，作为后果的两次分离：大众传媒意义的目标和体验意义不尽相同。体验行为由用语规范确定。三个构成体验规范中的一个为二价真理

（真/假；即是皮尔斯说的伦理）。然而和经验相反，媒体叙述由带有语用目的或行为目的的自我建构理式来确定。除了理式的，自我强加的以外没有其他强制力。该建构还必须在叙述中生成自身实际的行动世界，一个独立领域。而该行动世界是大众的、公开的。[在已提到的前言注解 1 中，我们在更宽泛的、常识意义上使用该术语，并引用牛津英语词典："公众的性质；向公众观察或认识开放的条件或事实。"这也是开放的哲学视角，如海德格尔所标注的"常人"。"公共领域"译自哈贝马斯的关键词"Öffentlichkeit"的部分含义，应领会为公共性（publicity）的意思。"公共性（publicness）"听起来尴尬。]这必须是公共世界因为确切地说它已不再是物质的真实世界。只有后者才能对经验进行矫正，也只有后者才能从外在领域强加于认知。这一公众世界必须先由大家分享而非认知的一个可能对象。此外，这个世界不了解任何现实约束。据此（如皮尔斯的实用准则）行为在社会和物质现实界限中必须是可行的（非真实条件句）。除了叙述目的论，仅仅貌似可信便已足够。夸张地说，在舆论界，像电影《摇尾狗》和总统危机处理没有本质意义的差别——当然除了内设的真实或虚构指数外。

　　显然，人们可以反对说每一个叙述不都是如此。难道没有真实的叙述吗？叙述真相的根据何在？无疑有很幼稚的现实存在。比如，众所周知，一些电影假装由真实故事组成（根据真实故事改编）。很显然对此类标榜进行反驳是无意义的。然而，还有在纪录片阵营的严肃的对话者，许多纪录片确实宣称记录真相，或至少标榜他们自己的真实性，甚至在更宽泛的哲学语境下，很多途径不从建构的角度对待叙述，而是探求其真相源头。如上述的利科，便着手将叙述整合到人类生存的范围。在此过程中，他将叙述归为派生的真理（cf. 艾赫拉特，2005a，346-60）。在此方面，魏因里希在某处以霍皮族人的趣闻佐证，该族人认为叙述世界比真实存在的世界更为本质。对于像利科那样的现象——存在研究方法，不证自明的是这一真相和事实或其他镜像理论没有共通之处。另一方面，真实世界如何反映在叙述中是分析哲学在影片中，或更严密地在电影叙述中感兴趣的核心议题，所选理论例证论述了在影片中的马和真马特点相同。（同上，192-206）

　　在哲学语境下，针对历史编纂学的认知目标，科学理论和认知主义进行了辩论。对于像兰克那样的经典历史学家，不言自明的是历史编纂学的任务只能是告知这一切究竟是如何发生的（兰克，1824. 序言）；为了获得历史事实，他和其历史学派需要借用历史批评"警察"的方法。乐观的方法论就此消失，对于后现代主义和巴黎学派，这一方法走向了反面。辩论很激烈，所以我们回到怀特语境下的叙述历史编纂学。

初看起来似是而非，实用主义符号学跨越了两个阵营：现实主义和叙述建构。这是因为批判现实主义和符号过程的构造性都明确归属该理论。幸运的是，这也将实用主义符号学从天真现实主义和唯名主义的恶意选择中拯救出来。如果叙述建构的性质基本上被很好地理解，那么很清楚，严格地说没有真实的叙述。但这并不排斥那些叙述内含真实的事实。这些事实如何编辑进入叙述，由叙述的语用目的来事先决定，而不是由事实来主宰。这一目的无须像童话故事中的寓意一样强加于人或显而易见。我们的分析将显示这样的目标或目的如何是几乎"自然"地预定下来，类似于视听真相显示的不引人注目的自然性（1.5）。另外，这拓展了基于叙述目标设定以及目的论建构的类型发展的观点。从最明确的到最微妙的预定目标之间的连续系列，而无须通过此叙述目的论性质的变量来建构。就算是目击证人的事实报道，也是一份报道，因而不仅是事实汇编，特别是如果新闻故事报道时，插入对话框，作为对目击证人故事的模仿，或者是电视新闻节目上演相同报道，明显缺乏作者干预，就仿佛事实在自述一样。

每一个叙述都拥有一个抑制不住的和事实现状的联系。这是真实阐述行为的支撑力，由含蓄声明"我现在给你讲这个故事"构成，"我、你、现在、这个"是真实世界的定力，其余的只有通过目的论来显示。然而，人们必须严格区分文本和叙述，因为文本也可以包含一点也不属于叙述的短语。它甚至可以在目的论的叙述世界里挖掘。比如，将它应用于语言学方法，文本可以通过使用故意除去锋芒的形容词，从而构成一种评价。其他符号分类（比如视听）必定虚构类比方法。此种叙述逻辑突破口由指示代词"这"来暗示，因为"这"预设了支持者和反对者之间的共同话语世界。可理解性和有效性恰恰是受限于这个同一的世界。"这"是对或错——换句话说，是事实。事实也被合并进新闻故事中，一旦文本进入两种逻辑模式，就毫无疑问是可能的。故事、历史真相现在能有资格存在，在某种意义上，历史故事可以包含真相但它本身并不是一个真相。从逻辑上说，人们可以在两种不同性质的世界中清楚表达这一点。

因此，有关媒体丑闻的讨论总是不涉及个体经验，而是关乎公众世界。媒体世界和真实世界的关联几乎是媒体丑闻上演的平行世界。为了实现这一点，甚至不需要一个构成公共空间的清晰概念。哈贝马斯可以批判地创建此概念，对卢曼来说，人们可以将它看作是系统选择的结果。在这语境下重要的仅是媒体没有另建一个生活世界的联系。大众传媒没有创建一个对立面（在现象学意义上的"延伸"）作为单个主体相关行为或是集体全体性（用 A. 舒茨的话说）。如此将其污名化或许误解了其真正的运作模式。有关其可能对象在某个阶段，针对媒体的方式可能被分解为某种主观的面对面。不仅因为对于现象学的每一定义来说，每一事物都必须简化为主题。但这样一来，运用一般的主观性筛选，就排除了一些大众传媒的特定因素。也无法理解为什么大众传媒建构世界是空前未有。这一领域并不简单是意义语境下的持续不断、无可争议的生活世界视域的一部分。

本书中的媒体世界或领域，将被冠以舆论界或公共空间的可替换术语。暂时没有必要阐明这个领域是否无缝嵌入"生活世界视域"，或是否（如此，又如何）涉及事实的物质世界或事态。至少从方法论上来说，足以假设一个平行世界；我们首先不需要阐明和其他领域的关系。也就是说，重要的是这个问题悬而未决——我们假设一个统一的媒体世界，符合其他条件相同论据（因为只能够有一个世界）。

即使我们把体验真相——能力和来源——问题归入同类，我们仍然有"什么"问题存在。什么是舆论界，什么是其特性？简单的回答：是公共空间。这一点并无异议，但不是经验事实；人们不能通过感官手段来进行阐明或体验。此外，无人可以展示说，"就是它了"。然而它正在发生，始终如当初一样留在"头脑里"。没有人曾经亲眼看到，但每人都表现得好像它确实存在。舆论不是客观、实质的事物，它只是作为功能。即便如此，它引导人们的行为，同时在康德理式主义的框架下如超验观念般规范人们的想法。

有人认为公共世界仅是捏造或拟制，是从真实世界的陈述书中提取的，但其实不然。首先，纯粹"事实"想法相当奇特，但仅存在于唯名论的哲学语境下（经验的、非心灵的、即当代人当真的东西）。但在那时，世界形象或一直存在的世界观，基本上应当是前后连贯的。同样地，历史上不总是存在类似决定我们当代生活和行为的公共空间。其资产阶级文化的发展方式也决定并定义其反面——隐私。作为互补，它们构成两种不同的传播模式，但并不总是这样。如今很难想象，仅在负模式中，一个人的身份同时兼有个人和社会、私人和公共身份。维克多·特纳的阈限理论描述了这一前现代社会的统一身份，而韦伯去神秘化的论文解释了通过现代性的影响，及契约社会形象的分解。韦伯允许我们看到作为复数（多数）的理性，现代性导致的各不相同但相互矛盾世界形象的分裂后果。在这方面，人们可以在类似一贯理性的世界中构想公共世界、公众舆论对象。公共空间是相对近期的现象，资产阶级胜利到来的自然发展。媒体历史的人工产物，一个偶然存在，传达公共空间的词语，将有助于我们理解该转瞬即逝的现象。

2 何为舆论界，何为公共领域

提出作为逻辑和认识问题的舆论界是一回事，从偶然事件的历史解释角度接近它是另一回事。认知"公共"究竟意味着什么，如何进行？要涉及什么，需如何操作？舆论界不是为了创造一个和经验世界平行的世界而存在的，尽管这是其不可避免的副产品。公共空间的早期阶段就是为了公开提出意见。它不是由具体观点构成，原本一开始就不相信任何事态会失控，相当于舒茨的生活世界，相反，人们"有看法……"也就是说，对于演员和其实用目标有看法。

对于行为看法的职责勉强同源于认识论批评，认知得以自我判断。但在严格意义上，并不存在认识论上的行为指导兴趣或动机。唯一保留的是某种可替代的实际控制。只有通过代理作用于主体的方法，人们才能做出正确的判断。行动是在公共尘世舞台上演，登上舞台恰是唯一目的。论及社会主体作用于真实世界时，这样的判断是不可行的，因为目标和兴趣的分歧不受任何控制。为了给出正式的实际判断，有必要认识行为目的。只有公共空间预定这一目标，从现实主体的行为中，不可能获得普遍且有效辨认的目的。只有个人主体的实际兴趣能够被自己把握，但只针对自我，而不会普遍有效。

实用总原则（其实可能造成更为正式、实质的道德规范）是不可能的，但语用普遍性是可能的。在现实世界里，我们的行动不具普遍意义。如果我们能够描述某种意义上的可理解的而对每个人有约束力的行为——如果的确有所谓的一般行为的话，当然需要天才之举。取而代之的是有经年累月的文化实践。为了完成实践，我们无须介绍所有针对具体行为的语用逻辑因素，一般性概论或行为建构便已足够。在语用总原则中，舆论界的目标是可实施什么、赋权予谁、什么构成权力的语用合法目的。权力合法性因此是公共舆论的存在理由，正如盖格的经典社会学所声称的："在蒙昧时代，卑微的臣民臣服于上帝的权威命令之下，并在'总是这样'的传统面前俯首。"当代人在民主自决的想象空间中成长，在犹豫中被推进，在抗议中回顾束缚他们自决和自由运动的客观制度，负责领导该制度的人们，权力拥有者。但是管束掌权者，不能通过互动的行为控制来施行；而只能通过权力合法性的符号空间来完成，这一空间就是公共领域。

舆论不是叙述本身，而仅是其目的论，让我们看到一种独特的现实。像凤凰一样，这一别样现实由基本事实复活而来。在辨认惯有的具有公共属性的公共舆论时，符号学已误入歧途（见道斯巴赫，2006）；舆论不是"某事"，更确切地说，它是意义产品，其纯粹作为意义而存在。哈贝马斯不得不在总体意义框架上重建此意义类型。当然，我们不能假设他的"基础语用学"的重构是唯一可能的或甚至是最好的。有更多声誉良好的选择从总体意义理论上决定社会甚至公共意义。只有浅薄的经验主义者才将公共舆论降格为这个或那个事件被认为的观点，他们能够逃脱这一必然。

所以我们不必讨论每一个孤立的意义理论，让我们来整理分类。因为我们在处理非经验的认知对象时，只有非直接的认知被讨论。理论上，我们可以分成两种模式概念：或者是媒体造就的舆论被认为是一般意义的拟像，或者是存在实在意义。比如，当言语行为（以句子或文本语法）解释意义时，这和来自知觉的解释属于不同类型，因另一方面而让某事有意义。这是最抽象概述一个仅存于理论建构而非作为体验对象（本章的第二部分讨论拟像，第三部分非对象舆论解释的实质类型）。当从绝对我或存在真实性推论出实在意义时，便可称之为存在思维。齐美尔的"先验社会"甚至在名义上暗示其超经验关系，正如哈贝马斯的理式话语环境。

如果我们不将它们处于哲学的多重世俗挑战中，这些抽象分类所起的名称听起来就有些怪诞。这样的挑战之一是如何设想物理对象同时也是意义对象。更不用说会有下列情况属实：某个没人主张有形的对象却站在我们之间且具有规范意义？怎么可能让意义从具体对象分开？它如何仅仅作为无形意义起作用？这难道和皮尔斯的实用准则揭示和消解的"燃素"，或者"独角兽"不类似吗？实际上，回到1.5有关影像真相——此处意义未被彻底探讨，源于事物被展示的事实（"此人在拍照时存在"给予充分的解释）。在屏幕可见对象之外，有权力的人用展示其权力的方法证明其权力是正当的。这不是很明显，但恳求一个解决方案。

在1.7部分，我们逐渐看到符号学作为意义理论的中心思想。通过将意义解释为形式，符号的概念在存在和物质之间调和（德•艾蒂安，1996）。裂缝属于偶然因素领域，其抽象形式有三个类别。每一个具体意义可在符号的三重关系中被掌握，但这绝不是说形式上有可能就是实际上生产的。这里文化偶然性开始发挥作用，同时意味着不可预测。舆论在逻辑——形式意义上是特定意

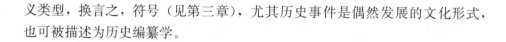

义类型，换言之，符号（见第三章），尤其历史事件是偶然发展的文化形式，也可被描述为历史编纂学。

2.1 舆论方法论建构

对于这样一个显然理论驱动的舆论研究方法，显而易见的反对来自理论—逆向的实证运用。比如，有人假设"人类，虽然他们和其他科学'对象'不同，基于相同的如物理或化学的对象认识论，仍然可以用相同方法论来描述"（道斯巴赫，2006，443）。然而摆在面前的问题是它不承认对象的非实证性质。这超出传播学令人遗憾的学科身份危机。那些采用这一方法的人承认理论过剩且相互矛盾问题的存在。即使如此，他们选择的方法实际上是宣称对象是可实证的和可度量的。因此在实践中，这就构成了关于公共空间和大众舆论的思维方式。一些经验主义思想家谈到"公共"的观点和空间时，并未真正思考对象性质。他们这样做似乎只为赢得一个令人舒心的抽象的集体名词，一个代表他们认为真正实在的观点。在此意义上的公共舆论，就会是经验主体认为的观点。而要使主观观点公开化，首先要聚集在一起，这如果通过选举、消费和其他社会行为不能发生的话，那社会科学将使其变为统计总和。当然这一努力的背后不仅是方法。实质上，这里人们追随杰出的支持者们，从而可以看到暗含的作为存在和社会理论的本体论。在某种程度上，这和我们的主体相关，后文还会回到这一问题上。

至于的公众舆论本身，说其无疑超越主观，并非个人的观点就已足够。没有主体会秉持公开立场，反之可能代表的是某种大家共享的想法。任何人正确掌握这些信息都必须理解不是他或她自己的想法和他人的相矛盾，相反，这些是所有人想法中无差别的想法。但如何实行量化并获得主观意见？如何实现是一个文化和历史问题，会在以后分别涉及。这一量化的实际效果是明确的，也必须确定操作的理式目标。经过量化，有些获得了真相的地位，也就是说，每个人都必须视其为一如既往地必然有效。如果有人坚持自见而不知前者，进一步的转化就很方便：从逻辑到数字的量化。具体说就是将我们从必要知识转向大众意见，从部分转向全部。尽管这并非精确的统计汇总，但仍然可以简单解释为意见研究。统计汇合是提炼奇异性的关键性步骤，而总体人口并不恰好是对每个人有效，这显然表明还原的不可逆性。换句话说，从所汇集的论点无法倒回去推论集合中的任何个人。但这可能恰是逻辑量化的案例，其实践效果称为"公众舆论"，因而显然会不同并超出统计汇总。

作为研究对象的舆论本质要求其方法论和我们追寻的具体实证对象有所不同。因此我们保守地使用"公共"空间一词，而不带有严格意义上确定文本的本体论偏见。另外，在本书中历史术语"公众舆论"完全适用。在符号分析中，该文本呈现出决定逻辑作用的确定逻辑排列，在纯粹的逻辑世界里，可以说一说蓄意建构。当今世界就是大众传媒——旦作为表述实例出现。作为文化实践，舆论界超越一个社会简直不言而喻。尽管公开，仍怀疑自己不需要像舆论那样完善实践的支撑，后者需通过文化实践才获取明确意义。

在选择研究计划时，以背离最迫切掌握数据的文本为切入口，我们无须将自己囿于文本内在的机制中。适当的方法必须能够在真实经历和一元体验对象的他者性即舆论之间弥合裂缝。这必然会涉及处理社会结构和客观现实的问题。相互依赖的关系和连接可被描述为生活世界，它已然带给我们一系列解决方案。

在公共舆论案例中，对象和媒介的交织不能脱节。即使这样，一些学者通过从其他方面中提取数据，试图从方法论上这样做。如此一来，他们可能认为自己已经获得进入自在现实的直接途径。比这一严格意义上的经验主义方法稍微缓和的是，他们力图以最低限度从命题形式或言语行为打捞经验主义内核。然而这样的努力，仍然需要预设"真实"的现实，可以用来比较事态的提议说法，从而进行证实或证伪。但此种方法在本质上就有缺陷，因为它屈从于对象的复杂性。

当认识到在方法论上承认交织时，也就是说，承认舆论没有符号便不存在，且仅存在于"语言"中，非还原方法挣扎于自身的困难。这样一个特别的对象属性不可避免地产生了方法论困境。既然人们没有可能以它自己的手段来调查对象，那么人们只能找寻外围的比较点，赢得除语言以外的事物。但如果不存在未经符号中介进入自在现实的直接途径，符号或语言的另一面又是什么？这个另一面不可能是另一事物（因素、变量、事件、精神状态），而只能是和起解释舆论作用的他者性相关。根据他者性类型——舆论对象分析（意义的另一对象）建立一种关系——存在两种方法论不同的途径：拟像和实证。这些抽象关系分类会通过讨论它们的主要表征而明确。

这两种概念仅是指定某事到另一面的关系类型：这里指公共意义关系，也是解释对象——本身意义。"公开"的性质本质上不是很明显。只有根据它们相互关联的关系性质从品性、特性、他性来解释。然而人们如何掌握自在意义是个哲学选择。它可通过现实经验来定位，或者从社会习俗、有限的行为可能中推导。

拟像和实证在他性关系上不同吗？如果实证于此定位，它是以某物形象作为参照而不是以某物为基础，并据此来究其本质。"拟像"一词，就其本身而言，暗含了"显示"之意（格雷马斯），或者在系统论中，称为共同原则。

两者各自的研究对象以意义不对等而共存；两者都依赖彼此以相互解释，仅在逻辑依赖上有所不同。如果简单看理论问题，相异点当然会呈现出不同重点。遵循系统论的论证，比如，真正要紧的不同之处在于基于行为和基于系统的理论。这为系统理论渲染了一种论战造就对手的氛围，因为理论问题两者兼有，就是说，"某事"的意义如何由其他事物来解释？这需靠行动说明来执行的解释并非最终相关，因为某事和其另一面构成逻辑不同，而"行为"在双方都有体现，只是在各自一方意味着另一回事。比如实用主义，不在超验主义和形而上学思考存在，而是通过行动和前提，在意义的控制下解释行为。

逻辑区分相当重要且具有实际效果。在"实质上"相近的理论之间的辩论是由两者方法论的根本差异引发的。如利科的公众行为理论以亚里士多德的《神话》中的行为再现为基础。其理论甚至在一些基本原理上也近似于格雷马斯的叙述语法，若不是在舆论基础上有根本差异的话。对利科来说，这一基础根植于时间性行为的存在（阅读行为由意义派生的存在类型构成）：而对于格雷马斯，就是基于生成论的意义生产。但生成论不是指固有的想法，而是指不可能进一步以问题超越的社会想象，这便构成了意义组织的纯粹拟像。

此外，在这点上理论和经验主义之间没有差别，理论上拉丁语的"思索"就是沉思。人们可以观察到先前构成的对象和借此而产生的理论，没有它，经验对象便无法预期。人们无须探讨社会生活内容在理论上是偶然产生还是独立于外。实际上，它会表明人们需要在有意行动前掌握社会理论。理论总是比实际行动在复杂性上有所降低，或在普遍性上更为广泛。

2.2 舆论拟像

复杂现实一旦被宣布为在方法论上作伪的加工品，就只有通过认识对象进入调查。"仿真"的努力并不代表"类似"的含义，相反，它指一般意义上的形式近似。不管如何，总是相同形式和类似，这就是仿真本体论。可以相当明确的是，系统理论从事复杂性降低的人为特性。此外，符号学认同我们所说的人为方法论，索绪尔明确从其权限排除"言语"，因为无法用该手段掌握口语。与符号学相关的实用主义带有现实主义意味，偏爱批评的相似认识。然而，我们在常见保护伞下呈现的拟像并非我们的独家视角，对于符号学和系统理论的极端哲学批评早已存在。这些批评解释两者皆构成某种本体论，既然它们都各自阐明是存在理论。卢曼为其系统理论精心思考本体论前提（1984b，1997），但沙伊贝迈尔试图加以严峻挑战，德勒兹（1973）在结构主义、符号学、和其他同样结构差异的理论上得出了类似结果。

系统理论和符号学是基于等级的两个理论亚种。就其本身而言，结构主义思想发挥了理论作用。这一发展超越了词汇导向的符号学，即依靠对实例解释的理解，换言之，是交际情景的文本反映。这和结构主义同源一致，可以同样运用在文本和社交实例。在文本中作为叙述语法在任何案例中验证，至于如何作为方法论发挥功效，以后再讨论。

另一方面，在系统理论中，复杂性下降置入系统范围用来区分系统和环境。人们争论该理论几乎没有操作能力。换句话说，它无法系统地适用于可被经验所观察到的事物（cf. 萨科瑟，1983，95）。这些与经验不足相关的批评可以理解为舆论的客观特殊性。至少，原则上公共空间是自创系统，就是说，它降低复杂性，因其自身系统行为而与其他系统不同。当我们在讨论可替代符号时（见4.1），我们会在其他语境中详细争论系统理论。

综合论题只有得到理由充足的方法论手段支撑才可持续。符号学总是谈及意义生产而非社会现实。那么什么是这一概念的方法论预设？方法必须要舍弃现实以便理解"他者"的意义吗？从社会学角度，符号学的有趣版本是符号叙述学，也称作巴黎学派。它将所有意义性核心等同于行为概念而不是物理现实。然而符号叙述行为观念的特殊转折来自如何将行为与语言相连。但这是不平等的联结：语言本身是意义，而行为是"他者"。

和符号叙述学不同的是其他社会学并没有忽略语言（比如舒茨，当行为变成生活世界的一种行为时引入语言介绍）。即便如此，没有任何学科彻底从语言的唯一形式就能推断出意义的每一方面。在此阶段尚不存在对社会现实的推论。在符号叙述中，必须和结构主义模型一样，语言预先决定了所谓有意义行为可能的框架，语言学结构决定语言。唯一的要求是叙述能力，也就是文本性。推测叙述限制要比社会行为理论中的理性更为狭隘是错误的。正相反，它极大拓展了可能或可行的疆域。在传统行为理论中，如果目的性是定位于经济行为的边际效用，便被视为合理行为。任何在其边缘的行为都是非理性的，或缺乏方法——目的理性（约亚斯，1999，291ff）。

所有社会学共享行为解读的解释策略；语用学、现象学、和结构主义符号叙述学都不单一使用这一核心词。符号叙述学取消行动、现实的各种参照，而仅仅承认语言。正如可能造句，人们有可能行动；句子仅仅要求语言规则发挥适当功用。无意义阐释问题甚至没有浮现，因为从不被需要。通过无意义句子，没有阐释能建立叙述性基础，委托契约存在两个假象：陈述假象和语义真相假象（《同意核查》）。在结构主义形式结构之前，这和德勒兹所揭示的"主导实践"完美契合（德勒兹，1973）。作为实践的社会阐释带来真相核实或说明，否则无法发挥功能。

信仰树立传统上是媒体效应理论的范畴，主要源于社会心理学。和定义效应相比，这项研究议程显然和符号叙述学的传播学问题全然不同，前者从现实束缚中解放出来。现今人们不能像传统媒体效应研究所做的那样，选择未加工事实作为其"他者"。传播者和听众研究合并在"文本"和委托契约中。此外，多义词，即在媒体接受中阅读模式的多样化，本意是作为原则阐释矛盾文本实例，且有可能是直接调查消息来源。即使这样，它仍有可能从富有经验的观众那里查明效果；但这并不是最佳方法，从符号叙述角度不需要为这些性质不同的阅读找到理由，因为它们就包含在文本中。

所有溯源于结构主义的方法可以简单地冠以反，或至少是非实证。事实上，这里不可能忽略理论贡献。宣称实证的方法将其理论隐藏在无效假说中。本文不是要评论和辩论科学理论，但只要涉及社会科学方法，我们这样说就很稳妥。如今，没有严肃或知情的参与者会在辩论中提出社科理论仅仅或主要由数据支撑或建立。这就是说，我们一旦承认实用标准是理论选择的根据，便隐约可见极大倒退或者武断选择的危险（黑塞，1978）。相反，结构理论和符号理论公开宣称普遍意义。结果是该科学理论声称，一般意义的特例只能在此框架中被欣赏。但是德勒兹（1973）表明这很成问题，他恰当地认同结构主义的超验主义预设，并公开采取基于意义极端概念的二元分化，无论如何不同都具有意义。在现实中，意义由第三个消失点联结起来，全部只有一个差别便不再有意义。德勒兹称之为少差别 X 对象，即没有进一步差别环境的终极系统。

如果符号学反映出最终预设，人们可能意识到三合一（不完全是二元）的意义生成关系性质。德勒兹暗指三合一，但没有从中得出逻辑结论。然而，皮尔斯很久以前将三元放置在符号学中心，从更基本的一般事实推论出向心性。在三元中介中差别并未消失，而是作为批评比较保留。我们有理由说皮尔斯符号功能中的第三相关物，解释项，意味着差别（二介）的解释（三元）产生了新生的，更为普遍的事物，尽管新，但还是源于比较本身。符号叙述不在逻辑上反映这点，这里生成论承担了三元普遍性的功能。

尽管符号学仅仅依据结构主义本体论而运行，但它精确地说明了语言符号特性。作为理论设计，这是一个将语言变为适宜对象的明智选择。皮尔斯早就以一种完全不同的方式取得了类似成果（更好，正如我们将看到的），即其符号三分法（质符、单符、型符）。以此角度看，语言学对象的纯理论区别对待是不适当的。我们为符号学辩护，因为它可能是纯理论区别原本承担的通过语言学外的现实和跨语言学唯心论来防止被玷污的目的。句法也被构想为还原一个串行轴线因素。符号叙述学明确试图以谓词逻辑来巩固句法（格雷马斯，1970b），这并不奇怪。典型的符号叙述学则多层次有深度地得以实现。据说，此生成论通过纯理论差别来阐明句法结合力，或至少是差别越纯粹越好，因为只有表面上意义的横组合关系可从句子结构中演绎。实际上，在意义最深层，至少三组对立关系可解释命题结构。其一，隐斜（phoria）分裂为烦躁症和欣快症（解释为基本的行动冲动）。其二，阐述分化为存在和行动（在两种情形下，主语拥有的反意或连接对象：语法或语用主语得到确认）。其三，行动和存在（格雷马斯，1970b，1983b）的双重分化形态可以和情态动词相比较，仅将形和句进一步受制于分化条件。其中最深层条件被认为是人类学恒量，表述为隐斜，是从虚拟到现实的行为实现层面。

皮尔斯符号学能够由符号转变为行为。因其语言对象的纯粹，它不能也无须消弭任何符号学隔绝的事物。存在是相关的，而不是自身存在的（或是自在之物，或是先天的判断），这一逻辑关系在认知行为中变得真实。它遵循存在总是认知化的（因为在存在被认知之前提出存在概念是无意义的），因此是相关联的存在。

2.3 舆论和意义实证

要掌握无形意义的理论还有第二等级或方法。它也分为各种层次，但层次之间和拟像性质不同。这里主体面对派生的适当意义，我们将此关系中的最高层次称为（在扩散的意义上）实证。公共意义，舆论还未有"特有"的对象，只能在确定的他者帮助下进行分析。如今比较点来自意义起源，而不在语言区别或系统中识别和描述舆论的他者。如思想所说明，"起源"暗示一种意义——实质，可以说是自在意义，几乎是实在的存在体。所有具体、实际变化的意义都源自不变的基础（亚里士多德，Cat. 3b16）。通过自在意义，公共意义被分类为实质偶性，以此构成其解释。

意义决定一切；另外，它以一定方式存在于每一件事。然而，自在存在可被认为是实质性的吗？假设这一自在意义是可知的（每一理论都有其独特的展现方式），唯一相关问题是何以呈现如所使用的实际意义。如果一种理论没有其他方式来解释意义的突然显现，作为实际使用意义解释的自在意义就是可行的。那么，意义如何显露？也就是说，如何成为公共的和可传播的？物质思维形式要比拟像思维更传统，比本体论语境下的存在和可变性更盛行。理式主义，该形式的制高点，使之进入主体，也就是绝对我的语境。然而随着语言学转向的来临，绝对我在许多方面屈从于集体我（容我们这么说）。皮尔斯认为自在意义如集体我像自在之物那样之所以无法存在，因为它不能被体验。但没人怀疑意义的多样性的确存在。依据公共舆论，该说明使之成为一种自在舆论，显然和主观观点不一致。但又如何显得意味深长？针对于此，实质给予思维"衍生"，即在此思路下有些衍生物需重新查阅（或指示）确凿的参考点，并保留该形象，"指示"可运作为多样化消失点。何种指示建立了指示性关系，那么，在各种理论之间显示出差别。

意义创造涉及自在意义。或者，在此语境下是真实意义，呈现为特别标出的传统思维方式。它显示在社会科学甚至在后现代主义脉络的功效。阿多诺（1964）赋予它声名狼藉的（epitheton ornan）"本真的行话"：受到海德格尔存在主义启发的理论。这一思想说明必然对意义问题影响极大，也不可避免地对公共意义的产生造成影响（上文已捎带提及）。利科叙述学就代理此种理论，其日常经验可能性基础在于"一切"都存于时间和时间语境中的事实。利科认为所有舆论源于本真，最为真实，却也源自死亡的"起始"时间，即存在时间。人皆有一死，但尽管是真实时间，它仍然是"我"的时间（"我"申请），因而是不可叙述的。

社会性的"起始"模式是共在，这是最初的考虑。这一起始共在的轮廓可以在舒茨的"无可争议的生活世界视域"中看出端倪，全部意义也呈现为不可执取的中间形式。这一术语常常膨胀并和构成主义联系起来，经由舒茨连接以及他对米德的整合，最终被强加上伯杰和卢克曼的想法，他们给自己的书准确地命名"社会构成"（伯杰和卢克曼，1967）。然而，这不能和激进的构成主义相比，因为它在系统理论轨道是特有的。认识论和本体论前提非常不同。在此意义上，舒茨的社会现象论不是构成主义，尽管它的确坚固地锚定在哲学意识上以求了解作为意义中介的传播。在每一意识内容涉及无主体、无疑问的生活世界时（胡塞尔的这一概念已被讨论），它一定是常识性的。舒茨和卢克曼（1975，17）将其理解为知识供给的总体，并决定了一个不成问题的社会行动领域。

然而，为了符合海德格尔式本真和庸俗之间的关系，他者的桥梁是无法轻易建构的。在利科的叙述学中，公共的时间性叙述不得不模仿或复制此在的真实起始时间。对于舒茨来说，这一桥梁仅仅凭借辅助建构而起作用。尽管他的名声来自社会学生活世界概念之父，但毫无疑问，他的成功在很大程度上应归功于韦伯的概念工具，比如目的和理性。在他 1932 年的著作《社会世界的意义建构》（舒茨，2003，II）中，提出是理性而非主观形成意义，且在理论上孤独和隔离的主体间建立真正的沟通桥梁（至于这点，主观意义和海德格尔的"始终拥有"向死的此在类似）。不过因为理性，行动可以协调。然而，这应假定一个超越主体性和（追随韦伯）不依靠反对经验世界的任何客观标准的意义基础。当世界观不可避免是理式的实用主义的最后结果时，这恰是因为不能作为实体取向的世界观多元性。理性是一种行动的实体解构取向，实用原因的纯粹形式，在主体间提供先验形式的关联。正因为如此，对分解先前坚固的世界观现代性理论不构成威胁。正相反，人们可以说"非理性"的单一形而上世界观（恰因整体上是宗教的）根本不会允许任何理论。实际上，这里一个世界和一个合法的行为规则构成了理论总体。齐美尔后来将这套实用的社会先验论推广至社会化的社会形式阶段。

显然，这一社会理式主义和实用主义者的现实主义不相协调。这些确实可替代的理论程序之间的冲突，因其特有的实用主义的科学方法而更明确。其后果由皮尔斯在他早期在《大众科学月报》中关于实用主义系列的论文中有清楚阐述。只有我们仍能构想社会而不求助于韦伯的纯粹理性的实体解构行为时，我们才能期待全新的沟通视角。这从先验论和习俗两种错误的选择中解放了主体间性。卢曼（1997，Bd 2）媒体理论清楚显示它有多么麻烦——理论努力是如何显著，完全通过习俗来协调奇特演员的演技（相应地主观性）。

在某种程度上，齐美尔的社会形式是一个自在社会意义的空洞准则。社会普遍性真实呈现在个人主体上。这就是齐美尔对社会存在模式问题的回答。社会不是独特现实，而是一种心理状态，是个人心理的社会形式。当转至看似心理上情境重现领域时，基本上要满足内省的需要。在此领域，棘手的问题仍然没有令人满意的答案。这一社会形式从何而来？它归功于谁？要不是社会科学，从代理人的角度而言心理上重现的洞察便利性需付出代价：总之，社会学沦为了形式，空洞的感知习惯。

心理学继续保持吸引力，因为它似乎是问题原理的明智纠正。对于尤本来说，主要兴趣就是重新发现作为克服媒介效果缺陷研究手段的社会形式。"大众"无疑是此研究中的根本设想，它因自我应验的预言而受到批评。尤本的批判涉及经验主义将个人和有关社会整体从抽象化方法论推断的结论隔离开来。这一理论设计也未反映基于其他条件不变论据的效果研究。相反，社会形式可以提供反映个体社会性的有利条件。作为一个理式主义者，齐美尔没有必要像涂尔干尝试的那样，从"社会"实体的真实存在开始。原因在于社会化的"社会"发生在个人主体身上。这就要大大依靠意识哲学。但是社会化如何操作？齐美尔不是依据超验哲学，而是主要通过社会心理以混合模式解决这个基础难题。换句话说，首先，它是"一个人通过与人接触获得的他人形象"。既然无人能够彻底探究他人，我们对于他人只是"碎片化的我们"。这使得窥见全貌的需要几乎是强制性的，但我们从未"纯粹和充分地"完全做到。我们可以了解他人类型，但这会简单化。这样一来，我们自身身份带有所有交际情景的偶然性。那么，我们的社会性首先是个性的前提。我，因此减少，又通过"他人的凝视"变大。齐美尔称之为"互惠效应"。这一概念的抽象形式仅是社会形式。如此，齐美尔可以避免偏袒个人而反对社会，反之亦然。互惠效应也意味着社会的给予形式不会完全决定个人，而是超越社会的"还有些什么"（notch etwas ist 齐美尔，1968，26）。

当我们询问到底"完全""类型""互惠效应""社会形式"该是什么，除了它们伪认知功能外，我们显然会遇到康德概念。范畴示意概念，先验判断不可能起因于经验，但必须在任何经验形成前生效；这就是说必须假定有先验社会，只有这样的社会才能转化为经验。和康德相反，齐美尔的先验不再规定范畴。他仅能了解其另一个真实体验的不足，也指在它全然抽象货币形式进行"以物换物的形式"价值交换。这允许我们参考齐美尔视之为存在形式的社会意义理论，尽管解说项最终是空洞的形式。

哈贝马斯社会意义理论也建立在各种他者的参照上。他发现对理性的指称遍及从现实到身份的人类各个方面。在这一认识中，媒体舆论构成系统约束以限制原本自由的沟通形式。没有这些约束，自由沟通便能够论证以满足三个理性效度要求。但什么实质上具有效度？这一根本问题涉及哈贝马斯的非常"基础语用学"方法，我们会回到此点论述。为宣称有效性，我们必须以不同方式沟通，也就是说，加以区分地诉诸相应的理性方式。从这些不同诉求形式，哈贝马斯推断出本质差异，增加某种比率的理性，让其相互竞争。这一多元化可简化为意义的一种共有优势。以正规、非实质方式，意义可以转化为话语。和世界观描述相比，论证描述系统要求相对较高的效度。然而，最高有效性是理式言说情景本身的能力，这样的步骤包含自在的意义，但仅是过程形式。它在想象中当然必须是普遍有效的（格哈特，1979）。这些批评话语不仅是对于哈贝马斯《基础语用学》的哲学沉思。它们对于人种学的基础性辩论具有强烈的实际导向，甚至有某些民族方法学理论方面的反响。

在社会学和传播学领域，哈贝马斯主要以批评诉求而著名，其理式形式主义则影响较小。尽管每件事是以（达成）协议，而非存在的形式出现，协议有必要简化为能够明确且不含糊否认的有效性。然而，批评理论并不意味着所有这一切发生在日常行为，因为在此领域，生活世界视域无可置疑占上风。尽管如此，意义范围部分应当具有批评重构的能力。最低也要有助于防止在鲍德里亚后现代媒体世界风格上的意义狂欢，同时在另一方面，缓解系统理论对媒体机能主义的限制性束缚。

批评理论具有批判性，尤其在它剖析无批判力的生活世界时，从舒茨那里流传下来的逻辑链经受批评的检验，并成为实用的行为类型。这些未经污染类型和经媒体而疏离类型形成对照，其相应的合理性没有约束便不再有效。哈贝马斯重构的努力将他引向言语行为理论，且通常语言导向更强；这就是"语言学转向"在他理论中的象征。他声称有性质不同的三重效度，并有第四效度（或更好地称为"零度"，结构完整有效）补充，大体上依赖奥斯丁言语行为的三种言内作用。第一效度，相对于言内言语行为，指的是客观世界并宣称真相。第二效度的言外言语行为，指的是规则和规范性。第三效度声称真实性，在言语表达效果上指的是我的内在的真实表达。除了主体本身，没有人特许进入。

哈贝马斯的语言学转向没有妨碍他对机能主义媒体理论的兴趣（麦卡锡，1991，152-80）。和帕森和其媒介理论很像的是，哈贝马斯将媒体设想退化为一个尽管理式，却是在系统约束影响下的真实交流。从帕森的机能主义角度，媒介必须满足两种标准（见哈贝马斯，1981，II：395ff）：它必须不计数量可被交换，且可被储存和衡量。那么最典型的媒介是金钱就不奇怪了。哈贝马斯发现当他将媒介概念伸到其他社会交换功能时，批评就容易一些。比如，当三个标准都适用时，要确定一个社会系统目的达成的交换功能，权力媒介很快就会陷进如何使目标合法化的难题。起到社会整合作用的媒介影响甚至更小，无须达成处理偶然事件的协议。更不必说这适用于媒介价值承诺，服务于维护亚系统文化模式。和媒介理念不同，达成协议必须依赖语言，非还原性意义媒介。协议也可能失败，因而无法储存。哈贝马斯的观点是，在日常生活世界，语言保存了协议身份和其不可替代的作用。那么媒体只能降低到约束真实意义过程的系统理念作用。

哈贝马斯的言语行为推论可以在两个方面理解。其一，源自语言形式的效度本质是什么？其二，在言语行为解读为言谈举止的前提下，当源自法则施加行动影响的领域时，其性质又是什么？唯名论和现实主义的根本选择处于危险中，而不仅是细微的解读。尽管微妙差别明显，此连接是决定性的，是对于某种问题的进一步理论涉入。哈贝马斯一方面反对意识哲学，另一方面凭借"语言学转向"，将自己纳入以传统方法提出的二元问题。依据这种视角，问题仍然（建构地）存在于（有效性）关于世界的理念——他者，弥合间隙的二元关系（艾赫拉特，2007）。桥梁就在于语言，社会"承担"项目几乎是真材实料的混合"ens mixtum"。这一任务（故意简单规划）是整个理论重建的潜在基础。我们会在皮尔斯实用主义的语境下指出该问题的提出方案是错误的，或至少是在勉强地强加给自己。

语言桥梁是否仅是海德格尔"共在"概念的遗迹？在他"第五笛卡尔式冥想"中，胡塞尔仍然挣扎于领会主体间性。这一犹豫也被舒茨提出质疑，是否人们要简单预设元个人的存在。在更为抽象的形式中，问题渐渐移向偏激的建构主义和卢曼的系统理论。他们快速给出理论设计方案，允许系统之间相互联系。除非两个系统都有规定，否则原则上都不可能超出系统边界。对于哈贝马斯而言，生活世界（充分理解）存在着简单意义（不在卢曼的意义上）和语言，这些是用于质询内容单一意义的终极基础；否则，没有任何沟通能奏效。因此，哈贝马斯所说的基础实用主义，并非理论基础的真正基本意义，而仅是重构了已被赋予部分。

他人可能在人为地避免形而上思维方法，哈贝马斯则将自己抛向了危险的反面：话语存在于理性规范，自由分配需要在具体意义的沟通实践，即在推论实践中来证明。另一方面的问题存在于话语性质。它是纯粹理式，接近阿佩尔的超验实用主义？或是实际现实，即使囿于生活世界范围部分？至少他需要排除"总体之知"，不管是哲史知识或形而上知识。它不得不被排除在话语情境下归类为自在和作为整体认知原因的理性具体。相反，沟通（经验、历史社会实践）必须自主说明据此运作的目标，否则就根本无法操作。人们预设交流要据其理式遵循一种目的理念来运作，哈贝马斯认为这种目的理念可从经验语言的命题形式中进行推导。从语言学规则到语言使用者规定中推论出论据。被称作反事实条件句，命题说明无法运用于主体间性，除非他们以往事实上就是基础语言。甚至当沟通策略中包括工具主义误用时，它仍然预设效度要求机能。

尽管有着现实主义的外表，目的论理式性仍需要各不相同的理由，找到偷偷潜入哈贝马斯体系核心的路径。很显然语言自身铭记的理由有时会自相矛盾，非标准化的科学发展以前的语言以模棱两可和相互矛盾而声名狼藉。此外，还存在只能用语言展现的文化主导世界观的过剩，且遵循相当多样化的理性。人们通过追溯分析性描述，必须找到这样一种基于世界观的语言系统方式，即某种程度上皆如此来相互沟通。除非有人天真地主张标准一致的理性，人们不得不将不同于自己的文化列为较为原始（如人类文化学所示），仅仅并列比较不会令人满意。实际上，它将构成概念如何被理解所限而掌握的哲学难题。最简单的解决方法还是坚持认知和理解的普遍性原则。但哈贝马斯给自己增添了额外负担，以恐怕不可避免导致形而上或至少先验论为理由，他禁止自己将普遍理解力推断为合理。

尽管有所防范，但这样的想法确实存在于他的重建主义中。第一步就是理解变成协议，这意味着理解的"沟通溶解"。原则上语言在重构的沟通解释上保持不可超越的水准，这一范围中单个有争论部分可以有选择地被分离，目的是达成交际协议，那么结果必然是免于控制话语的理式言语语境。除非满足这一条件，较好的论证力无法胜出（哈贝马斯，1981，I：88）。这一论证比较包括哈贝马斯形而上学概述。在分析中清楚地显示他如何调整其源头，如图尔明（图尔明，雅尼克，和里克，1979），他的主要问题是：好的论证从何、如何而来，为何不得不这样认可？支持图尔明（1969），哈贝马斯坚持：

第一，多数理性仅存于历史和社会形式。

第二，通过这一特许，人们可以避免，可能在客观理式意义上，假设一个普遍的总体精神。

第三，理性存于社会能力。体制在其语境中承认某些理由，并在话语中禁止其他理由。通过在一个社会体制内生成，且具有潜在矛盾的理性更佳论证方式有效地衍伸沟通度。

第四，只有在这种体制的认知努力语境下，一个论证或好或糟。

迄今为止，自足而相对的理性未经特许或允许。由此，人们必须解释为什么科学理性是服从于外界的即不同理性间的多重危机。这就使得在理性之间或拐弯抹角地对话成为可能，人类理性的集体事业整体上必须被预设。在总体框架下的合理论证，有些论述服务于总体目的，有些论述帮倒忙。在这点上哈贝马斯抓住了实用主义中心，但又没有皮尔斯核心强调的现实主义成分。因此，哈贝马斯不能追随皮尔斯进行奠定基础的论证，或进一步证明其系统的正确性（比如皮肤透照检查或规范科学），更别提在"实用主义希望"方面追随皮尔斯。他需要采取更多措施，而不是简单坚持理性存在的总体事业。这包括比较中的理由暗示，因此恰恰是值得论证的。不过，没有理由假设寻找这一基础已有效将哈贝马斯推向卡律布狄斯式的形而上学，如果他想在符号框架内思考的话，形而上学当然可从符号学推导，但不是作为第一科学。

晚期（尤其）皮尔斯的实效主义可以由非先验论组成。哈贝马斯像图尔明那样明确避免了这种论述。取而代之的是他直接选择基于公理的总体理性生产模式。"3Ps"［产品（product）、论证、加工（process）、和步骤（procedure）］理应让普通观众认同，目的是帮助他们采用"公正的合理判断立场"。然后这些普通观众提醒我们某种（阿佩尔和）皮尔斯的"广泛共识（consensus catholicus）"（皮尔斯，CP 8.13）。然而皮尔斯完全意识到这一普遍认同实际上是达不到的，因而它无法被用作尘世间具体而真实认知行为的适当标准。皮尔斯没有声称期待了解最终的适当观点。人们仅仅能够到达真切认知事实的运作蓝图，而不能够预知其内容。当哈贝马斯从设立标准检验 3Ps 时，他将后两个 Ps 概念化，基本上作为社会或交际行为类型，浓缩为断言类型（或是古典的辩证逻辑）。

原则上是什么妨碍哈贝马斯的基础实用主义演变成符号实用主义？他的二元论作为最后一招阻碍了皮尔斯实用主义的三元论。他所有言语分析和语言学的语用努力仍然存在着心物二元论（或者语言—三重世界）——参照理性的社会理论（它没有被抛弃，而是像卢曼那样倾向于自制系统）。尽管如此，哈贝马斯无法避免粗粝现实主义的海怪斯库拉和形而上学的卡律布狄斯，或者甚至是海德格尔的历史哲学。他在程序上的意外收获继续有赖于准形而上学。哈贝马斯已将实质去核直至程序，然而理性关系仍是某种存在。

米德的普遍化理论也至少表面上是一种程序。然而同样的，人们可将之解读为齐美尔整体回归的镜子。一些和芝加哥学派捆绑的会赞同这一解读，最直接的是通过罗伯特·以斯拉·派克对齐美尔的研究。然而两种论调都是欺骗性的。皮尔斯遗产的确透过米德的普遍化理论——"类化的他人"——由米德的老师和同事杜威传达。但米德不再用符号关键公式认识问题，他倾向于理解过去和他者性问题语境。不像阐释学解读视为预先判断，人们更适合从历史上或实质上依据实用主义渊源来解释米德。因此，尽管有诸多相似，对米德的理解不是像伽达默尔设想的两个学科的"范围"融合。米德最终不是对"卦爻"感兴趣，而是追求心理上自我和外在主体性的统一。

对米德来说，对齐美尔和韦伯也是一样。有意思的是，对过去的理解问题几乎和理解另一个自我可以互换。显然，这涉及一个抽象概念，即对于韦伯，事件的特质来源于、附属于"什么本可以不同"的归纳比较。齐美尔将另一个自我抽象成社会超验主义的形式以使之便于理解和沟通。既然和其他个体进行互动不是理解另一个自我的社会学目标，抽象的恰当形式就是"自在行为"，针对一般性，即在可能行动的框架内。因此，对于一般行为的了解也是理解历史上发生过的或过去行为的先决条件。

2.4 符号学：形式意义与具体意义的理论

他者性的两种表现：拟像和实质，不是交流和公开仅有的意义概念化。两者需以某种方式统一起来。在很大程度上依赖于皮尔斯的两种方法代表着权威或来源，这并非偶然。然而皮尔斯作为一个彻底的现实主义者，其所有"效度要求"来自于经验。此种现实主义有破坏两种思维形式的"原则"的潜力。拟像理论沦为形式主义时与现实主义不相符合，自立性理论承担着形而上的风险。在符号实用主义中，第三因素进入等式，即未加工事实，不是因为真实世界在那里，而是用作对认知过程的纠正。但又在哪里和如何能使认知整合未加工事实呢？因为相应的原因，上述理论没有一个意图更不用说成功回答这一仅在现实主义语境下出现的问题。经验服从于并能够具备方法论素质，尤其有益于公共舆论主体。其他原因包括允许演员视角进入研究方法。演员若缺席，舆论几乎不可避免地仅被用作一个超验概念：一个没有任何认知价值的概念。这样在符号实用主义的还原，却被拒绝成为原则，因为每个符号使用都包含一般性与可能性的连续关系。在以下论述中我们会循着这一线索，但不是在收获两种方法——拟像和实证的果实之前。

我们发现，我们的对象本身——仅在非他者情形下可观察到的他者，和对待自然的观察态度截然相反，好像在直接掌握内。对象化的多样性对于认知实践结果影响深远。这又转而意味着客观性可以作为认知分配法得到推广。因此，客观描述符合于两种根本不同方法：描述的（历史编纂的）和形式的。媒体现象是什么、如何、哪里可被观察？如果亲眼所见不是对象所期待的；相反，如果该对象仅是由媒体以某种方式所表达，那么我们需要一种不直接的观察方式。在传播学框架下，拟像通过观察历史偶然事件（e. g. 电视实践），试图获得一般的（认知）。另外，如果可用同种方法，为了防止武断，它必须打算让这一认知客体可被证伪。如果不能首先假设意义是无可置疑的，这些叠加的要求是不可想象的，更重要的是，不能将意义形式化为可再生对象。无论谁将意义概念化都必须意指意义形式，而不是个人使用，或甚至是所有人使用的总和。这一洞见原则上由符号学和符号化分享，即使他们从中得出截然不同的结论。符号的中心定义是其表达，其他一切据此而转移。

为什么意义需从形式上来掌握？答案是：因为普遍性，只有如此才可能把握意义。在任何内容出现之前，如果沟通有可能，意义必须是任何人可处置的，进入与分配世界的方式。除了广泛以符号理论为基础外（后再述），是否这形式如符号学声称的必定是语言却无法确定。目前，解决问题可收获的是假设意义作为形式而非作为心理状态（是社会科学现象学传统的趋势）而呈现。另外，衍伸条件是意义形式和其性质不同，以便通过操控形式产生不同意义。

但是通过什么形式我们可以产生意义内容？形式仅是间接方式突破现实进入行为和潜能，形态和材质等原则吗？形式作为本体论概念无法逃避这些问题，但我们这里研究对象是意义形式，实际上不是重铸亚里士多德宇宙物形主义本体论的存在形式。意义作为一个概念，并无意比现象更具穿透力。没有认知干预，它就没有能力分析自身存在。意义接受世界自身呈现的样子，而不争取一个自在的世界。还有一点和本体论形式主义本质上不同：我们仅能从意义的具体内容来感受意义。因而意义形式只能是从具体内容抽象而来，且不是实际存在无法体验的形式。两种现存的抽象模式是以单元形式和以总体形式。前者以"从下"的方式，即从最小单位以最低限度来塑造不同意义。后者以"从上"的方法来推导，即从总体形式来规定每一项具体意义。因为探究总体形式不是一门像语言学、结构诗学那样的具体学科，没有单位（句法或语义）或组合规则可辨识意义形式。水准最高的抽象是一个总体抽象形式即三元符号关系概念，具体的总体形式随历史和文化而发展。符号关系和其分类理论上代表逻辑视角，它们是偶然的而非超验的。一旦他们开始存在，它们就能够强制预先决定任何影响到的意义。就其本性而言，在理论上掌握总体形式非常困难，除非有人有意沉迷于历史哲学。倘若人们将之看作一个社会的世界观，语言（langue）意义上的语言也是意义的总体形式。在总体抽象中这已成为习惯，语言哲学传统可上溯到赫尔德、法兰兹·鲍亚士和韦伯，并往下衍伸到哈贝马斯。语言可以意味着具体的世界观，比如古代世界，但即使是古代世界观也仍是一种意义的总体形式。世界观作为一个形而上术语，被用来赋予总体形式，然而，通过理念和形式，人们可以区分各类异质世界观。没有形式概念，人们只能看到混乱、不一致的现实，各霸一方、各察其境，但是甚至激进的构成主义都并非如此相对。以形式交换"观点"为核心概念，人们却可能进行回溯探究或拥有世界观：探究构成原则的总体意义。符号学明确那种抽象对构成意义有兴趣。相反的是，仅有世界观无法进一步拓展，只能走向相对的集体主体，一种集体主观性的角度。

从历史、文化角度看这些总体意义形式是不言而喻的，想选择而不能，而某些直接强制的预先决定横行。在语言使用方面，人们仍然可以，也必须选择词语，但某种文化形式似乎甚至连这一点也要取消，历史上我们就在其中。在这近乎自动预定意义的领域里，和意义相关的选择只在原则上有可能，比如决定承认钱为钱，所有事物都有其"价值"。我们在稍后会查看公众舆论的决定，影响很大且涉及重大意义。形式概念在意义的实用主义理论框架下，将允许我们把公共意义和其他形式意义区分开，比如宗教机构意义。舆论被认为是一种总体的前形式（普遍）意义。但它已成为形式意义，而非自在的超验主义意义（每事皆有意义和后果，因此，意义变成没有区别度的概念）。此外，该意义没有强行有必要。然而，一旦"它"在那里，任何事都要服从于它特有的两极分化模式。如此分化，比如宗教不是公共就是私人事物。"罪"是私人行为，而"不诚实"留给层次结构中的公众人物（新闻批评的一般化的惯用语句）。"无可指责的无罪"（或是精神模范的榜样示范）也是积极意义上的一种非罪的公开对应物。一般来讲，一旦公众舆论形成，个人内在显示的忠诚和私人信仰就变成强加的选择，其中就有宗教机构。

抽象形式和历史偶然如何相一致？抽象和具体意义并非相互排斥。两个概念是互为条件，必要的劳动分工。在实用主义－符号学形式中，该分工自我呈现两个不同问题。最终结果是，这一问题与规范科学和简单描述科学即皮尔斯所说的"现象学"（ideoscopy）有关。形式作为逻辑抽象，只能意味着规则。如果总体形式理解为规则，才有可能描述为一般规则的具体化或应用，进一步的历史意义汇集。我们的主题导向发现和描述了两种相互区分的意义元形式：公共舆论元形式和绝对君主神权的元形式。这两种形式相对抽象，但它们同样是历史的偶然。在各自的时代，两种形式不言而喻，但每一种形式同样在对方的时代令人无法理解。用孟德斯鸠的话来说，横在两种形式力量之间的深渊仍然会被感受到（后详述）。

形式手段构成了符号学和理性导向理论的差异。如果舆论可被分析总体意义，那么，对其方法论的掌握变得很关键。当然符号学不是仅有的竞争者，自从哈贝马斯在其公共性理论中将理性程序两极化后尤其如此。此外，他用此概念描述了媒体系统约束的负面特点。该途径的先决条件和方法论后果已被论述，后面我们将显示比理性更富成效的基于符号的手段。

在公众舆论中，最高文化层面的总体意义也要归功于文本运作。和小说的便利比较呈现在这里：小说本身的虚构世界紧凑连贯，貌似可信，它依赖于分解明确行为。在一些文学理论中，这一"在两种交流解读之间"世界（维因里希）和阐述相关。该操作将叙说者的世界（评判）和叙述世界（叙述）分隔开来，依次被激发、模仿伽达默尔游戏中的"美学分化/非分化"。大众舆论形成一个类似世界。该世界的特别之处却是并列大于替代：我们无须决定是否潜入叙述世界，正如玩游戏或读小说一样。"舆论"文本是对意义的处理，它位于两个平行的同步世界，但同时又被尘世舞台的虚拟乐池分割。如果指导概念是"理性"而非论域，通过分解操作，会失去与其的关联。

从分析公众舆论的客观性得出实际的方法论结果，我们现在可以假定基础门槛，低于此，就无法掌握对象本身。这一可与现象等量的方法必须至少满足三个要求：第一，不将公众舆论称为没有意义的自然现象，而是在方法论上限定其本质完全由意义决定；第二，将意义分析为形式而不仅描述其历史；第三，从操作中决定功能和规则（不作为格式塔或已给定）。在批评传播学某些一般化方法和讨论其他可能的候选后，我们必须做出选择。皮尔斯的符号理论（或以其术语理论语法）满足了这些方法要求，也因此在社会科学被称作"符号方法"。其他方法可能也符合要求，但我们不会进一步追问。我们会着力发展我们自己的符号分析方法，并围绕公众舆论对象。符号叙述方法已被用于这一主题，其优势是能够同时正规化和体验化。

有人可能表示反对，认为人们无法从形式方法上学习新东西以及认知经验。的确，形式本身只是一种抽象，但这种情况对于我们的对象来说有些特别，因其并非经验对象。意义的所有纯粹产品、所有认知实际上是理解。只有在类型、理解典型的帮助下这一切才成为可能。此种理解从不对新奇经验感到奇怪，即使到社会意义的先前理论必须被反转的程度，这也是事实。然而，"经验"学习这一点已被描述为"社会学变量"，或者"变量范例"（阿尔伯特1997，1149），习惯上（预见性地）呈现它们令人惊奇的结果。社会意义总是已被人理解，是其功能的先决条件，这一事实也必须是方法论的重要部分，同时必须保持开放以发展新的理论洞见。

要认真对待异议，问题在于普遍要求的方法在原则和推测上都已经预见一切，目前它成为仅是形式方法的决定性因素。皮尔斯的"符号理论"并不意味着一旦它变成具体意义，形式意义就没有惊喜。形式意义仅是意义的可生产性（但必须在原则上有可能），然而此意义可能采取任何形状。若有具体形状，它就吸收可被描述的个别案例，若没有，祭坛上意义盲目客观性的祭品，在描述中人们已领会这层意义。这一方法论正确地在不同程度上已进入社会和传播学主流。对于我们来说，它允许公众舆论的形式分析，参与决定意义，进而决定关系。

3　舆论符号学

在当今的传播辩论中，舆论界依然与早期哈贝马斯的"公共领域"（哈贝马斯，1962）理论的应变性纠缠不清，这远不是一个清晰的研究概念。如今将其纳入皮尔斯实用（Pragmaticism）主义和符号学研究，不仅可以把它从哈贝马斯的特定语境中分离出来，而且能够更好地理解舆论的意义。我们所探讨的理论是根据不同的自在意义起源来解释舆论，就此而言，符号学跨越了意义理论的两个层次。尽管对自在意义较强理论的质疑已被认可，符号学仍有潜力去提出意义的具体表现。

要在强理论和弱理论（两个可厌的选项）之间做出选择，这一要求听来是矛盾的，仿佛这需要两类理论相互排斥。像卢曼的机能主义这样的较强理论需要解释一切且将其建立在一些根本前提下。弱理论沉湎于平庸的现实主义，假定社会简单来说就是一个客观现实，我们在其中歪曲了许多规则，并在假想中制定法则。从这个意义上说，大多经验主义理论根基是薄弱的。这些理论既不假装领会社会复杂意义性质，又不伪称仅有实际效用；甚至即使它们组合成一个整体也无法称之为对社会运转的理论性洞悉。这种对"宏大理论"的蔑视模糊了对客体特异性认识的缺失，因为它们将乏味的现实主义称作"中级理论"。符号学必然使双方失望。为与批判现实主义保持一致，符号学不能牵扯进无论是经验一方还是普遍性一方中的任何一方。从符号学角度而言，强理论在解释一切事物的总体性时就显得解释过多。更糟的是，人们早已知道这些理论的一切，以至于难以使之令人惊喜（在这种情境下我们会遇到"系统再入"——卢曼系统理论的准则）。相反的是，弱理论摒弃了冒险进行真正解释的努力，而选择将解释隐藏在普遍性背后，作为一个不同于事实真理的属性或者仅是经历事件的真实性。这种"覆盖理论"正如假想一样，伪称解释从事实中"自行"产生。但它是无法从那里产生的，因为事实恰恰只是未加工事实。因此，这些对事实的神奇解释源自于未加考量的"可靠"常识。像自然法则一样真正的假说，不会混淆它们法则的特性而称其为合逻辑的（即非事实）。结果是普遍性和真实性的关系乞求一个解释，这个解释需通过充分详细的思考过程，不能简单地被假定（如强理论中）或是被挪用（如经验论中）。

我们对舆论界的符号学研究表明它在这两方均出现了矛盾。就波普尔的实证哲学批判理性主义（阿多诺，1969；阿多诺，佩兰，和亚尔科，2005）的意义而言，经验论研究着重指向针对部分问题的实验，例如新闻调查、媒体丑闻、"道德恐慌"、民意调查等。我们的第一个步骤是把舆论作为一种目的论意义类型，虽然经验论认为这没有必要，甚至看作是毫无意义的总体性问题。但如果应用皮尔斯的实用主义准则，这并不指向本质主义的社会总体理论。我们将在后面的章节中，依据舆论目的论的伪造总体性来探讨相关要点，从中我们必须潜在地假装掌握"一切"。我们会展示古代剧院里公共意义形成模式的起源，其戏剧的文字逻辑性在 18 世纪公众舆论刚刚产生后，被再次利用到公共表演的评判之中。我们有必要在下一个章节运用卢曼的媒体理论来重新探讨这个基于社会总体性上的社会认知问题。

用符号学的方法使舆论形成概念（例）的根据是对普遍性和具体经验的认知相互作用的形式反映。社会也是个没有例外的认知客体。在具体地操纵公众舆论方面，人们对社会普遍性的需求就会显现出来。在其他情况下，实际行为被分析为认知行为。而在舆论研究中，我们关注他人行为。更确切地说，是自我的行为指向他人的行为。换言之，我的解读归因于我自己的本意。

在普遍性和真实性关系中，符号扮演着中心角色。这是符号学对社会科学的一大关键且独特的贡献。但这也预设了符号综合概念的成就。因此，它排除了符号可以被当作物（因此是事实）的可能性。不幸的是，这是许多所谓的"符号学"方法在社会科学中的实践。

3.1 舆论目的论

目的论是符号学赋予舆论综合概念的手段。作为一个"强理论"，符号学的全部要义在于它以行为为首要根基，例如表现或者举止。但是符号不是实效主义后来添加的产物，而是对行为的综合概念做出的逻辑上抽象的阐明。施文（1998）批判这些原理完全不符合"行为理论"，无论是帕森斯的唯意志论，还是现象学中的意向性和阐释学理论，还是代理概念（劳亚和巴尔内斯，2001）均如此。批评直指心理主义、语用学和丹托的"基本行为"等类似概念，却不关注符号学实效主义，也不继续探讨。所有这些理论都绕开了符号中介这一实用主义的关键点，以及这一观点的深远影响。

　　舆论符号学描述的是公开特性。自在意义和真实意义的理论是符号理论的总体任务（"理论语法"）。一般情况下，认知客体所得出的任何意义都是由一个事物的特性或属性来体现。因此，它必须了解一项规则（必然性）、一个具体的事件（现在、过去和将来）和作为该客体属性的一个具体的（感觉的或其他）特性。逻辑上这三个因素有所差别，并在此基础上三者相互关联，以便共同构成建立在真正经验上的认知行为意义。作为一个认定事实，现实意味着有三种存在模式，而不仅只有一个单一事实（实在）。仅仅是事实尚不能被认知。结果就是没有一种形式的社会性是单模态或是显性存在。模态概念与社会形态的多样化功能相一致，这一点至关重要（§4.3下面）。根据这一符号理论可以推断出模态形而上学和更深层次的基础科学，但这与模态符号逻辑关系无关。"思辨语法学"不是一种经验科学，也不是由形而上学派生出来，它试图在纯理论中，从最基础的抽象原理入手，演绎出所有可能的意义。这样的结果就是分类。这些原理不是形而上学的而是认知的。所有认知行为尽管统一，但可以抽象成称为分类的三个逻辑阶段（蒂安，1996）。但人们也可以通过不同方法掌握，让一切呈现在脑海中。皮尔斯称作"现象学"的科学中有三种不同的可辨识模式（其中最后一个步骤也是将被观察物抽象化）。基于这个三元形态，符号分类成三种不同范畴的倍数。每一个特定的符号种类首先分为三个三分法，反映出它的分类成分以及它决定分类"关联"的类型。这对于具体使用符号而言是十分重要的。事实上，它代表第四种的横越三分法（比较佩普1986，46-52），尽管皮尔斯自己致力于整合这两种分类方案来满足其目的（肖特，2007）。那种具体用法不仅是"思辨修辞学"的领域（"一个纯逻辑学说是关于发现如何一定产生"）（皮尔斯，CP 2.107，鲍德温"哲学心理学辞典.逻辑"）。作为建立符号使用者和对象关系的一类，即符号素材的分类构成、现实关联和逻辑诉求，这也是意义的一个进一步的决定因素。

　　此外，符号使用可以体现为一个社会实践或者是一个语言标记，抑或是论证（修辞）理论。这比以下两者都好得多：个人的意义搜寻，以及搜寻只与纯逻辑本质相关的符号三分法实践。尽管逻辑是皮尔斯的符号学研究的决定性方面，第二性范畴（或者在实用主义的说法里：因为生活疑问的真实性）是"用途决定意义"的原因。这些都要求使用法则是问询对象。但这不等同于"应用符号学"；事实上，这是彻底的符号学——并非舆论符号所属格的，而是意义的具体化。皮尔斯的基础理论只是提供了手段。然而，它们的模式特征并没有排除符号使用中的符号学描述。

　　关于舆论，其目的证明这些符号总是专门用于科学认知。正如包含"论据"作为关联之一的符号类别所演示的：科学使用是可能的。尽管如此，符号使用可以，甚至是必须早些终止。例如：当涉及一个事实的单纯陈述时，抑或一个人可以使用符号来预先设定一场争论。在这种时候，人们在表述论证的终极目标时，却不认可这一争论的进一步发展可能。我们会在通常被概括为"公众舆论"的话语实践中发现这样一个预定目标。在此情况下，由符号类别来决定实际上是僵硬的，即亦是亦非的一个二价二元事实。

公众舆论指取得合法性的实践、行为或举止。在初具雏形的公民社会的历史性可变条件下，资产阶级发明了公众舆论，作为一个更大类别，舆论合法性早就存在，因为一旦一个法则的权威性被确立，任何这样的行为都是合法的。有人却假设这条规则能满足大众，并应当得到公认和赞成。根据这种假定，无论是否在历史落实的情况下，人们都可以推断出合法性的类别模式。皮尔斯试图精确地探寻这一问题，于是撰写"科学逻辑阐释"系列文章，发表在《通俗科学月刊》上。该刊物在 1877 年 8 月首次提出实用主义。在他具有开创性的系列论题中，有四类权威来建立观念信仰并消除疑惑（CP 5.377），而这重现成为基本的专题研究。如今，通常这些问题的语境可能就是一个真相理论。不幸的是，在二元框架内构想的这一真相理论，关注如何使精神和世俗部分相一致。对于皮尔斯，这证明了在认知这一冗长过程中，其可谬论是不可避免的结果。艾赫拉特（2007）对此有详尽论述。

公众舆论始终包含一个规定关系。但这并不意味着符号学应当像社会学服从"规范性理论"一样，专门掌握这一概念。每一样被视为规范性理论约束了不可预见的经验社会现实，使它们成为规范的约束物，且这些理论也或多或少由这些规范推演而来。只要规范的起源在过程中保持开放，论证理论描述则可以被人们所接受。对皮尔斯而言，这一点偶然组成了"科学方法"的实质。然而，其他社会哲学并不推崇隶属于"规范性理论"的理论。反对的理由是它们没有真正触及社会现实（亨德森，2002），它们仅是抓住了例如合理性行动的某一个视角。尽管这一立场无疑有其可取之处，但它确实不涉及如符号学实效主义的现实主义哲学。

价值要如何被理解？其存在模式在于何处？因为它不作为定义存在，所以是以上溯（行动）为目的？树立价值的理论并不一定是本体论、形而上学思考或是等级社会结构，其中推测远多于暗示（卢曼，1997）。掌握价值模式的唯一基础假定是：只在行动在被控制的情况下，行动才是理论对象，否则便不成立。只有在这个行动受意义秩序支配时才受到符号控制，因而它不取决于人类学、形而上学、历史哲学，甚至意识哲学。符号学据此正好涉及三个维度：第一，下一个解释；第二，符号事实变得令人生疑；第三，位于最终的、而非有效的因果关系连续体，也位于一条通往最终理式终点的解释链上。后者不是一个理式主义的解释，而是被无限的科学家群体达成基督教共识观念（catholicus）时彻底而充分解释的世界（皮尔斯，CP 8.13）。这个紧凑公式呈现了符号学的全部理念，我们会尽力用公众舆论来解释。因此，一个真正的社会符号学理论不能把符号当作客体来理解（不幸的是，社会科学中许多所谓的符号学方法都是如此）。

因此，公众舆论是个符号过程，尽管它独特又复杂。皮尔斯早先总结道："只在符号中才有认知"（C.P. 5.250－3，"有关要求人人具备的某些能力问题"，1868）。这个小公式的结果是激进的，因为它们引发了反先验、极易误导的认识论。对于这部分，认知并不局限于科学。任何有意义的事物都能被符号表示。从皮尔斯的《通俗科学月刊》文章《信念的确定》的意义上说，这一点明确包含了不符合"科学方法"的事物（皮尔斯，CP 5.384）。在公众舆论中实行的论证模式相当于皮尔斯在这篇文章中阐述的一种"中世纪的"方法。公众舆论从不用证据以发表意见者的名义，而总是以更高权威的名义进行宣判。正是为了详细解读这一点我们才分析大众媒体丑闻（自§5.7起）。尽管如此，现在我们可以预测的是：除了司法程序以外，丑闻的剩余价值并非由记者和编辑人员的观点组成，而在于人们以"全体大众"道德情操的名义发表观点。因为除了被指控的人以外，没有人置身于"全体大众"之外，其他的判断都显得不可能，"全部"（减1）变成了"一般"（再用卢梭的术语）。在修辞技巧濒临崩塌的时候开始进入修复机制，这样显然才能奏效。然后民意测验的时刻便来临了。在《波士顿环球时报》案例中，教堂丑闻变得愈发趋于新闻报道宣传，这一趋势在记者公开要求罢免波士顿主教时达到了顶峰（见§7.4）。

那么，符号是如何适用于像"权威手段"一样的非完美的认知行为呢？符号过程的无休止解释难道不几乎是既成事实吗？根据皮尔斯关于权威方法的有趣评论（CP 5.380，"信念的确定"），违背"中心权威"（CP 1.60，"科学史教程"）的代价很高，便于支撑解释的进展（即疑惑/信念循环）。尽管公众舆论无法长远地支撑道德这一"沉默螺旋"，或政治正确性，但是符号关系（或者"方法"）会起作用（只要它奏效的话）。考虑到实在理论可以从符号过程中推论出，不稳定性也适用于这样的现实构建。预设这样的符号现实，以及论证理论或其中的连续性，人们就可以描述论证的习惯性甚至产业格局。

将舆论属性和权威性方法相关联或许意味着文化悲观主义和大众传媒的贬值。换言之，它自身应当完善，而这可能是一种退化现象。这种批评和流行词

"诡辩"一样久远，对于柏拉图主义者论战则是有效的。诡辩术仅能代表意见而非真相。类似地，亚里士多德对劝说和逻辑真理之间的不同加以辨别。但此处并不是这场永恒辩论的新一轮辩题。皮尔斯也不是在努力贬低科学之外的认知。我们同样会设法理解舆论，将其作为一种有意义的认知行为，而不去评估它。现在这种类型很典型：它成功地代表一个客体，而不将它变为经验对象，即变为未经加工的、直接获得经验的现实。当观察我们谈论舆论的方式时，发现我们指的不是存在的、有二价真实性的东西（即对或错）。恰恰相反，公众舆论几乎没有真实阻力。它整个的存在仅仅归因于再现的努力（但这未必能够如此）。这两个框架的角色——源头和目标，代表谁和为谁代表，总是意义的重要部分，不能被完全排除在被代表的事物以外。

3.2 合法性

为某人而表达——这足够吗？对于舆论界和公共舆论中的任何一个而言，充分的特异性必须包含一个行为已被预先确定或注定的目的：再现是合法的。实践中必须这样来再现：在自身无意图的实际现实中，意图得以认定。意图无对错之分，但总是在未来之前或是就在未来［也可以是过去的未来——舒茨称其为"模式的精确未来"（modo futuri exacti）］。如此一来，行动概念压倒事实。作为预期一切可想象实际后果的认知行为，这个叠加并不是实用主义准则中实用理念的意指。确切地说，它认识目的是行为将如何结束、应如何结束。以同源的方式，韦伯的手段—目的理性概念把服务于目的的行动看作是合法的，把不服务于目的的行动则看作是障碍。

合法性名目繁多，它是社会科学中心的甚至是决定性话题。更远地说，若不以某种方式采取规则路径，社会认知几乎是不可能的。规则由各种类型的因果关系得来，不是所有的规则都表达一个目标。但是在社会领域内，客体性质凸显了目标规则。因为在世俗情形下，无人拥有社会终端。一个确定的终端代表社会指向一段危险的冒险。在暗中广泛所接受的被粉碎之后，这样的终端返回到它的支持者。由此引发下列问题：支持者的目标在谁面前合法？为了谁而合法？在机能主义中一个终端的合法性是理论问题的核心。因为根据定义，没有一个系统被允许扰乱对邻近系统的自我参照。和它们建立联系（甚至认定它们）可以使自己在旁观者眼中变得正当合法。为了避免互相干扰甚至隔阂，依据最为有利的方式相互观察十分重要。然而，实效主义中没有一种仅能观察自身功能的自我再生系统，而是一种深刻的"阐释"（或者更好地说是"理解"）

社会学。令人费解的行动无法转化为行为，它们最多会保持单一的对客体的意志操控或是想象行动。依据系统理论，"在谁面前合法？"这一问题更关心的是理解的本质，而不是它指向的另一个自我。这里不存在一个一般合法化实例，任何参照系统行为的观察者都和其他人一样好。但在实用主义中，关注的不是从任意数量的他人中选择一个确定的他者来作为观察系统的人。只有在一种情况下可以回答有关""'在谁面前'合法"的问题，那就是确实"站在一个更高级的法官面前"。这种情况与实际事件本质不同，因为它只是一个一般属性，而不仅限于事实。

这样一个明显的意义哲学分析有着巨大的实际效果。以公共关系为例，一些传播学学者将公共关系定义为社会系统之间的功能性交流，它们只在自己独特的标准参数内运作，观察这一自身模式环境，且局限在自己允许范围内（霍夫简，2011）。只是这一点导致下列问题：存活在自身环境的系统去观察其他系统，并使自身系统运作在"局外"系统面前合法化，以便避免障碍和沟通干扰。然而，系统自身无法像"局外"系统一样用合适的视角洞悉一切。它们"理解"自己的合理运作，且只与外部系统连接的自身系统运作。因此，每一个个体系统必须将自己呈现给其他系统，使自己被识别。尽管如此，从它们自身视角出发，这些都是误解。不难想象这里隐约出现了什么样的巴别塔语言——或者相应地，什么"复杂性"在此扩展，什么应由一个更高（新出现的）系统来减损，从而逃脱被灭绝危险。为此产生了公共舆论的大众传媒系统，仅用复杂性降低的方法来使沟通合法化。实质上，这些都是功能目的合法化的误传。相反，总是由于错误原因使得公众舆论在丑闻中撤回合法性（比如从就近系统的视角看问题）。这使得一切简化为代表的可行性问题。

与之相反，实效主义中没有由交流封锁或问题组成的原理，没有理由去想当然地假定盲目（赘述或矛盾的）系统替代了思想的连续性。没有相对系统环境会代替未经加工的现实；没有新系统出现来降低复杂性，并代替解释的认知连续性。在实效主义者眼中，现实主义是系统理论由唯名论的发展组成。实际上，系统理论自身产生了一个问题：在不同系统所有有可能的组合中，需要合法化的数量不受限制。同样，其解决方法是相对于它产生的问题，即如何把合法化的复杂性降低到公众舆论媒介。

实效主义只需要一个单一行为控制的合法性。这个理由足够引起一个形而上学的怀疑吗？即该控制需要聚合到一个顶点来使一切合法化吗？卢曼或许会怀疑皮尔斯的这个想法。倘若皮尔斯是黑格尔，这个怀疑或许能站住脚。事实上，在相邻的符号关系中，符号学允许存在一个解释项的顶点。一个认知行为能够认知的唯一原因在于，它成功地将局外人的实际现实与可能性二者关系与普遍性联系起来。这是符号关系的定义。同样，通过这一步骤，行为获得了规则——对自身和对类似情况都适用的规则。

为此，我们无须要求主体在其他主体面前证明合法——证明他们自身行为的正当性。所有理式行为总是已经包含人性共时和历时的总体性（正如皮尔斯在"信念的确定"中阐述的一样）。所有被具体运用的符号力量决定了这个关系中会包含多少普遍性，尽管符号无法完全排除普遍性。与此同时，在必然正确因而最具普遍性的解释中使用论证符号（最高层次的符号）是非常困难的。对于一个案例来说，反对者持有的相反意见足以让支持者的解释变得难以理解。这个众所周知、毫无争议的（也许有人会反对）"2＋2＝4"不是一个普遍接受的认知，因为它不是一个从经验获知的认识，而仅是一个假设。尽管经验介入了这个关系，该符号必须让步于一切经验总和，以及对自身完整性的证明（这一点是不可能的）。

反之，彻底排除普遍性则无法奏效，这一点对公众舆论实践很重要。一些后现代理论家似乎支持某种游戏的任意性，认为所有的合法性都无效。叔本华阐释的理念"诡辩式辩证法"不太激进也不是闹着玩，对他而言存在一些不可判定的问题，关乎唯一重要的目标是正确或是占上风。从叔本华到尼采以至后现代主义的哲学谱系都完全是非实用主义的，因为在功能符号关系中，某一物的相关物具有普遍意义，且能解释其他相关物。究竟为何我们的经验要处理普遍性（为事实，也为质量），而不仅具有实在性或任意性？皮尔斯将"一般经验"放置在连续性中，保证了不存在完全无法认知的独特性，使得一切都能够被认知。实用主义证明（罗伯茨，1981）是对这一假设的论证，它非同小可，但这里无从展示。我们应该注意到这是实用主义符号学和其他所有的社会意义理论的唯一最重要的区别。从符号学角度来说，倘若公众舆论确实是个人选择的任意一种功能合法性，它会像结构功能主义一样令人费解。

米萨克甚至在实效主义中确定了一个真相的民主原则，这一点她完全正确。在实用主义中，个体被局限在可体验的范围内，且不存在先验的有效性。先验论的唯一替代物是研究。引导研究的希望是最终这个观点符合现实。"这一切都需要在调查中有一种激进的民主。必须慎重对待调查者的不同之处，即他们不同的视角、知觉和经验。否则调查便无法实施，也不可能取得最好或最真实的结果"（米萨克，1994，745）。虽然这种调查的自由模式不再适用于公众舆论，因为在这种情况下，只要符号关系起到公众舆论作用而非科学作用，"权威方法"就会存在。

一个观念如何在舆论的约束中起作用？如果认知行为指向真相而且其他所有方法必须运用武力甚至暴力，像符号关系这样的公众舆论如何保持自身意义？它如何成功地（至少在很大程度上）取代相应的真相？这使我们想起了大众传媒批评是"生活世界的殖民"（cf. 哈贝马斯，1981，Ⅱ：489－547），以及在认知程式化中类似的努力。上文提及的民主无法达到让所有符号都彻底公开吗（公众舆论显然不是如此）？因为这个符号不依赖于随机组合的惯例，而是依赖于跨文化、跨时间的普遍逻辑。这是一个长远的希望，也是一个被称之为科学的理式。很显然，没有人拥有这一有关未来发展希望的知识。然而，至于单个符号或解释，常识就都蕴含在符号过程中。

每一个符号运用都依具体情况而定；这一点也适用于科学认知行为更不用说用于公众舆论了。但在后者发生的是彻底退化。例如与科学最近的同源——科学新闻。不单是一个容易理解的朴实描述，它实际上把科学转换为让每个人都能够也应该对其产生见解。这种见解甚至不需要被认定，因为见解不是通过对同一个对象的更好解释来认知的。在符号学中，公开发表意见的意义影响可以在形式上重建，因为解释或者符号关系可以"退化"（变为简单关系）或"构建"（普遍性的增加或扩充性推理）。这里描述的关系逻辑，以各种形式出现在意识中：如审美化（例如抒情语言）、表征化（这里的"表征"是替代普遍规律的），或追寻"踪迹"。"下一个解释"的方向不会事先确定，也不可预见除非它已是"实践"了。只有使用决定符号意义；在具体使用符号之前，符号学至多是"思辨语法学"或者是关于任何可能的使用理论。

符号（更精确地说是三元符号关系）必然参与真实世界的有意义行动。符号学实用主义和哈贝马斯将沟通变为语言有着显著区别：行为先于语言。符号并不先于语言。当哈贝马斯把语言转换成社会的先验基础的替代品时，他有效地将社会和经验领域分隔开来。于是，语言便成了经验上游。于是自然语言或有的文化和历史结构呈现出绝对的逻辑有效性。另一方面，符号学是所有可能符号关系的一般理论和分类（皮尔斯称其为理论语法或逻辑）。从而我们能够将"符号增长"理论化，正如皮尔斯在他的"宏大逻辑"中的陈述（皮尔斯，CP2.302）。也许哈贝马斯问题核心并不仅仅在于他重现"语言学转向"，而更多地在于"基础语用学"自身——如何用二元方法重构行动。

3.3 历史文化角色关系中的公众舆论

一旦其目的论本质被认识，公众舆论就能够被理解。这使它成为一个逻辑问题，而逻辑是意义的基本成分。但因为存在多种目的论意义，所以从演变到叙述，首先需要根据特性来区分公众舆论。

公众舆论是一种文化发明物，但又不存在于所有文化中。它存在于哪里，哪里就应该会出现明显变化。鉴于此，对于公众舆论做出单一解释是很危险的，就像它处处雷同似的。社会科学中常会遇到单一解释陷阱。其中有一个是关于发展或现代化辩论（被贬低为"发展主义"）。一个有关非洲社会的研究发现，对于创造公众舆论的渴望忽视了这样一个问题：误传效应从外部人为地引进现代传媒扰乱了整个社会的沟通系统（西方和公平，1993）。不幸的是，这个辩论在很大程度上被跨文化交际的学者们所忽视。这一学科趋于将问题缩小至可控的人际交往范围内，代表与其他学科整体互动的广泛文化框架。

由于文化历史形式的发展，人们只能通过逻辑来部分地解释公众舆论，其余部分必须用描述方法。逻辑架构也在发明公众舆论的历史文化语境下服务于此。一般而言，逻辑架构与权力和其规则密切相关（如果不是独有关系的话）。这主要（也就是不独有的）表明政治权力。但当我们单独分析逻辑架构时，我们注意到它的适用性远比公众舆论普遍得多后者不仅仅是合法的政治权力，但此项公众舆论学术研究的预设没有任由政治学家和社会历史学家决定。赫布斯特（1993）抱怨说事实已经如此。对于这个偶然现象，我们的方法是将历史和逻辑连接起来。哈贝马斯（1962）的教授资格论文在这一领域开辟了一条新道路。然而，这个研究方法需要加以拓宽从而超越文化范畴。在其他文化空间和历史时代中，我们依然缺乏用本土对应物来彻底而全面地分析现代欧洲公众舆论。权力关系的"人类学"——即伊斯兰文化、非洲文化和东方文化如何组织它们权力关系和过程的合法化，就是说如何在逻辑上和角色分配两方面处理这个问题，依然有待彻底的研究（见布拉顿，2003；雪莉，2006；加百利，2001；格兰特和特斯勒，2002；柯克，2004；穆贾尼和罗德，2004；萨尔瓦脱和莱文，2005；沃伊特，2005）。

我们一再发现公众舆论和修辞联系在一起（丹尼尔，2002）。在西方文化空间里有强烈的历史迹象表明：所有罗马的高级地方法官必须学习修辞学〔柏拉图学院位于雅典城外的 Akademeia 树林，这就是"学院"（academy）一词的来源。"数学偏科"的人被门口的标语"不懂几何学者不得入内"拒之门外。600 年来这里一直是所有现代大学的摇篮〕如今，修辞不表示"数字"（正如古罗马修辞学家昆体良所论述的）。首先，这是一个确定的实践。作为一项实践，它集中于权力分配，而非合法化。因为权力被虚夸言辞而不是武力手段所分配，所以它受到独特的合法化逻辑支配。为使权力合法化，专制君主将一切权力集于一身。但是他们仍需要一个意识形态国家机器，无论是神权（罗马帝王的）、授权仪式、王权神授，还是一部宪法。这种君主权力的展现可以被形容为永久性修辞。例如，帝王的、皇室的或主教法庭仪式上华丽辞藻保证了权力被集中在君主手中。尽管现代性不能满足于修辞学。它已经以常设法庭的形式扩大了权力修辞的范围。根本上对修辞学而言，单单有一个对手就已足够——特别是对于诡辩式辩证法来说，其辩论的重点是无论如何都要正确。然而，法庭除了对手之外，加入了审判和惩罚的第三方。尽管目的论对修辞学和法庭都起作用，但所形成的文化和历史形式会向着不同方向发展。

所有文化都具备分配权力的古老仪式（包括法庭，以及权力合法化之前的要素）。古代欧洲的法庭渐次区别于（尽管并非安全不同）议会［曾经被称为 βουλη、council、consulta 等等，虽然选举法庭（comitia tribunalia）只是罗马司法－议会体系的另一翼，在长老院（Senatus）一侧］。然而，这一区别从未非常明晰。例如，罗马元老院贵族保留对贵族的司法权。法庭甚至还有更加古老的模式，法庭的权限是为部落（tribus）裁定法律事务。后来，在罗马的共和国进程中，它发展为明确的成文法的最初形式。在罗马文化圈中，这些模式包含非常古老的神圣考验仪式，这些仪式的各种形式存在于各种特定类型的祭司制度中［例如占卜师（haruspex）、预言者（augur）］且都有隐蔽的仪式基地。

戏剧是雅典文化圈中最古老的法庭仪式之一。它的起源似乎与某种以酒神狄奥尼索斯名义进行的嗜血正义（ius gladii，Blutgericht）有关。戏剧在宗教节日的框架内发展，对角色、空间和时间节律进行了精确分配。因此，它将目的论意义和历史文化适应性进行糅合，这种合并对于意义产生是一种基本文化工艺。该意义产生总是在广度上不可穷尽。戏剧尤其是喜剧只可作为一种娱乐。最重要的是，剧院作为一种机构成为连接酒神狂欢节的桥梁。亚里士多德将戏剧意义变化幅度收集到他的《诗学》中。因为在那个时期，它很盛行，或者说已成一种惯例，但是什么也无法阻挡文化继续朝着抽象的道路发展。其中公众舆论代表一个迷人的却也十分抽象的变化。在现代，促成公共领域发展是一个非常新颖的权力关系安排。

正如我们所见，以实用行动规则形式出现的民意在目的论上是可以领悟的。由此产生一个问题：为了推出公共领域和公众舆论，会牵涉哪种符号过程？从历史文化角度看，公众舆论领域是对权力的控制，但它以一个特定方式进行，而不以司法和立法形式。公众舆论不是简单地指定所有人发表什么观点。正如我们所见，它恰恰不是将具有代表性的民意测验假设为集体主体。公众舆论以大家意见分享的形式来行使权力。因为这个意见从来不会是所有人共享的，所以提出意见的人必须代表"大众"，但无法变成所有人，甚至没有变成大众的希望。

皮尔斯的权威方法提供了一个有效的实用且具逻辑性的模式。但如何实践这一模式？如今，这项实践通常指大众传媒（虽然其他公开展示媒体也是可能的）。就行为规则而言，已建立的角色关系可以很好地描述惯例。这一点在"公共领域"的一般模式下构筑了公众舆论规范。公众舆论通过非常确定的角色关系形成一个意义效应。

公众舆论如何行使一个特定文本功能，并且构建能够通过它可能的历史条件来解释意义？至少这是最为简单的方法。公众舆论起源于哪个历史时期？以何种方式产生？它在两种明确的情况下产生：在公共领域中（a）权力支配者（或统治者）和被统治者被分离；并且（b）在统治者行使权力之前有合法化需要。这种非正式的合法化模式可以被扩展到其他任何社会领域，用以识别权力的相似物。对符号学而言，正如早先分析的那样，正式和非正式合法化的基本原则相同。根据这个共同基础，符号学将其区别理论化为在额外符号关系或解释中的"建设性符号"。正式合法化产生出一些体制（例如：神授权力、公共阶层、议会、公民表决），这些制度免除了权力支配者的责任：在争辩中证明他们决定是否正当。

那么让我们来论述这个实际问题：若公众舆论必须在不受形式主义影响的情况下运行，它如何能在严格意义上被合法化？它如何建立和认可规则来为两个（原则上）不同类型的对位性行动者来证明其正当性？这两者是"有分量的"行动者和坚决的非行动者，以后者之名前者有了行动的合法性。这种无组织大众就是公众。

3.4 剧院中的公众舆论

演员的不对称性是剧院中一个突出文化模式。乐池体现了活跃演员和旁观演员之间的本质区别，同时也建立了双方关系。积极的表演（或者讲话，正如λογεîον 要求的那样）是为了让人观看，旁观（οἱ θεαταί）是为了评论。这就是戏剧理论（θέατρον）或是舞台戏剧实践（λογεîον）。简言之，人们以行动作为公开考验。

一旦戏院形成社会实践，这一过程真正就"表达了"理解他人行动所需要的意义群。其他表演在某种程度上优化了理论。因此，亚里士多德的《诗学》

运用悲剧作为一切叙述再现的模型，直到简单讲故事。它的焦点是叙述的逻辑
过程。这些过程可以均等地投射到空间和构造分配的实际角色中（比伯，
1961；皮卡德-坎布里奇，1953）。于是便有可能在空间中设想谁，如何在逻
辑和运作方面对某个表演有所贡献。表演从自身的统一体中发展而来——这里
和真实世界的行动有着根本性差别。它首先适用于时间统一体，也适用于将一
个行动呈现为局部、起媒介作用的表演。在剧院中，唯一真实的行动统一体是
神的心智（狄奥尼索斯）。在戏剧建筑中，这个逻辑功能符合逻辑上超然的意
义轨迹，即神学（θεολογεῖον），神在台前柱廊上方（proskenion）说话，并且
介入表演。而下方是狄奥尼索斯神（θυμέλη）的圣坛，在这里神是无所不在的
（位于剧场乐队中心）。那些不直接表演但总体来说紧密连接于情节的人被称为
合唱队，他们由情境（很大程度上）得名。他们站在圣坛周围，就地舞蹈。在
最久远的年代，他们都是参与者；后来他们不再在乐队周围舞蹈，而被限制在
"理论"中（即旁观）。这便完成了整体性到多样化角色的分配。

　　羊人颂（trag-odia）的神圣存在于何处？这个术语结合了"歌颂"（从
ἀείδω>ἀοιδη，糅合成ωδη）和"公山羊"（τράγος），因为深受尼采喜爱的酒
神——美酒和迷药，有着山羊之蹄，他最初是农民的"外邦神"。这里不是要
详述各种雅典酒神节的文化前提，或者狂欢元素丰富的狄奥尼索斯的祭祀仪
式。这些在希腊文化里被视为是外来的，所以狄奥尼索斯总是被看作外邦神。
他引进了祈祷丰收和生育的仪式。即便如此，在希腊乡村举行的酒神节之外的
祭祀中（如阿格里奥尼亚节）也包含了一点死亡和人类献祭的元素。在雅典，
这些元素仅限于阿伽门农女儿依菲琴尼亚（Iphigenia或Iphianassa）的献祭现
场奉上黑比利山羊和人祭。我们密切关注的只是公众舆论，所以我们只讨论与
其相关的历史。该相关性由古代雅典酒神节时期上演的三个悲剧和三个喜剧的
竞争性再现而建立。

　　酒神节的戏剧情节总是发生在神圣情境下，这充分适用于酒神节和酒神祭
祀的狂欢。由此观众融入情境，成为仪式的参与者（最初无论在空间中还是实
际角色中，酒神祭祀歌舞队和协助人员都是分不开的）。参与者需要（正确地）
执行仪式。一旦角色区分开来，这一指令就会以不同方式实现。台上的演员不
是自由的，他们负有责任。另一方面，观众必须评价这些情节。公开场合的应
用则意味着表演的人接收指令，那些观看（更准确的表述是：注视并沉思）的
人必须"以……之名"进行评价。除了这一点，酒神节的戏剧观众是未经组织
而参与仪式的"大众"，他们是对角色区分更有兴趣的"第三地带"。从历史意
义上说，围绕在狄奥尼索斯圣坛的合唱团代表对神的存在的认可和合法化。公

众舆论各自的首领有着和中间人一样的功能。因此，它不是大众的意见（正如调查伪装成的一样），而是作为（神的）中介。一方面，他向大众解释了主角行为；另一方面，又向主角阐释大众的意志（期望、反应）。

对于如今公众舆论情境下的新闻业，意义塑造带来了相当的收益。其优势在于：它伪装拥有"大众"意见，并在此之上建立起其角色的权威能力。然而，这一切绝非是数值上或数据上的全部。新闻业怎么可能集合所有个体的统一意见——即使存在这种统一意见的话——又如何获得这一意见呢？这种能力来自何处？机会来自何方？新闻业和数据都无法仅仅通过对个人意见、行动等的"挨个调查"来提供这样的全面性意见。这类计量结果都只是个集合体，不能提出某一个个体的个人意见，这样的集合从不允许对人口诸要素进行追溯效力的推理。因此，拥有权威或者参与其中就变成了新闻业的决定性因素。人们或许不想让现今的新闻权威情况明显地保持且回归到一种拥有获得全部神圣知识的优先特权状态；这就是说，甚至不需要神灵便能通晓全部，这几乎是神圣的。在其起源上至少是同等神秘的，但其所有神秘性仍需体裁支架以叙述方式构建权威的新闻角色（扎利泽，1990，387f）。

行为模式是公开展示的，或是一种景观——即需要被合法化的东西。在此过程中，有两种角色被设置：原则上观看的人和原则上表现自己的人。对于希腊人来说，公开演出不仅局限于盛大的酒神节。它很容易从舞台上转换，首先，对于支配者，权力贯穿"大众"（权力者连同最高祭师拥有剧院最好的席位）；第二，对于"大众"，他们进行裁断（一个公共过程，其起源是雅典公民的βουλη，除了寄居者和外邦人）；最后，对于"大众"的上层社会（即众所周知的整个巴黎）：它通过嘲弄来惩罚，以及敬畏来推崇。

当今，在狭义的工业实践范围下的公众舆论有何意义？切斯特顿完美地回答了这个问题——"每个人都在谈论公众舆论、传达公众舆论的方式，以及因公众舆论失去自己意见。"我们已看到（§3.1）大众传媒的公众舆论始于对一个对象的掠夺。这是以戏剧方式实现的：依靠垄断每个事件和方面的强制目的解释。比如早先提到兰多斯基的观点：把戏剧体制应用到公众舆论之中。一旦置于酒神节大背景下就可完全理解这一观点，人们会获得更多的解释性可能。酒神节是目的论的具体实例证明，而不是将其解释为一般阐述的特有形成。其结果是预定目的论规则下的行动。在宗教仪式中，这一点再明显不过了：一个统一行动会因为被分给不同角色而消失。凯里将公众舆论带入了仪式场景中（1975），尽管他的洞悉没能坚持到获得终极结果。艾特马希望进一步深入特纳类型（Turner-type）的"过程仪式"（1990，310f），这与我们古代戏剧仪式带来的转变密切相关。那些认为其联系太过牵强的人在社会科学里找到了"世俗的"对应物。戈夫曼的"构架"观点不是简单地罗列主观看法。构架分析（更通常的说法是"戏剧艺术情节"）是模仿戏剧逻辑的，尽管去除了历史内涵。公众舆论在不同框架中，精确地构成了这类连锁关系。但是，在构架过程中，戏剧本身并不在场——它仅是一个多元化的戏剧艺术行为模式。

　　与酒神节戏剧相比，公众舆论不能称作是行动的完全统一体。要承认这一点，就相当于要求其中一个演员拥有神圣知识。然而，拥有这些知识的人不去表演——他们只是在判断。在这里，角色仅是行为规范，并且在合唱队和其领队之间不断变化；在希腊剧场中，观众面对舞台和演员（多数时候被称为"观点"）。合唱队及其领队在狄奥尼索斯的圣坛上有一席之地（后来的唱队席由此起源），他们作为非演员、非观众处于观众、演员－表演（actor-hypocrites）的垂直轴上。对于前者，他们解释实际上在发生什么；对于后者，他们解释他们打算在善或恶的行动中做什么，并与神的命运相连。

　　如今的大众传媒作为一种工业实践，它把评论从新闻中区分出来。根据戏剧模式，这种区分是一种销售手段。这种分离与演出场面逻辑相矛盾，正如在我们的文化中，它从酒神节戏剧中发展而来；在真正意义上它也不符合职业道德，因为通过目的论代表的目的专门包含将社会风气移植到简单行动上（见§3.1上）。至少自亚里士多德的《诗学》开始，这一事实在理论上已有所反映，但是它还未在整个专业队伍的广泛意识中完全奏效。例如，在"新闻伦理"中，人们依然会遇到（而且不是偶尔）声称真实性的道德责任。编辑部不同程度地执行着过多的伦理规范——有时是自愿地，有时通过专业机构的投诉委员会，这也见证了刻意曲解的力量。在大学新闻系中，这个产品的根本性和难以更正的叙述性特点是众所周知的，且得到了重视（cf. Roeh, 1989）；尽管如此，专业话语中的虚构持续不减。经常会上演一些关于故事有多么正确的空洞辩论，即使这个问题显然是不可判定的。众所周知，行动目的从来都不是事实陈述（facta），但总是指向有所作为的（facienda；比较§8.6）。

　　那么，公众舆论是预先确定规范行为的一个奇迹。从这些规则中产生了一个理式的行动统一体。在真实的社会生活中如此要求则是不可能的，我们遇到大量生存于该空间的演员，拥有各种各样的目标和行动意图，且他们之间的协调是非常复杂的。几乎不能算作一个统一体，且如我们所见，从理论上把握"社会"是困难的。对于一个神圣实例，或者对于人格化的公众舆论，这就容易多了。首先，它依照一个统一体的创造来形成其目的论；然后可以用这些手段以"大众"的名义来处罚。"大众"是无所不在的，是缺失神灵的，是存在于富有规范和替代神圣知识实例的地方。然而，公众舆论不再被允许（像酒神节的合唱队和评论中心实例一样）围绕圣坛舞蹈。同样地，戏剧体制也发生了去仪式化；因为戏剧实践越符合"现实"，所有评论就越多地落入演员的角色中——在舞台上表达自己，如果可以这样说：伪装成直接引语（oratio recta）的间接引语（oratio obliqua）。即使没有宗教仪式，我们依然不断分配、相互调节和建构观众和哑剧演员或演员角色，这些表演者连同一个显然中立的中间人。

在希腊剧院中，合唱团及其领队的意见是公开的。与之相比，关于世界舞台上上演的事件，现代传媒采用了剧院乐池民意——剧院的描摹（theatre mundi），作为他们各自角色的模板，这二者具有不可否认的逻辑一致性。大约在 1750 年，它作为议会宣传册的文学散文开始形成（贝克，1990）。客观性理式促成严肃大报的决定：它们不会表现为领航者，而是将自己掩饰在"现实自我"的背后（舒德森，1978）。然而，正如国家经济方法在根本上把新闻视为商品（以及像德国《明镜周刊》创始人鲁道夫·奥格斯坦说得那样：保质期很短）这一点当然没有错。事实上，新闻在经济上和意义上向消费读者提供消息；而在后者的情况下，它伪装成导航或是一种阐述实例，且具备相应的能力。但是在它们自身角色代表的拟像中，真实关系就被倒置了：消费读者变成了导航者，卖方注定要满足其需要。

在下游行业，公众舆论作为戏剧（θέατρον）也涵盖娱乐奇观，它被恰当地概念化为"资讯娱乐"。这一术语不是要诋毁"（公开的）政治"肤浅。娱乐必须接纳戏剧的意义——作为净化的原因，作为通过同情和恐惧表达出来的亚里士多德的精神净化。这种娱乐若不是仪式的，至少是有深刻的道德意义，且它具备领会深刻情感的能力。

3.5 公众舆论运作：实例阐述的建构作用

现在让我们从文化历史形式中回归到逻辑构建中。用戏剧（θέατρον）运作方式手段历史地解释公众舆论是不可能的，除非戏剧意义这种独特做法（modus operandi）在逻辑上是可以被理解的。我们早先得出的结论是：强目的论将其相当确定的意义带入行动中，由此打开了一个机会领域。我们将在下文展示这个逻辑如何使得公众舆论成为一个确定的面对面（vis-a-vis power）权力和权力对象，确定的社会角色，以及对于这些角色若干确定的行动规划。

符号如何确定意义？符号过程必须怎样看待？什么由符号确定？什么符号

关系推动公众舆论产生？很显然，公众舆论意义不会受制于美感；它也不会构成一个事实的强制约束力。首先，符号关联的第三相关物必须被更为紧密地确定，因为作为一个强目的论，它具有绝对支配权。在不知晓意图和目标的情况下，公众舆论则不再具备惩罚的潜力。我们将在进一步讨论中发现前两种意义也有助于公众舆论。然而，对意义的主要贡献来自于阐述。在任何的阐述在表达之前都已完成了公众舆论的明确意图。这是一种特定的符号使用。我们将很快把我们的专门注意力转向于这个"意图"的支配符号。

知道目标或意图，知晓将要完成什么，这些当然不是公众舆论的全部。符号关系总是三元的。这意味着它总是必须结合两个不同属性的关联。在这个语用目的完成后，在它的支持下，符号的第二相关物总是客体，这一点必然暗指它的对立面即主体。简化来说，这是关乎于下面这个问题的可能性："我"或"我们"能够说"这儿"！它具有上述的双重效应，因为公众舆论也是（二价的）真相、真实性和对立的属性。然而，它只存在于被第三相关物指定的模式中，且并非"因为世界就是如此"。因此，事实真相必须出现在三元符号关系中，且被指称为"客观性"之类的术语。作为符号，事实意味着抵抗把真实置于认知和认知主体的对立面。然后，这种抵抗的真实遇到了绝对真实的怀疑形式下的我——实际上，当一个主体因为一个意想不到的真实而感到惊讶时，应该从惊讶中挖掘出一些意义。此外，让不同现实受制于怀疑可能会产生不同特性。人称句法（即大多数的印欧语系）中对此有简单的表达："我——你"各种各样（包含的，排外的）"我们"——各种"你们""它"。例如，如果一个客体是"我的"客体或者仅仅是它本身，那么这个客体就是不同的。为了得到意义的细微形态，随后我们将会把所有的这些应用于我们对于公众舆论如何利用这个特性进行意义微妙形式的分析。这个特性是客体的截然对立面，在"元文本"的标题下（即意义的宏观组织）我们就能够描述这个作为确定工业实践的形态。

皮尔斯很广义地按照牛津英语词典定义，将第一相关物（或范畴第一性）实质（quidditas）称为"让某物成为它本身的属性"。在公众舆论中，这是关于人们将其视为意见的属性。一旦目的论建立起来，它就是一种叙述体系，这个步骤包括了许多意见。例如有关永恒存在（自然、纯理论）的公众舆论，或是非目标导向的时间（音乐）——除非它被故事所"构架"。因此，我们在这里提及第一相关物不仅为了其完整性，还为了它对主导意义必不可少的贡献。但非常普遍且不言自明的是：我们能够让这些东西依存于语境中。这里不适合用来阐释一般叙述学。

　　大体上我们不用分析符号关系细微的可能性，但我们可利用其潜能来分析媒体丑闻。符号构造性和退化性的复杂发展前景会仅在其细节中实现微妙的意义过程。在此，我们可以根据工业实践和消费习惯来追踪解释类型。注意到这一点尤为重要。之后，我们可以回到这些类型的讨论上来。

　　最后，我们来探讨最高的符号关联，它在公众舆论上颇具有建构性。事件曝光如何合乎目的性地转为公开表达意见？要达到这一目的，便须对事件原委进行阐述。因此，我们不仅要理解符号，还必须了解其使用。它直接将取消实例引进为生产意图、意义构建，展示、证明、再现并充当叙述参考的终极标准。它对文本构建纵然是必要的，但也可以呈现差异显著态。公众舆论——特别是在修辞意义上的——可以被算作最显而易见、最清楚明确的取消实例。我们已经讨论过合唱队的戏剧功能可见度变化。取消最无形的实例是在历史编纂学的古典—现代的实践中。它几乎完全隐蔽在"事物本身"背后，严肃大报中的报道采用中立（的风格）。这些都是向接收者再现信息的阐述者角色的变体。

　　鉴于这个术语的语言学用法，阐述概念容易被误读。有人把符号概念理解为只不过是被利用的人工制品（就像"目前情况下"的符号）。这种理解从根本上是错误的，但也是可以避免的。它将我们扔回到语用学的和语义学的（追溯到莫里斯）区别中，或是到语用语言学（正如我们在哈贝马斯借用言语行为哲学中看到的）中。两种"语用学"都误解了皮尔斯的实用准则：并不是符号代表一方，而使用代表另一方。"概念控制行为"的统一体是至关重要的，因为它不亚于代表符号学中的现实行为。符号学既不可化简为符号分类（如记号学有一套林奈氏分类系统），因为符号不是静态的，它们也不是"意义载体"，而是相关物。符号的唯名论意义也许能使其自身摆脱现实干扰，但它不会带来对于世界认知性的理解。符号关系的三元性将二元关系包含到实际现实中。因此，符号过程不能被固定和固化成一种状态。这样做是一种将所有可能关联分类的纯理论逻辑操作，这是"思辨语法学"法的要旨。事实上作为一个实际过程，符号不能被具体化，也不能被领会，因为它在本质上是向三方面开放的。第一，"向下地"，作为物质符号，因为它紧靠第一相关物，所以由第一相关物在所有先前解释的基础上做出新解释。第二，"向外地"，因为这个解释的具体意义是由说话者和接收者话语在他们各自现实约束下的常见论域（讨论范围）所决定的。第三，"向上地"，作为一个达到新普遍性水平且未到终端的新解释，阐述意味着实现建立在先例关系基础上的新关联，阐述就是解释。

　　阐述作为一个符号过程意义的简单结果，即解释——它并非与意图或文本同延。它只是无条件预设了文本的目标建构。目的论如何变为文本？文本如何变为目的？不是所有符号都已具备目的性，但所有符号都是普遍性的。原因在于逻辑表达，某物必然为某物的实例研究。例如，我们看到"the"，但是我们理解为"the-ness"，或是"定冠词"的一般概念。它实际构成在实例中（总是）起作用的规则。像格雷马斯一样将其称为目标语关系，或许会把它过窄地限制在目的论类型里的普遍性中，如同"追求"一词，即一个人必须追寻的目标。那么，正如实用主义努力假设的一样：规则就不再连接着真实世界的现实。在唯名论方式下，它只连接着阐述实例的任意意志，然后这个意志以唯名论方式且终结于巡回解释。为了让普遍性变成总体目标的构思过程，我们需要进行一个比导航意志更复杂的逻辑操作。它需要至少两个同样事件的连接，其中一个是首要的，另一个是次要的，它们的变更要用最终的因果关系来解释。意志仅仅是一个终结的范式。一旦逻辑作用（可以说是初始符号）产生，引起这个逻辑的实例可以逐渐隐藏到下列元素背后：形容词、摄影角度、时态、序列时态、言语模式、焦距、蒙太奇类型、句子连接词等。它可见度的风格变体种类繁多，唯一的重要因素是：它总是在场。

在场公众舆论阐述实例如何呈现？它的典型模式是，对于新闻报道这种在世界舞台上上演的程序，它需要制定计划。后者从外界向前者提供理由和意图，即我们先前提到的行动准神圣的"整体"。叙述民意指回到"行动之上的角色"，它使元行动颁布，委任和批准这个从属的单一行动。在古代悲剧中，演员在神的指令下表演。因为他们命中注定误解它，所以落入悲剧的毁灭之路。世界舞台上的演员"必须"以相似方式表演。对于他们而言，这个意义作用，即指令，是从外部发出的（在一些情况下是从上级发出的）。

阐述必须以某种方式依附于戏剧或是文本。然而，它包含目标实例似乎和被排斥的行动地点相互矛盾。尽管有一个极佳方法来贯穿文本：这就是表达判断。这样做可以扮演特定角色，它须臾不离这一角色，即必须把自己限制在指定和许可中，它绝不能让自身成为演员。这个实例以"全体"的名义（但不再是神）拥有实际意图形式下的行动的完整性，它也是所有演员的最高上诉法院。它通过建构权威来模糊"全体"和公众舆论角色之间的区别。否则，人们如何证明这个逻辑上不可行，即通晓普遍的实际意图？只有当"全体"容纳公众舆论时，权力约束才变得不言自明。在实际情境中，这使我们想起用（皮尔斯所说的）"权威方法"消除疑虑（参见前文）。虽然相对于面对面的观众和具有演员的舞台，这种角色构建与希腊戏剧中的合唱队及其队长一样古老。它的意义模式被重新制定为媒体工业实践。尤其是严肃大报客观性理式反映了这一模式。否则就不会存在逻辑和修辞的理由来解释为何不以命令者自己身份公开出现，而是把自己掩饰在"现实本身"的背后。

阐述意义潜在性相当之大，且新闻工作者职业特性是如何从中发展起来，这一点会变得更加明显。这个专业的特有任务是逻辑——即目的论产品。然而，通常而言，这一点必须保持晦涩，因为人们的注意力多半是集中在产品上，由此新闻业目的性固定到叙述领域中。只有在一个丑闻中闪现，具有决定性的初始火花时，目的论建构性作用才会产生。作为一种职业，讲故事本身所固有的特性受制于产品的文化条件。这些条件斡旋于逻辑操作和社会产品工业化的约束中。因此，这必须分别经过抽象而达到该文化层次，我们在产品诞生之前回溯文本级别，通过描述元文本的另一个层次即逻辑操作层面术考虑。事实上，因为它不按地点分配，公众舆论并不如戏剧中角色的空间分配一样明显，因为它不按地点分配。新闻业不是一个空间形态，它靠个人代理来运作。尽管仍属一个神圣角色，也由正常人类来执行。这些执行者必须以他们的阐述类型来展示这些操作。对于这一在其他情况下封闭的领域而言，唯一的例外是某种元话语。在目的论领域存在危机时，即可利用元话语，然后由另一个客体话语描述新闻从业者应该担任的角色，这些元话语只能作为修复机制，在元文本未能提出证据的情况下产生效用。一般而言，人们通常能够发现被描述为媒体感兴趣的是将自身呈现为新闻界第四权（Fourth Estate）的产品本身。这实际上就是阐述和文本自身的充分融合。

4 媒体理论关照下的公共领域

公共领域是"某样东西"，还"只是"意义？从社会视角来看，媒体传播是不同于，且不单是简单否认社会隐私吗？我们已经看到目的论是如何将舆论的现实意义诠释为符号的，也了解到该意义如何在文化历史模式中得以实现。我们首先来看一个决定意义的核心因素，即媒介性，并了解它如何在媒体中构建。舆论意义就其本身而言是由目的论得出，而这种意义是得自于公民会议、干部会议、还是街谈巷议、抑或是媒体都会有所不同。上述前三类并不只是第四类大众媒体的"缩影"。因此对于研究媒体丑闻而言，理解媒介性以及媒体的适当概念是至关重要的。

人们往往将媒介与社会联系起来理解，这两个概念在一定程度上互相依赖。所以媒介可以被视为社会的黏合剂，而反过来社会又用逻辑将这一具体实在结合在一起。甚至媒体产业也自视为不同于其他产业：认作是带有社会目的的一种社会实践。

在这一章的第一节中，我们首先要用批判眼光批判社会理论中一个最主要的媒体理论，即尼克拉斯·卢曼的系统理论方法。媒介概念在社会功能主义理论中居于核心地位，比如帕森斯理论，也同时在卢曼和哈贝马斯的理论中以不同的方式保留了其解释权。对两者的大众传媒方法论来说，媒介也起了很重要作用。有趣的是，在作为社会解释要素的媒介"互换"代理和人类行为逻辑中，它都同样扮演了重要角色。

实效主义离不开行动，因为正是行动将其锚定在实际现实中。在本章第二节中我们将要探讨一个问题，即为何符号学实效主义在为一个极其狭隘的行动概念寻求功能主义补充时，它不需要遵循哈贝马斯的基础语用学。

在本章第三节中，我们会讨论皮尔斯对社会的理解即社会基础是受符号控制的行为。这是行为的一个更为完整的概念，事实上，是它将意义锚定在整体性之中，它甚至包含了比整个社会更多的意义。符号是具体、居后的认知，但即便如此，它也是一种逻辑运作，超越了其当前而走向真相理式。毫无疑问，符号包含了公共性意义，即一种媒体斡旋的社会实践，一种（错误地）模仿认知真理所得的学识。

社会作为一个符号可以作何操控？第四节将要试探社会性的黏合，作为意义的符号三关联不仅是普通的社会即规则的概念。这两个低层次的相关物不仅对社会的全面意义做出了重要贡献，还成为实用主义原则的行为指导。在意义的符号三关联中，所有这些相关物都对大众传媒产生的意义施加直接影响。

在第五节中我们重新联合如今传播学中的标准争论。我们从符号学中得到的结论将我们置于权衡媒体理论益处以及其他为定义不同媒体的"特性"所做的努力中，这些媒体理论基于技术至上主义及各式各样的媒体美学。我们将电视福音传道这一复杂的媒体现象作为首个从符号学角度理解媒体的衡量标准。

4.1 媒体——功能还是符号

在一些社会理论中，对媒体如何与社会连接形式的描述近乎神话。尤其是功能主义社会理论，它利用媒体来解决系统机构中众多层面问题。这里素朴实在论或者朴素唯名论都无效。作为可想象的绝对他者，一种简单、纯粹的预知现实处于我们的对立面，在这一点上，符号学和卢曼的系统功能结构理论都取得一致意见。然而这两种理论却用截然不同方式分解现实朴素性：符号学给现存模态赋予空间，系统理论则仅为一个系统自身复杂性的反应提供空间。

对两种理论来说，社会的唯名论解决方法过于浅显。意义（任意一种）的客观化作为另一种选择，它的出现使意义不再只是使主观评价成为可能。因此，下一个重大选择是：符号还是媒介？

从帕森斯到卢曼，这些社会学家都用结构功能主义或是功能结构主义的方式将存在于媒介中的这一性质与社会功能联系在一起。公众舆论仅仅因为它是一种象征性的、一般化的媒介，就可以为整个社会中不同功能的社会系统的合法化发挥核心作用。卢曼（1997）的媒体传播理论依靠两个层面运作：一是松耦合要素（"媒体"），二是紧耦合要素（"形式"）。这就成功地整合了一个符号学观点，这个观点使我们回想起安德雷·马丁内的双重表达。卢曼重复地将他的灵感追溯到里茨·海德的格式塔心理学感知法则（海德，2005）中；但同样，他对海德的媒介/形式（即松耦合的元素/紧耦合的元素）的解释将这些感知法则与索绪尔的能指/所指联系了起来（卢曼，2007，208－209）。他的两种解释都以独特的方式使术语互补以适应系统及环境变化。格式塔感知的解释魅力在于它本身就是一种感知法则，因此它不依赖任何潜在的感知物。卢曼将

"形式"变为自创生系统的自我组织工具；所以它成为系统在媒体形式演变中区分和产生手段，每一种新形式都可以仅仅通过重新区分松耦合与紧耦合而变成一种新兴媒介形式。

功能媒体理论对大众传媒行业产物绝不只是大致适合的解释，这些理论无不具有结构上的重要性。媒体理论在卢曼对意义的理解中起到了至关重要的作用。意义本身具有自我指涉性以及自动复制性，那么就其自身而言意义是一个系统吗？或者说只有心理和行为两个意义系统的实例？对前者来说，思考是媒介，而后者则以传播为媒介。这是卢曼深刻的含混，且十分重要。如果意义自身是一个独立系统，那么为与其环境保持界限，这个系统就需要一个合适的选择标准；这种区别构成了"世界"的差异性，即另一种意义。那么什么可以成为系统"意义"本身的媒介呢？意义之所以成为一个系统既不是通过思考这一元素和运作，也不是通过传播，因为这两种方式是使用该意义（已经预设了）的两个系统的选择标准。那么为什么有某些事物被视为有意义呢？对系统理论来说理由不会是世界对象其自身是有意义的。由于卢曼将其整个理论架构为一种差异化理论，根据斯宾塞·布朗的形式法则（1973）一旦确定了差别，就无法同时标记空间或取消标记空间。确定差异之前，系统和环境会处于一个无差别状态，卢曼将这种状态称为"世界"。因此，意义是一个完全闭合的系统，通过系统的重返（即系统不能从外部得到证实而只能通过其自身；见此章下页）反复地自我复制、自我指涉，意义必须且只能使用内部结构元素以及带条件的操作来代表与系统相关的世界或环境。而这几乎成了彻底的构成主义，当涉及"真实世界"的地位时，卢曼的陈述从一定程度上来说是模棱两可的。

让我们假设，即使没有一个明确被认定为特有的媒介，我们依旧可以完成对意义的形式描述。然后不同的媒介－形式就被应用于意义自身的两个方面中：实际意义（即形式）以及潜在意义（即媒介）。

这是理解意义的常见方法，即只参考意义自身。即使卢曼在后续研究中将意义构想为媒介，但其核心哲学的深刻见解仍旧是早期对意义的现象学叙述，他曾称之为接近呈现的显然是胡塞尔式概念，下面我们会对其进行详尽分析。

至于媒介自身的概念，它建立在一个可理解为新兴领域的应急系统之上。当媒介有效地被应用于观察时，它就成了这个系统量身定做的现实。这个系统会通过内部运作和元素结构来观察其外部环境来获取信息，如果整个过程的发生都基于一种媒介，那么这种媒介引导的那些操作的不可逆优势就不再可行。仅仅作为众多可替代选择中的一种，这种媒介便会消失，变成这一系统中普通的一种运作。因而媒体就表现得好像守规则，媒体将此操作能力仅归功于读系统形成，而不是逻辑约束力。

在符号学中的关系与在媒体所谓的关系有着根本区别，因其规律性完全不以行为表现为基础。当然，这种规律性存在于行为中，但它又不受限于行为。尽管皮尔斯主要以一个实效主义者而闻名，但这并不意味着其论证依托行动，行动自身应该说是有待于证实。我们依据规律或规则端正自己行为的能力需要得到现实范畴分析的证实。当我们遇到现实时（并不是那种无法体验的自在之物），现实自身必须为规则。然而，现实可以作为事实或特性出现。皮尔斯的显像学或现象论只是对现实（尽管在此无法公正地对待它）模态特性费力地进行分析。所有一切事物都是复杂的，或是必要，或是存在，或是可能。符号关系基于这些范畴建立其独有的与现实的关系，且会重新出现在它们符号形态存在的方式中。这种现实主义观显然与卢曼的构成主义存在分歧，其中两个意义系统创造其自属的现实。通过思维或沟通的循环运作，一个相互关联的世界基础得以创建，这一基础随之被规定为三维的客体、时间和社会性：所有存在的事物都具真谛，且都出现在时间中，都可归属为我或非我。一个与系统相关世界的相互关系模式会以一种特定媒介方式自我复制，也会创造一个特殊世界。总而言之，这些预设表明，虽然对符号与媒介的描述在某些方面有相似性，但其本质必然不同。

在卢曼的理论设计中，媒体的实际目的用来证实语言可以调整复杂的社会系统。只有媒体能完成这一点，否则诸如此类高度复杂的系统无法承受其自身的复杂性。那么，媒介究竟由什么组成？最直观地来看，媒介是一种有着两个层次的机制：低层次的即松耦合媒介；高层次的即紧耦合的形式。每一个层次都连接着同样的元素（卢曼，1997，2.1节）。符号学使用的是一种同源手段，即音位/语音差异这一最纯粹的范式，而据此去理解连接相同元素的两个层次耦合是最容易的。然而，系统理论将高一等的层次看作一个新兴系统，而不是像符号学一样将其视为价值构成的仲裁制度。问题是：当一种进化目的论不得运用于实际时（系统理论断然会否认这一点），系统如何能产生？问题可转化为那些不受意义支配的系统如何能进化发展。因为意义只能是如此进化的结果。系统表现的最普遍原则是差异，事实上，这也是系统理论中的基本操作。而这也只有在假定系统的存在后才能奏效（卢曼，1984b）。系统及其环境也存在差异。随着系统理论最近的一次模式转变，系统被认为是自我指涉的，这相当于是闭合和开放两分系统的替代物（查阅卢曼，1984b，25）。基本区别（"Leitdifferenz"，也就是生成信息的决定性因素）就是"同一性和差异性之间的区别"（卢曼，1984b，26）。卢曼将后一特性与斯宾塞·布朗的逻辑理论

（斯宾塞·布朗，1973）勾连在一起。

斯宾塞·布朗指出系统和环境的不同，形式和他者的不同，为什么卢曼会采纳他的观点呢？卢曼可以彻底取代这些思想家，因为其哲学传统将认知主体和认知客体，即这个世界区分开来。但是，我们无法从系统理论里找到任何与现实主义有关的东西，更不要说是与二元有关的东西了。然而，究竟是什么将系统和环境联系起来？这个问题悬而未决，因为系统理论排斥任何形式的现实主义，这里的现实主义不仅是普通流行的对自然科学的一种幼稚理解，更不是以一种机械性的因果关系的形式出现。相反，维尔克反复强调：本质上来说没有因果关系会遵从那些实际上的因果飞跃和例外。解决这个问题的关键涉及区分内部复杂性和完全独立的外部复杂性。前者通过减少复杂性与外部复杂性联系起来，继而成为它的"解决措施"，这一"减少"过程就组成了系统边界。所以，最根本的决定因素就是一种属性和其环境之间的边界。边界在这个系统相关的成就中表现为自主选择性，并且能降低复杂度。当一个系统中的内部机制、组成要素和操作技巧减少了与之相关环境的复杂性时，它就仅仅是一个系统，内部系统差异性体现在系统之内重复系统与环境的区别。

通过这种方法，传统观念上理解的认知被完全颠覆，因为系统理论方法的导向既不再是客观世界，也不再是一个认知主体。因此，所有考量从一个思考主体中得出的综合体问题都是多余的。该形式就是我们所认为的"范畴"，也是感官世界的存在模式，这是一个完美的自我指涉的系统全部。它不再被想象成一个认知主体的聚合中心，因为每一个系统就是一个中心。这就排除了有一个绝对稳定不变的自我中心的可能。即使在系统具有自我意识也就是能够自反的特殊情况下，这一原则也不会改变，因为照此情况，系统仅形成了一种反身关系的自我指涉机制。

只有这种复杂性才能生成多元统一体系统，且可生成多元化的统一体。这样的差异表明，调节系统复杂性的不是环境的复杂性而是系统自身内部的操作。系统内部的复杂性通过形成主要区别（"Leifdifferenz"）来迫使一个系统接受选择度。自我指涉不再能与意识及主体（自我指涉过去在普通系统理论中被称为自我组织，只有马图拉那将其发展成了自生系统论）联系在一起。如今它被抽象成"die Einheit, die ein Element, ein Prozeß, ein System für sich selber ist"［一个统一体、一种元素、一个过程或是一个自生系统；（卢曼，1984b，58）］。

然而，如果自我将其自身作为参照点，就一定是多余的，或至多是赘述的、矛盾的。如果卢曼所说的"系统重返"无法解决这个问题，这种情况就会走向自我毁灭。一个系统必须采取附加的措施以重新获取其确定性，而这则使它兼具联结性。因而在良性循环中，自我指涉才可能展现出来。

因果关系如何成为可能（这是我们最初的问题）？这里所说的不是指系统对环境有效的因果关系。对卢曼来说，奏效的是将"einige, aber nicht alle"（一些而非全部；1984a，40）起决定作用的成因放入系统中，并以这种方式在环境中选择相应的成因。然而，系统属性及信息处理的决定因素同样也是一种差异：这些因素区别于因素与其统一体之间的关系，并且这些关系间更进一步的区别则受制于各种条件。随着系统能够通过其自身运作来观察其运作，反射的自我指涉系统就出现了。在最极端的情景下，一个系统的内部组织完全不依赖于由这些内部运作重现的环境。当系统可以自我审视时，就会形成自己的结构，这种结构只会全然地对环境做出适应性反应。然而，若一个系统不能够适应，它就会灭亡（随后我们会在此章中再次讨论这一点）。

复杂系统已区分出极大数量的要素，这些要素彼此之间无法连接。这反过来意味着对选择的一种约束，因而也是对偶然性及对风险的一种制约。多样性在大体上是任何以感觉印象为中心的认识论要面对的问题。康德通过他的先验主义思想接受了经验主义者遗产，而皮尔斯的符号学方法对此毫无用处，因此他断然地拒绝了它们。同样，卢曼（1984b，51）也反对康德观点，他认为在试图多样性统一时，系统理论方式不需要添加诸如"先验主体""自在之物"以及先验论等辅助观念。在此假定一种解决方式即使更进一步检查也只包含了对现实主义最后残余物的消除。那些摒弃"未加工现实"（无论如何被概念化）的人不需要担心将其带入与认知有关系统中。如果现实效果连同认知都源于系统之中，那么任何对系统自身外的认知可能的匡正都会被遗弃。正如我们所看到的，皮尔斯并没有采取这一涉及现实的肤浅解决方法，即使他也摆脱了康德的先验论；然而他成功地提出了一个不冗赘的理论，进而将此理论仍置于对认知批判的理论框架中。

他性的现实功能并不能简单地被遗弃，相反，系统理论会在内部仿效这种功能。每一个系统在决定自身时都会构建两个极点：同一性和多样性。如果某一系统还选择性地作用于其自身选择，那么它就成就了双重偶然性。在这样的情况下它才对自己的选择具有自反性，卢曼称此为意义，被严格地定义为"auch anders möglich sein"（在不同方式下的同样可能），通过这样的定义，意义自身才是对称的，系统对要素及其关系的选择才是可逆的。一旦规定了时间维度，系统就会变得不对称并只朝一个方向发展。在时间维度中，这些要素必须具有可连接性，否则系统就会崩溃并停止。一种可以降低基于意义系统复杂性的形式是行为。当这种行为是交往行为时，至少有两个自创生系统会以对方出现在自身环境的方式联合行动。接着，每一个系统都会受制另一个系统的刺激，通过交往成为环境的一部分并推动它顺应。在这一过程中，所有的一切都是非对称行为，因而交往也成为双重偶然：一旦行为不再继续发生它会随时崩溃，以及一旦环境产生反应便强制其改进。到目前为止，行为系统是通过专用代码来调节自身的。然而，一旦出现一种媒介，作为一个新兴系统双重偶然的交往行为就变得具有选择性并且排除了许多意义构建的可能性。媒体包含了从手势到大众传媒的一切，并且在提高其媒体密度（高密度的媒介依赖于一个低密度的媒介）的过程中，它们在连接的可能性上变得更具选择性。即使（从理论上来说）两个交往行为系统能够通过任何方式适应另一方，包括完全隐私意义的方式，那么一种媒介就可以预先确定任何公开意义。后者可能成为社会的或是真相的"认知"以及次系统科学的媒介。

卢曼从差异性原则中得出的意义应该对他争辩为"古典欧洲式"的认识论有根本性突破，这种差异性与符号学中的差异性不同。事实上，进一步审视超越术语障碍，揭示出胡塞尔的自我论对卢曼的意义概念做出了极大贡献，对此哈贝马斯解释为意识的主观主义哲学（参阅哈贝马斯，1985）。在胡塞尔的意义理论中，客观性不以某种方式为意义所固有，但会被简化为作为行为相关性的一种故意行为（卢曼，1996）。在卢曼看来，这只是超越了差异性一小步。

虽然由于具有双重选择性，意义作为"共现"紧密地追随胡塞尔思想（在不同方式下同样可能），但它们同样也呈现出双重无目的性。媒介概念所关注的是努力克服意义的无目的论。每一种新兴媒介都允许传播在意义中上升一个层次。随着每一次选择性的上升，意义也就变得愈加复杂。卢曼不是在重写黑格尔的精神史，但是很显然，意义复杂性以及传播形式都直接地影响着社会的进化，又不适合用历史哲学来描述这种发展。尽管如此，根本行为准则单纯只是意义，或是作为进化的意义，或至少是作为各个层面的意义。卢曼明确且系统地将任何与逻辑理性或黑格尔思想的关联都排除在其意义概念之外。因而应用于意义发展的思维准则也被排除在外，对此他只承认系统差异。

皮尔斯对先验主义的反对，表面看起来同卢曼相似，却缺乏认识目的以及精神归宿，或是缺乏历史维度，甚至是社会理性演化的缺位。解决疑问的实效主义方式，也就是"科学的"方式只是一种期冀。这时，任何相似都已终止。从某种意义上来说，皮尔斯摒弃了认知论，即通过构建一种程序来批判地比较认知与不可认知或是未被认知的现实，但他也通过一种严格的、非二元论的方式建立了与原始现实的关系。卢曼却完全没有提到这一点——也许除了在被称为"选择风险"的完全笼统的适应压力（系统对混乱环境的适应压力）中有所提及。然而，要从风险中得出一种目的论是不可能的，除非在一种原始生机论的意义上。但一个未经过匡正的理论如何能成为一种正当的理论，无论是经过现实矫正还是演化目的改善。这就剥夺了它得到推荐的所有理由，无论是以真相（存在主义关系）或是更复杂的以终极目的论未来为依据。

系统理论将其自身视为一种普遍性（卢曼，1984b，19），与先验主义相反的超级理论，虽然这最终未被证实。终极正当理由的功能对等必须完全不同于传统的普遍性理论，如形而上学、科学理论以及先验主义。系统理论是为反对形而上学而设计的。对其自身的终极依据，它有一个适当的形式性要求，即有能力在理论上探讨同义反复表达。它通过抑制围绕这一主题的争辩来疏远"古典欧洲式"思想。但其理由反而是"富有成效的循环"。由于这不能称为终极依据，哈贝马斯将其转变为对循环的指控（韦尔克，1985，77之后）。但他的语气是顺从的，他认为如果意义不用语言来解释，那么论述就不可能（哈贝马斯，1985，4425）。

那么很清楚，卢曼的系统理论只在其自身的建立及方法论的基础上进行探讨，这些系统理论以一种明确的循环方式证明其自身的合理性。如果这一理由失败，系统理论的姿态结果还不如普遍想法。韦尔克依据少量的系统理论中基本假设，试图以内在的批判形式证实这一点。他的核心假设以每一个系统的行为方式相关，包括最终的"国际社会"，他将其规定为：对自我保护以及属性的兴趣，通过系统与环境间复杂度的降低得以实现。如果系统存在，那么特性与生存则属于系统定义，因而类似直觉确定。

在我们继续探究前，有许多问题亟待解决：为何只是内在的批判？为什么系统理论对于现实依据无动于衷？此外一般来说，系统理论要回答什么疑问，解决什么问题？它直接关注的不是去解决作为行动者的使用意义的主体间沟通重要性。这只是一个特例而已。作为各种起始前提，卢曼必须假设存在初始系统，以及系统并非仅由分析模式构成。因此，基本的事实就是无限复杂情形的存在以及系统存在（"daβes System gibt"；卢曼，1984b，30）。问题在于，事实上这些复杂性必须以某种方式得到控制或引导。这曾是自然法则的领域，但现在却成了例外，最多也就是中等水平理论的组成部分。事实上，自然被认为是矛盾集合，也就是说从核物理到进化论的偶然的、非线性的、矛盾集合。在科学理论领域，这使我们想到了库恩所说的类似"在'常规科学'中的清除操作"（库恩，1970，24以及各处都有提到）。在此要做的就是"调节"理论，只要它们还涉及不规则数据，否则这会等同于"反常现象"。然而科学的这一实践将法则看作是所有事实（也许是整体的）集合，而非一个独特的认知类型。作为一位系统理论家，威尔基对此得出的结论是不存在有意义的形成准则方式，因为这些准则总是无法把握如此的复杂性。同样，基于准则的认知也仅是一种幻想。系统理论将其自身定位是要为自然法则提供一个更好的、更普遍的解决方案，提出一个复杂的多样性系统，通过控制来影响其他系统。控制的首要原则必须见于复杂性的降低，在这一原则中控制系统会降低被控制系统的复杂性。因而，这就成了混乱现实的一个清晰的观点，事实是以现实匡正理论为无效。

只有通过这样的扩展，我们才可以认为系统理论回答了与经典认知论同样的问题；但解决方式分歧如此之大，以至于认知和经验会简化为仅仅是复杂性降低的一种特殊形式。作为一个"认知论"结果，这意味着它最终会以激进的构成主义方式做出清楚解释。对于社会科学来说，这些结果依旧是激进的：当系统理论开始解决诸如依据社会分组的解散进行劳动力分工（史密斯，齐美尔，涂尔干）的经典问题，结果就会造成功能分化（参阅韦尔克，1989，19－23）。

系统理论同样必须受制于外在的哲学批判。考虑到它对普遍性的要求，就无法再避免以下这些问题：系统如何以终极依据来证实其合理性，甚至在"重回系统"之前？关于这一问题，在保持系统理论前提时，科学系统的反身结构成了康德的先验主义的功能替代品。当一个系统行为观察另一系统行为时，前者只将后者视为自己的环境。因而对自我意识来说，个性另一面（作为一个心理系统）的内部复杂性与之无关。自我意识有其复杂性，它可以创造自己个性另一面的内部模式，这从双重偶然性的角度来看，可以使它自反地依靠个性另一面的行为的偶发性来创建自属的行为。

现在的任务涉及一种不同的、双重的自反性，它与科学系统的最终依据相关联。即使这种差异是系统的一部分，但它却是涵盖一切具有意义事物的三个系统之一。社会在其中全然地反省自身，并以其功能模式反身确定整个社会。这种功能分析过程不再将认知看作是环境，而是将它视为一个系统。总而言之，这构成了认知的认知，而这种认知只能是对系统功能的认知。然而，这不再会以接近自身的自动观察形式发生，因为那样的话决定系统的将不再是它的环境，而将只是纯粹任意的，同义反复循环中无意义的决定因素。这样一来，科学系统就必然成为三极的双重反映的一部分，在这三极中另一系统不再是环境，而仍为系统。然而，一个系统只有通过其属性才能成为系统，它持续用这种属性来反抗环境。那么科学系统如何才能保持其作为观察者的特性？很显然，它必须呈现被观察系统属性，以依据其自身内部的复杂性，通过环境选择在功能性上分析该系统而不是反映它。

在它试图拉开其与"古典欧洲"式思想的距离时，系统理论也或多或少地做了开放式假设。最重要的，但也几乎是潜在的假设是：基于时间的系统必须进化。要不是迫使系统改变自身的永恒的适应压力，就几乎不会有系统理论。如果系统理论不坚持将这一演变过程命名为系统进化，人们就会倾向于从终端看这一演变过程，作为一种对结局的追求，而后将其命名为目的论。这就不得不引出一个问题，如何决定演化的终结？演变还包括系统进化的暂时性，不单单只有存在的、确定的非对称系统包含暂时性（因而主要是单向性的）。由此而论，卢曼谈到了系统的进化质量，比如说，当他们引进界线（参阅卢曼，1984b，53）这一概念时，同样也会提到增长的复杂性以及接踵而至的选择性的伴随需要，所以也就提到了风险的增长。如果系统只能赘述地解释为系统或非系统，同一性和差异性，那么在这样的同义反复中，时间就只能理解为非对称系统。但系统本质上对暂时性的需求并不产生于系统概念本身。

另一个对系统理论上无主体性质的假想与系统对意识的近似模仿行为相关，但这听起来十分矛盾。最显然的例子就是意义是依据胡塞尔的共现模型而被引入时间系统（参见上文）中（贝德纳茨，1984，60-5；格林，1982，23-24）的。卢曼的系统理论显然想要继承意识哲学以及主体哲学（卢曼，1984b）。哈贝马斯批判"Die Selbstbezüglichkeit des Systems ist der des Subjekts nachgebildet"［自参考模仿主体的行为；（哈贝马斯，1985，427）］，但事实上是自参考完全取代了主体。那么，卢曼在斩断他所说的"老欧式"思想中的主体性戈耳迪之结时有无给出正当的解释呢？哈贝马斯反对卢曼的这一做法，认为卢曼不仅替代了反思哲学，还继承了反思哲学所固有的所有问题。对主体哲学来说，要在不掉进具体化的自我参照的陷阱中，或是不将有限心智能力陷入绝对循环中的情况下，而是在自我中思考自身是困难的。同样地，系统理论会遇到类似的难题，用堪比绝对知识的总体性自我认识的方式，为系统提供一个社会理性属性。

只有到那时它才能成为系统理论的一个问题，也就是当它反映自身时，它就拒绝了主体性。"重回系统"只允许将系统理论应用于自身，并且反映的观察系统科学只是其他系统中特殊的一种。这样的反映关联着通过意义对意义的处理，但在此联系中，观察者的视角并不需要与被观察系统的内在视角相同。那么，什么能确保观察者看到的观察系统是真实的：这种真实性为谁存在？为被观察的系统自身？为其他观察者？为所有的其他观察者？这个问题不是空穴来风，而是直接来自将包括理解本身的一切事物理解为系统的普遍要求。自我再生系统就是其自身的参考，它们依据其合理的选择性及内部组织标准来使自己系统化。那么，到底何为系统，只有系统本身知道。其他系统也许可以观察某个系统，但它们必须使用其自身系统的固有差异去选择并组成要素，该要素与被观察者系统为自身所做的有很大区别。对外界现实的认知在大体上只是一种幻想，因为它只是一种系统需要的实际效果，正如系统对其自身差异的需求一样。在这种情况下，就只有一个问题是合理的：系统意识（认知或科学）会受到观察客体的影响吗？若会，那么是如何受到影响的？卢曼在这一点上含糊不清（夏波麦，2004）；显然他认为他必须突破完全孤立，否则他的理论就会造成这种完全孤立。至少"系统间的互相贯通"就相当于此，由系统理论来代替认识论、真相论以及科学论。然而朴素实在论的引诱可以放心地排除在外，但一定形式的理式主义不能被排除在外，至少对认知系统来说是这样的，而人类唯一可以利用的就是认知系统。

虽然卢曼的系统理论对社会科学来说很具吸引力，但也在各个方面受到了严厉的批判。当他设法将对为之辩护的假设保护抬高到可以避开经典认识论的批判时，他在两个方面仍然是易受到攻击的：隐藏于基础系统描述中的公理，以及当他试图让系统适应认知这一传统角色时产生的内部矛盾。

若有人甚至消解了像"真相"这样的可能性，那么至少我们能从哪一角度批判一种系统理论意义上的认知行为就会清晰可见。人们无法将这一行为归因于类似"自然"的事物，或是"先天观念"，或是依从柏拉图"理念"解释，但它显然构成了一个认知需求。在系统理论背景下寻求系统视角自身的最终依据必须是合法的。卢曼将复杂性的降低和"有意义的体验"功能对等，但他并未指出批判比较的第三个观点。而事实上只有两者重新进入系统。这引导雷德揭示作为结果的相对主义，并且强调卢曼运用奇弗瑞神的托词。对卢曼的系统理论来说，相对性是如此"神圣"以至于它必须隐藏起平凡性。而这样的谴责却非同小可，因为它强烈地显示系统理论对宗教的系统需求。在称为国际社会的整体系统中必须有宗教的一席之地，否则整个系统就会崩溃。

问题在于神必须与人沟通后才能与世界社会相关联。那么神究竟是如何与人沟通的？与神（一般是主观的）的交流是独特的，不同于其他任何的交际情景，简单地说：神能够沟通但不能被沟通。对卢曼的宗教社会学来说，这既是问题也是简约的解决方法（卢曼，1977）。以下是对他的系统理论对宗教的内在需求的简短总结：

第一，不存在可以为神定名的特有语言形式。

第二，相反地，"神"用语言命名了一切事物且不带任何歧视性（这是普遍的。但它不仅在泛灵论的宗教中或在上帝或自然之类的宗教哲学中起重要作用，还与圣经反对"神"的名字使用相符）。

第三，在通过意义运作的系统中，即使观察"神"是不可能的（即将系统产生的现实的一部分区分为"神"，而剩余的部分为"非神"），系统也可以表现得就像被神观察一样。神（一般是客观的）的交流也就以神（一般是主观的）的交流为基础。

第四，在这样的意义系统中，神的观察是一个"创造差异的差别"，也就是为系统创造信息。

第五，只有一个产生这样一种超越内在差异的差别（对该系统来说一切都是"实在"的）才同样能为这一超越产生一个内在的"占位符"。

第六，"奇弗瑞"神占据着内在超越的位置。它可以代表任何（内在的）意义而其自身却是无意义的。

第七，奇弗瑞神是总体意义的占位符，因而为意义系统建立的选择性风险变得可处理了。系统会进行选择，这样它们才能降低其环境的复杂性，但它们不能"看到"被排除在外的事物（这是消极的选择，不归因于其自我而是归因于他者）。那些隐形事物（并非无意义，因为对这种否定的处理同样还是要通过意义的手段）仍然以一种风险的形式以及一种不可理解的威胁形式呈现（也就是说意义的选择可能已经排除了对其生存来说极为重要的事物）。意义是排外的（双重意义上来说），且它反映的他者是有风险的。

第八，"奇弗瑞"将威胁性的风险转变为了可处理的风险，但这样超越选择功能的代价就是它不具有信息价值；但它确实超越了作为意义而被选择的事物。

第九，通过为其配置一种区分功能，系统可以表现得好像密码就是一种意义：是什么使意义自身变得有意义（且将无意义的"虚无"摒弃）？意义创造差异的起源悖论无法通过意义来观察，因为系统只将意义看作是这一差异的结果。只有一个超验的神才能观察它们。那么产生的影响就是内在世界中一个积极或消极的区别。

第十，然而，在一种情况中意义及他者的差别统一反映在（自动参照的）灵魂经验以及（差异参照的）神的经验中。这一悖论的独特之处在于神秘主义者语言。这是最纯洁的宗教沟通形式中至高无上的一种情况，但是（或者是因为）它的意义从未清晰可见过。灵魂（自动参照的）将其自身理解为无所不在的，却渴望观察它超验的神，因为它自认为受到他的观察。这种神秘的灵魂沟通了什么？这只是它自己的心理活动吗？是神，还是他者？这一例子与心理系统的选择风险有关。社会系统还建立了一个跨越意义自身同一界限的次系统。所以同样地，作为基督神秘身的教堂一直是一个悖论——或已不再存在。

第十一，因为要维持作为"超验经验"的神秘主义是困难的，更别说是将其转变为社会制度，所以超验的事物也可以变成神圣的，或是产生一种内在世界的差异，如世俗，或是道德优劣等。然而这样内在的超验却无法维持其风险处理功能。

对系统理论基础的循环分解不可能更为精确了。这一定不是一个理论陈述，但作为传播基础，它关注社会自身的基础。作为其潜在的选择悖论，神在任何沟通中都无信息价值。没有信息价值的神在实际交互作用中并无用处，甚至次级价值（就像肥皂剧中使用）的属性也无法以一种宣传的形式（即通过评价话语）将神"推销"出去。神（一般是客观的）的沟通是一个观察者的意义系统，会出现在探寻到意义自身的选择风险的地方。作为两个意义系统之一的心理系统依赖于内心焦虑的风险——一种仍无法说明的风险。

如今人们如何与被定义为无意义的事物沟通呢？另外，传播中介的技术结果是什么呢？对大众媒体来说与神沟通的一种可行技术方法就是神转向自我炫耀。当我们将卢曼的媒介理论与他的宗教社会学混为一谈时，创造社会的神就可能只是转变为新闻甚至转变为娱乐方式。大众传媒系统的区分码并不是真相，而是新奇事物，媒体通过它们的系统操作来发展现状。因此，这意味着在简单可信任（现状事实是可信的，因为它们是可能并可预测的）的基础上拒绝一切如真理般恒常的事物（这是科学社会系统的一种功能）。这样的选择标准反对非现实的虚张之事，而必须用某种方式以新潮流的另一面保持共在［也就是"被附现"（appresented）参见上文］。在卢曼的大众媒体理论（2000）中，新闻的无争议可信性的选择风险得到了广告这一大众媒体组成成分的可疑可信性以及娱乐主题老套的选择权自由的弥补。因此大众媒介中的该局面使得与神的沟通成为可能：神必须变得主观才可沟通。相反，大众媒介的"神"既不是现状（正码）也不是"美丽外表"（对真实的反码）的选择。然而，"神"却与大众媒体的选择性联系在一起。

"神"必定不能逃离娱乐边界，以免破坏系统构建选择自身的悖论。要在大众媒体中创设完全神秘的语言就应该有与奥森·威尔斯以火星着陆做的无线电实验类似的驱邪效果。中世纪以及现代的开端都有其自己的神秘的大众现象，路德的对手托马斯·库尔茨、明斯特共和国再洗礼教徒、贾科莫·菲奥雷、托马索·坎帕内拉、光照派、劳登、胡斯信徒等。宣称宇宙的终结是独家新闻，当然这并非一条新闻。作为一条新闻，它就会立刻摧毁新闻系统选择的可信度。一旦它变成了像《牧师与圭亚纳的悲剧：吉姆·琼斯的故事》这样的电影中的"附魔"，这种毁坏就被包装成娱乐。

神秘主义语言只有被置于主观范围内才与大众媒体共享与神的沟通条件。然而，在这样的共同基础上，我们会遇到公共领域与娱乐生产，带有辨识度的公共意义"神"的可能性。在娱乐这一有序世界中，主观性呈现的是自我以及另一个自我对它的解释（见下文）。这种可能性在大众传媒系统中得以实现。首先，通过将与神的沟通降格为两个自我表达的展示；第二，通过叙述技巧来展现两个自我。如果相关点在内部，那么人们必须将其内在外显出来。在这一过渡过程中发生了一个重大变化：内在不再是我的经验而是转变成了自我呈现。这对调解宗教传播来说意味着两点：第一，展现其宗教经验的一个公共自我身份；第二，展现另一个我（需要一个社会身份来接受这一展现）。

由于整个社会的自我反省永远无法消除系统建立的潜在因素，除非在奇弗瑞神中，因此它必须要查明信息。大众媒体对社会自身的贡献同时也是一种刺激物（新奇物），以及一个稳定的潜在因素。这将与神交流包含为社会对其悖论的超然解决方式，以及由于公共关系被概念化，因此只靠可行的内部系统再现无法胜任这一终极任务（霍夫简，2001）。

在整体社会的科学自我反省中，科学只是其中之一的（虽然很特殊）部分系统，这就立刻产生了以下问题：是什么运用终极压力以解决选择哪一个系统作为解决方法（选择性压力还是风险）？这个问题承认主观性不是系统理论的衡量标准（韦尔克，1985），而是一种巨大的诱惑，尤其是将认知与科学系统进行比较时尤其如此。与之截然相反的是，终极依据的问题产生于功能系统理论自身内部，因为它包含在系统的定义中，而其复杂程度正在下降。一个相对较为复杂的环境会给一个系统施加压力，用降低复杂性来解决复杂性问题。环境越复杂，内部系统必会更复杂，但在任何情况下，内部系统复杂性都需要低于环境复杂性。尽管其进化对不断扩展的系统是开放的（卢曼，1977，165），但这需要一条外部边界，否则终极系统就会崩溃。传统上可认知世界由主体先天的、可检测的认知能力组成。如今这一边界还包含了另一总体性——"全球社会"。适应压力来自外界，这同样应用于每一个分系统中，这些分系统由处于相关系统环境中的分化功能决定。

"全球社会"指派给宗教的领域需要对两种引起歧义或是尚未解决的问题

做出批判：世界视野以及知识的自反性。世界是"全球社会"的类似环境，因而包含了等同于全部混沌系列的终极整体复杂性。然而，环境总是某个系统的环境。这一系统环境的选择结果决定了相关客体可以连接什么以解决其问题。由于每一个系统都有其合适的环境，环境与系统相互决定。然而，对于最高级的终极系统来说情况就并非如此。如果存在另一种将系统从其环境中区分出来的可能性，那就会存在一个更高程度的系统，从这个系统角度来说就必须设立此种差异。由此结论：那个终极系统可能没有对立面，除非它处于由其自身决定的环境中。但是一个系统不可以没有适合它自身的环境，所以神就在此为一切内在提供一种存在于他的超然性中或是其外在的最后差别。

媒介概念对功能主义理论最初的承诺是为现实与概念之间，以及混沌的环境和有序的系统之间的深渊搭一座桥。先将卢曼解释中的内在歧义放在一边，当中央组织力量存在于系统内部时，他的解决方法就涉及假设系统外部级的下降。这依旧没有允许独立现实制定规则，却给了系统完全的控制力。所有的现实主义理论，更不用说经验主义理论，都为外界暴力强压给理念的力量要求一个补正机能。没有这样的修正效果，这一鸿沟就会单方面地留存下来。

4.2　是否需要独立的媒体符号学理论

媒介概念意在填补系统理论的主要缺陷。因为哈贝马斯正是从帕森斯的功能主义中寻找线索的，这个概念在他的基础语用学中扮演类似角色。如果新出现的系统没有一种媒介相对固定性，那么不断增加的关于系统差异的复杂性将不再行得通。单单基于此点，便能衍生出一个新系统。媒体成为一个纯粹形式的系统进化概念的构件，这点可想而知，甚至不用思考意识或认知层面上的进步。媒介在系统理论中所处的位置与符号在符号学中所处的位置大不相同。不过，颇具吸引力的不仅是将它们两个进行比较，甚至是进行合并的尝试。

没有人会一本正经地说皮尔斯的符号理论与卢曼的系统理论原则上相同。虽然从知识发展的某个层面上看，至少在某些方面，不难证明它们有一些相似性。另一方面，人们不断尝试去证明这两个基本理念存在互补关系，因此抵消了各自的缺陷，这种情况大多发生在网络符号学上。达到这一目标不可避免地要进行一番费力诠释，而通常被调整部分是皮尔斯的符号学。尽管系统思路的一般开放性也许需要通过符号学方法来实现，但是卢曼系统理论中并没有提供这样一种本体论的现实依据。在这个方向上的尝试（雅哈斯，奥尔特，2001）很有指导性，因为他们仅能用他们的失败来证明这两种途径的广泛多样性。继布赖尔和冯·福斯特尔尝试之后，夏波麦（2004）和卢曼也采用类似方法试着修正那些结果缺陷。尤其是卢曼的模棱两可和摇摆不定是由于他对符号的认识不够，所以此处建议从皮尔斯的符号理论中借用一些概念来表达。然而，现在我们还没有发现哪个天才能把这两个严谨的思维系统很好地调和起来，我们最多可以看到是其中一个理论在借鉴另一个。

此外，就算谁能将皮尔斯的符号理论与卢曼的系统理论进行对比分析，他也无法占据天然优势。如果真有优势的话，那也许是在初看之下让人吃惊的一种深层次逻辑层面上达成共识的可能性，然而依赖于历史事实的这种可能性，即斯宾塞·布朗（巴雷拉和之后的卢曼将其应用于他们的系统理论中）认为他自己是皮尔斯某些理论中有关存在图（α 部分）的诠释者和追随者。这就顺应了本质图先于存在图这样一种逻辑。（皮尔斯，查阅 3，468 之后《关系逻辑》，1897，查阅 4.434《逻辑小册》，903）然而，卢曼从一开始就是朝着将边界逻辑认作是系统边界的方向来解释斯宾塞·布朗理论的。

人们已经以不同详细程度描述了卢曼是如何有效地运用斯宾塞·布朗的"符号运算"结出自己的系统理论的果实（克拉姆，2000；舒尔茨，2007）。但不应该模糊的事实是，这种演算的引入发生在理论发展阶段的相对后期，甚至是在起源的严格逻辑语境之外。卢曼只利用了这一原始逻辑，有些人将其界定为一种精确的布尔逻辑体系谓词逻辑的逻辑语义。但是对"符号运算"来说（虽然被一种奇异氛围围绕）这一严格的逻辑语境是具有决定性的。考夫曼（2001，80）曾说："本质上斯宾塞·布朗对存在图补充的是未标记状态的使用。也就是说他允许用空白空间的使用来代替复合符号。"这一影响很深远且揭示了在存在图中美丽而简单的符号运算。事实上，斯宾塞·布朗真正的贡献在于他未对皮尔斯理论增添任何内容。

作为形式法则的一种反应，卢曼的方法一直是有争议的评估对象。理由是考虑到对斯宾塞·布朗的"创造性"地接收，卢曼的方案往往不再能与原创者兼容。通过将"符号运算"的逻辑施加在已建系统性能之上，他有效地分散了演算的整体逻辑严格性。一旦它直接反映了系统与环境之间复杂性的下降，这尤其适用于斯宾塞·布朗的"区分"概念。亨宁从逻辑的角度对此进行批判，因为在"符号运算"中只存在"标记"与"未标记"两者状态。未标记的空间不可能比已标记空间更为复杂（"<x"）。相反，这是卢曼理论的基础，也正是其边界定义的基础。亨宁（2000，67）说："形式法则的不同点跟这里所要求的<x 有所偏离，它是非对称的，且不及物。如果将 B=A 当作 A<$_x$B，读作 A≠B→A<$_x$B 和 B<$_x$A，我们认为这种情况很常见。斯宾塞·布朗运行式仅仅

能显示两个物体的不同点和相同点。"

斯宾塞·布朗提出的差异严格来说是矛盾的且只能表示为完全否定（这正是针对形式法则句法处于窘境的操作者的意义）；然而在卢曼看来这种差异不仅是相对的（更高级的），而且还只是对立的（它只否定已确认事物部分）。但是，由于卢曼有时会很不精确地使用术语，所以很难用一种清晰的方式来表述（夏波麦，2004）。现在，我们认为这样的标记空间构成系统基础，比如说引导性的区别（*Leifdifferenz*）或是相反的区别（例如在合法的与非法的之间构成了法律系统）。如果在这种情况下法律组成了标记空间，并不意味着在卢曼的理论中必然一直存在一种区分，与共现法一样具有非法性（借自胡塞尔，查阅4.1节）。卢曼同样能够用另一相反极取代斯宾塞·布朗的未标记空间。这使得他的系统更具延展性，甚至可凭经验完成，这又造成一种任意印象。因此一方面有积极法的存在，另一方面人们可以用任何消极的宗教正义（例如圣经意义上的"正义"或正直）来取代未标记空间。如亨宁所示，这一切在"符号运算"中是（确实）无法想象的。

这种分化形式使我们更多地想起的是索绪尔提出的位置区分，而非斯宾塞·布朗所说的区分（亨宁，2000，176-8）。然而，卢曼理论从未明确这一形式概念是属于斯宾塞·布朗，还是来自格式塔心理学家弗里茨·海德做出的媒介与形式的区别。由于他命名且同时使用了这两个来源，可能卢曼会认为他可以用一个概念来等同于另一个。但至少对斯宾塞·布朗来说，这一做法毁了逻辑。可以肯定地说，卢曼认为斯宾塞·布朗在意义上的形式分析不是其系统理论的原创性表达，但基于其矛盾解释，它不是一种恰当表达。有一点很清楚，系统概念后来转成形式概念，但是以一种，斯宾塞方式，不得不退让并做出相当的调整。

如果我们将这个形式概念应用于系统理论而不是相反的一面，我们也许会得出不同于卢曼的结论。我们可能更好地理解网络符号学，尤其是如果其形式起源于被熟知的皮尔斯存在图（考夫曼，2001）。存在图的开端与斯宾塞·布朗的形式法则一样起源于对蕴涵逻辑的论述中。处于一个变量正确一"角"的不寻常符号源自皮尔斯在《布尔的逻辑代数学》中提及的"演绎符号"（皮尔斯，1976，106-15）。最初这包含了一个吸引人的想法，即将逻辑否定（超越字面立场的尝试）与正符号组合在一起（考夫曼，2001，81-3）。这样做的理由是对蕴涵，即A隐含B，在逻辑上等同于"非（A与非B）"表达的深刻洞察力。逻辑否定在存在图中被标示为一个圆圈或是一个椭圆，然而在代数符号中同样的事物却成了演绎符号。

如果我们认同考夫曼对"符号自身"的争辩（2001，100－9），甚至包括皮尔斯的数学，那么什么又与斯宾塞·布朗后来提出的"重入"相一致？我们这里谈及的是有趣的自我参照的出现，符号将自身解释为即使在正常情形中也需要的他者对象。皮尔斯用地图作为这种自我参照的例子，地图必须代表它的领域，出现在一个确定地点，然后必须对自己做出解释。这同样也可应用于语言，由于人们在研究语言时就必然使用语言，这不会导致崩溃，或是像卢曼所说的同义反复，它们各自成为一种悖论（比如克里特岛人宣称所有克里特岛人都是骗子的悖论）。对皮尔斯来说这导致了一个完全不同的结果。他的数学及哲学是对无穷小、无限事物真实的连续性以及"在有限伪装下无限自我参照"的理解（考夫曼，2001，105）。皮尔斯用时间例子来证明其观点，"要解释记忆的事实以及我们对时间流的明显感知是困难的，除非我们认为即刻认知可以超越一个单一瞬间。但如果我们做出这样的假定就陷入了致命的困境，除非我们认为即刻认知的时间在严格意义上是无穷小的"（皮尔斯，124《无穷小的疑问》）。如果此刻只是一瞬间，那么我们应该经历一个不断无穷连续的瞬间；然而我们真正经历的是时间流，其中并不存在明确的、无限的短暂瞬间。这就是为什么阿基里斯由于明确瞬间的不存在而永远赶不上乌龟。博尔扎诺，柯西以及维尔斯特拉等现代数学家学会在有限中运作，得到对这一哲学深刻含义的数学般精确的领悟。但是，我们可以通过试图重新进行来自皮尔斯逻辑及预设的形而上学推论而很好地超越我们的研究局限。皮尔斯在其后期的哲学研究中扩展了这一点，称之为对连续论的哲学反思。

卢曼的理论与这一切都无联系。他认为自己的系统理论与赘述选择的问题相同，但他却无法超越"有效循环"，他将斯宾塞·布朗的这一术语相当特别地称为"重入"。事实上，他不再能用其系统理论自身的方式处理他的系统理论（夏波麦，2004），除非参照他对斯宾塞·布朗的特别解释。形式与媒介理论与形式法则无法兼容（亨宁，2000；夏波麦，2004）且只确定了激进构成主义本体论专利。从这一层面上来说不可能存在通往皮尔斯符号观点的桥梁。

如果曾有认真探讨符号学的需要（而从卢曼构成主义的立场来说，完全没有理由），那么这场争论就会在更深的层次上发生。人们将不得不承认系统理论希望从一系列逻辑雏形中得到其中心原则，这些逻辑雏形有其处于符号学中基本范畴的知识体系上的对应物（布赖尔，1996）。这会牢固地与卢曼对斯宾塞·布朗解释挂钩。卢曼所宣称的斯宾塞·布朗的逻辑对其系统理论体系十分重要这一点仍然非常值得怀疑（也就是说，布朗的逻辑不仅仅是对系统分化的一种辅助的、凭经验的依据）。与此同时，对斯宾塞·布朗逻辑的严肃辩论超越了我们在此讨论的范围，尽管值得在他处进行讨论处理。对卢曼来说实际上的优势首先存在于用形式法则中的原则雏形"加以区别"来为系统选择性提供正当理由。尽管在其解释中，产生区别的理由以及"越界"立场的选择不再能得到反映，因为若有人能够为选择目标预示一个目的，他就会以同一性超越差异性。那么在谈到思想演变时，是否仍然适当就存有疑问了。

4.3 社会符号

当务之急是解决这一实际问题：符号学实用主义是否需要一种媒介，如果需要又是为什么呢？它为何需要（或不需要）转变成一种为社会功能提供黏合剂的媒体理论以及一种对媒体行业的社会说明呢？相反，为何卢曼需要区分形式－媒体？卢曼社会理论方法的主旨就是克服任何基于行动概念的理论。这种概念对他来说是过去时代，是形而上学思想以及关于社会统治的等级概念的残余。因此系统注定要取代主体、行动以及客观世界的行动。卢曼理论中体系上需要的是能促使系统出现进化层次的可能，这不需要与皮尔斯理论相一致。否则，卢曼是否本应发现与任何思想演化，包括皮尔斯的思想演化相关的法则？如果可以排列解释层面，可以限制相关构造性及退化，那么对符号进程的无限衍义能否胜任？对于皮尔斯来说，他不是社会学家，且不直接将符号学应用于社会（也许是因为他对社会学无特别的兴趣，除了对经济之外）。在批判常识主义外，皮尔斯未施加进一步的说明压力，在此，他的研究范围在怀疑与确信地循环中被限制在了认知的社会历史条件及其优越性（或是不足）上。当皮尔斯着手研究历史编纂学以及经济学时，也许在他的社会学或社会学雏形中存在一个核心。对帕森斯及其继承者卢曼等功能主义者来说，对社会自身的总体解释以及社会角度意义上的普遍解释是最初的问题与方法。

对卢曼反对基于行动理论的社会前提雏形来说，要考虑实用主义的最初直觉就至少要构建一个非直接的挑战。这不只是一个恰恰由该实用主义产生的历史巧合，在从杜威到米德的芝加哥学派中，社会学明显地以行动概念作为导向。在皮尔斯的《通俗科学月刊》系列中，有一点使人十分困惑（且一直如此），即实用主义在最初构建时丝毫没有提及符号学，即使皮尔斯对此已基本了解（胡克威，2000）。在他对实用主义的许多阐述中，为了更加精确，他称之为实用主义（Pragmaticism），皮尔斯不得不持续与后者被误解为威廉·詹姆斯意义上的一种有用（十分重要的）事物的"实践科学"做斗争。那么在原始版本中，甚至伪装为符号也并不存在与卢曼的媒介概念对等的迹象（也许除非存在于权威方法中）：没有固化的观察法则迹象（如果这就是一个媒介所代表的），甚至也没有哈贝马斯意义上的"语言流动性"。最初，一切都以认知确定性（也就是真理）问题为中心，这将认知实践结果行为进一步加以约束。即使这样，皮尔斯在其系列文章中明确其他类型的表现或行为的存在，它们不受纯粹认知的控制，而是受（比如）固执、权威以及取悦形而上学的控制。所有其他一切，非科学方法缺乏其持续性，这暗示他们最终会落入现实经验的控制。

首先存在于皮尔斯作为一种真相理论的实用主义，与在其后的社会科学（直到象征性交互作用）中声名鹊起的实用主义之间的鸿沟引发了一些问题，即社会能在何种程度上成为科学认知问题，这真会发生吗？如若无法科学化，必须完全抛弃作为认知客体的社会吗？社会可不可能仅包含一种幻觉（可与卢曼提出的一个庞大的"广义象征性媒介"相比较）？皮尔斯对"极其重要议题"的轻蔑言论甚至会激发更多怀疑。这具有将所有社会领域坚定地置于经验行为严格控制之外的效用，反过来又要求一个科学家态度"超然"。结果就是为了表现社会化，人们就不得不屈从于惯常法（在意识形态，党派偏见中很容易遇到这一方法），或是以权威的方法表现（自从启蒙时代的专制开始，这就几乎成了公共事务的正常状态，直到降为当今微不足道的技术统治形式）。这被皮尔斯称为逻辑的描述，在一定时期内有希望很好地发挥其功能，尽管最终一种从经验中获取的方法必然为社会行为而存在，这也是作为一种科学方法的实际意义。社会要变得科学，它就不得不具有向经验学习的能力，以及作为新经验结果而改变的能力，尽管几乎没有比社会法则及规则更抗拒改变的事物了。

这不只是是否存在类似"社会"事物的问题。这个问题更多地来自产生社会逻辑方法问题，这些问题有充分理由来怀疑所谓"社会"这一逻辑方法论建构的有效性。尽管有人可能会推测在这一问题（并不那么荒诞）背后是否存在一个真实的社会：客观的科学方法能否了解社会？可以确定的是，若从二价物体的意义上来说，社会必定不存在（见上文）。于是形成真正的问题：是什么让社会变成数据？对于所有将现实降格为物质存在的人，再将现实转变为"记录语句"从而至少使象征的、语义上的处理成为可能的人来说，这个问题是无意义的。但如果现实不仅存在，那就一定存在不止一个现实适用的认知表现。只有当我们真的改变认知行为时，才能确定不止一种的现实模式的存在；也就是说，当我们经历非物质现实时我们会表现得有所不同。世界适用以及社会现实适用是两种不同的行为类型，一个形而上学者可能从这两种表现中推断出不同模式的现实。由于这是受这两种类型各自存在于现实或想象世界法则控制的行为，因此这也是一种法则与一种实例（这反过来包含"真谛"与"此在"，质量与事件，本质与个性）之间的三合一关系中的一例。所以每一种受控行为都立刻形成一种符号关系，即意味着可以被人们所解释。

在社会行为中，我们真正的目标是一种责任，即我们应如何表现。社会意味着对合法行为的规定而不是对行动自身的规定："社会"因而模仿将某物看作与其他事物不同的第二种意图。"应该"与"必须"有本质上的区别，后者表达来自对现实规则约束的必要性，而前者不能直接被认为是认知准则。从一个行动者角度来说，社会代表道德行为，它只呈现为对"做正确的事"的一种感觉。甚至不是过去经历总和组成的一个对正确事物的等值物。因为根据定义，正确的事存在于未来之中，且永远也无法存在于对过去事物的重复之中。比如法律阐释学是一种实践，但不是说为了应用一种法律，而是为了解释一种情况：即将到来或是纯粹想象，这在某种程度上被视为过往经历的类别，可以概括为一种普遍的标准规则。

与康德背道而驰，皮尔斯的实用主义反对将对认知，伦理以及美学的批判三分化。没有理由将伦理排除在认知领域之外，仿佛它只包含个人利益，这只能以一种抽象方式加以概括。这里常识也将承担压力，如果态度首先是保守地"坚持过去所坚持的"。皮尔斯（1.573）说："伦理不是实践（即前伦理Antethics）；首先，因为伦理不仅包含此种一致性理论（即行动与理式的一致）；也就是说，它包含了理式自身理论及至善本质；第二，到目前为止由于伦理学研究和理式行为的一致性，它就被限定为一种特别理式，这对任何职业道德家来说只不过是社区成员道德良心的某种合成照片说。总而言之，这只是一个被明智接受的传统标准，没有激进的批评，只有一个愚蠢的批判检查借口。道德科学，正直行为科学以及正确生活科学几乎无法在异端科学中立足。"〔《规范科学的实效主义基础》（1905，6）有许多版本，皮尔斯在其中一版中试图为他的哲学在总体上的规范性打下基础。他自身关心科学伦理（相应地"伦理"或"实践"）〕，而不简单是用现存的理式描述或规定与实践一致的实践科学。这一伦理恰是面向理式的行为。"批判检查的愚蠢借口"指的是特定理式，由于偶然性，这些理式无法在普遍原则下进行调查研究。

出于同样的原因，社会自身无法从具体社会的描述中推演出来。问题随之而来：我们是否有能力争取社会自身的绝对概念？我们难道不是一直只在讨论具体的社会？在这种问题背景下，规范科学在皮尔斯体系中的地位变得至关重要。作为实用主义方法自身的直接及必要结果，这三种规范性有效地构成了形而上学的决定性基础，将逻辑原则应用于现实（查阅皮尔斯，胡塞尔，克洛泽

l1992，I2：376)。然而这并不是科学研究的真实情形，真实情形并不关注形而上学。科学研究不会依靠一个抽象的"最终意见"；只有不断被匡正，它才得以茁壮成长（托马斯·库恩）。在现实世界的认知行为中，由于易犯错误，人们必须吸取经验教训。但科学的认知价值并不是唯一的行为控制。

对伦理价值控制下的行为来说，人们可以以一种类似方式假想这种典型行为的控制机制。这种控制也必须来自经验，但不同于科学认知行为模式。那么伦理是否不是认知？我们不至于要假设一个完全不同的认知模式。由于皮尔斯范畴的序类型，在其关系版本的第一性、第二性、第三性中都表达了科学研究过程包含基于直觉成分的观点。从论证理论的角度来说，这一过程被称为试推。皮尔斯创造了这个在归纳法与演绎法之间起中间连接作用的概念，同时又强调这一推论模式的独立性。研究中的直觉存在于对一个问题进行的虚构—想象实验，而后突然发现一个恰当的解决方案。如果这一解答是有效的，那么它可以作为第二步应用于演绎任何数量的实例中；从那时起这一点已被一再确认，尽管没有最终断定。想象的或现实的实验只是归纳推论，没有试推永远也无法得出任何结论。

直觉在伦理决定行为中有与在科学认知中相同的设证功能。就像所有常识（但不包括形而上学）情况一样，伦理也关心"人类的处境必会强压给他观念或信仰（皮尔斯，1.129)"。无论如何，这已不再是纯粹想象，或如皮尔斯所说的纯粹"玩性"，因为这是美学第一性的本质。设证本能必然以范畴关系的序类型为由，为包括想象的外部现实增添大量经验。

那么伦理所缺乏而认知拥有的是什么？当然是与不确定、非物质的客体相关的一种重要区别，这种区别永远不会达到与认知等同的惯常确定性。该认知确定性包含所谓的自然"法则"（即使这些法则并未超越尤为稳定的认知习惯行为）。另外，由于需要伦理准则，它缺乏演绎可能性。皮尔斯设想的唯一伦理准则是二价真理的实用价值（只假定了两种价值：对或错）。他将这一准则设想成一种"区分什么该做与什么不该做"（皮尔斯，1.186）的规范性科学。这暗指现实影响人自身的伦理责任。道德行为的学习能力有赖于相称的行为表演，也就是由未来表演所审议和定向。皮尔斯（1.574）说："伦理作家经常将理式行为与行为动机混淆在一起，这是个极大的错误。事实是这两个对象属于不同范畴。每一行动都有一个动机，但一种理式行为只属于一系列有意行为。说有意为之是指每一种行动或是每一种重要行动都经行动者检讨，且对其做出判断，评判他是否希望自己将来的行为是这样或不是这样。其理式行为是在他检讨后吸引他的那种行为。"

　　这种理式行为源自规范美学，随后便融入符号三元关系中，然后学会关注后果与先见的识别。皮尔斯（142）说："学习就是一种习惯养成。什么促进人类学习？不只是人们业已习惯的见解，还有不断出现的新经历，这些经历促使人们养成一种抛弃旧观念而形成新观念的习惯。"从某种意义上说，这已然成为感情感知可以融入普遍性的一种关系。皮尔斯（1.574）曾说：

　　　　人的自我批判伴随着或多或少的意识决心，反过来会刺激他习惯的形成，会在结果的帮助下修正其将来行为；但是自我批判一般不会成为行动的动机起因。它几乎是一种纯被动的做任何想做的事的爱好。尽管它会影响他自己的行为而不是他人的，但是情感特性（只是情感的特性）却是一样的，无论他自身行为，或是另一个真实或想象中的人的行为是否是情感对象；又或者无论他是否与任何行动思维相关联。如果行为完全是有意的，那么理式化行为就是在一系列自我批判和他人批判中形成情感的一种习惯，这种情感习惯有意形成的理论应由美学来实现。

　　有意行为的普遍性并不会立即形成现今通常所说的"社会"，到目前为止，这一点已经清楚。尽管限于主体，某人批判性地审议自己行为的情绪性仍有必要与他人对待将来结果（sequelae）的情绪达到一致。这与引自《缜密逻辑》（1.575）中的至善是相符合的。

　　大体上所有实效主义者对社会的定义都和伦理相伴，但并非意味着一种道德定义。在皮尔斯看来，鉴于它是常识的一部分，伦理也是现实的一部分。每个人都相信并坚持那些信仰，直到意想不到的经验强迫这些信仰者珍惜过去的经验。只要没有现存的怀疑能证实它是不充分的或是错误的，这一伦理常识必然是有约束力的。由于所有现实是三元关系的行为实例化，同时也是符号关系，所以伦理是所有现实一个必要组成部分。这也同样适用于行为认知，而不是对感觉数据的概念化理解，也不是通过意向寻求的另一意识。

　　伦理将不确定因素引入实际认知中。这在伦理直觉中是显而易见的，尽管它作为一种绝对约束力将其强加给我们，但它并不要求我们永久地持有。夸张地说，有人可能称之为一种"确定的偶然性"，是临时性的绝对约束力。这是实效主义方法论的结果，而不只是包含在行为准则中。同样地，人们可能摒弃社会理论，如果社会只是由准则演绎而来，那么这些准则一般是所谓的代理理论使用的方法。直觉是仅次于准则的社会组成部分。"创造的"、自信的习惯以及在既定情境下文化偶然性都本能地找到了它们能够坚持的解决方法，这一切构成了伦理与社会的三元关系相关物。如果没有实际存在的怀疑，如果在其理论中没有一定的游戏性，那么实效主义者对社会的理解很容易被误认为是一种制度理论。这意味着任何理论若要假装同时是实用理论和符号理论，那它就必须同时为直觉与规则提供空间。

将伦理包含进一种社会理论并不需要使我们停止关注可能被称作"形而上的社会"。有趣的是，说清楚现实自身的后果来自于实效主义者接近社会的方法。然而最新的现实本身与社会现实的常识有很大区别，而我们的具体表现就蕴含其中。克利福德·格尔茨似乎同意其保留意见，那种承载着具体性，可被认知为"深度描述"的有趣东西不多。剩下的部分就是通常在人类学意义上问题解决方法的很一般的观察。形而上学导致的是一种"尽头式"认知，也就是一种理式状态下的完美认知。但这是一个任何人都无法达到的高度，当然，有一种情况除外，就是如果这是在哲学领域中完成，从总体的具体行为表现的逻辑形式中得到最普遍性的结果。唯一与这种社会形而上学相似的是皮尔斯所说的"物质形而上学"的自然哲学。

在皮尔斯著名的《信仰的确定》章节中，他描述了四种"解除自己疑虑的确定信仰"的方法（参阅 5.372），在此我们找到了一种与常识行为十分相关的说明。"惯常法"只不过使情感成为一种绝对的参考点。只要我们有一个对情感特性的绝对约束力，那么要否认它的存在是不可能的。同样，我们必须认识到情感在认知表现中的功能是无法取代的。另外，"权威法"并不只限于"有组织的信仰"（5.380）。相反，这是规范科学的实践，库恩使这一观点非常有名：

> 大多数科学家终其事业都忙于清整操作。他们组成在此我所说的规范科学。经过仔细观察，无论是从历史角度还是在现当代实验室，我们会发现这项事业似乎试图迫使自然进入一个预先形成的并且相对固定，且由范式提供的框架里。规范科学并不致力于唤起各种新现象，事实上那些不符合框架的现象常会被完全忽略。科学家通常也不以提出新理论为目标，而且他们也不能容忍其他科学家提出理论。相反，规范科学的研究针对的是范式已经提供的那些现象和理论的衔接。（1970，24）

对创新的保守抵触事出有因，因为"现存的疑虑"只有足够沉重才能产生真正的新信仰。如果一个人生而知道无所不察仅是开始，那么这永远也不会成为一个实际的解决方法，充其量只是来自笛卡尔怀疑论的形而上学认知。通过进一步观察，我们会发现"科学法"是在退步，甚至不如形而上学的"先验法"，因为后者"知道"得太多，或是它所知道的太过一成不变了。不可靠的真理无法立足，因为它不仅处于怀疑的对立面，而且还必须将怀疑与真理融合在一起。

社会符号学理论处于同样的处境中，即在两种社会之间做出选择：一种社会作为一个包含了其规则的"永恒"制度，另一种社会被认为是伦理行为。媒体丑闻则表明了这两种社会之间区别的实际意义。"永恒"型社会以θέατρον为模型，这在前面的讨论中提到过。在该模型中，"永恒的"神圣认知在世界范围内塑造并规范适当行动，作为目的论文化的公众舆论完全被规则所固定。然而在伦理行为模型中，人们仍然坚守其信念，却无法使自己接近意外经历。否则这一模型就会让步于"权威"，虽然这种方法仍出自本能，不过已远非道德的了。同样地，大众媒体制造的丑闻表明目的论认知如何与强制，尤其是与惩罚共栖，媒体中这样的丑闻以其本质特性区别于道德愤慨。后者有能力改变我们正确行为的基础，因为伦理道德虽是一种情感，仍令人惊奇地参与其中，因而它也希望增进知识。然而，这无法从一种有效的因果关系角度理解为一种真实知识的积累，而只能从实效主义者——易犯错误的意义上理解，因此最终成为被匡正的对象。在许多情况中，伦理本能正是在经验财富的基础上行为得体。当一条丑闻动摇了这个本能，它能对其情感做出调整并进行纠正。相反，在媒体丑闻中，本能是按目的论而预设的。它可以但只能以一种保守的模式强化这一行为正当性认知的预先决定，其基础不是经验而是预定的目标。

不幸的是，对皮尔斯《通俗科学月刊》系列的狭隘注解趋向于用一种混淆符号的方法对待实用主义。作为一个关系过程，符号学不亚于是对确定的行为表现的抽象化。在写这些文章时（1877－8），皮尔斯将符号学概念重构为一种关系。在 1882 年，皮尔斯顺利地完成了这项任务，但直到世纪之交，符号学才有了其最终形式。在皮尔斯的创作中期，几乎全然缺失对符号学的强烈兴趣及著作，而是钟情于自然科学、逻辑（《宏大的逻辑》完成于1893）以及形而上学（1891－3）。这或许揭示了实用主义在符号学领域的沉默状态，也表明了它在世纪之交后行走的方向；自此以后皮尔斯从未错过在其实效主义陈述中强调符号学的机会。

是什么组成了社会的现实运作？如何使社会认知行为成为可能？它应该发生在何处？皮尔斯的答案表明他将符号学引入其后期的实用主义观点成为重大扩展，现在应称为实效主义。我们不追求在某种意义上枯燥的形而上学问题，比如如何能获得完美的认知，而是通过自我修正"科学法"长期地关注具体的下一个认知。这种兴趣并不是由我们的目标丑闻引起的，而是归功于对皮尔斯思想的系统组织。实效主义的目标不是为了推测一种完美的认知与存在的一致，即就是想象一种绝对真实的认知；也并非真有兴趣试探亚当的认知状态，就像探究对象是"第一次认知"那样接近认知。而相关的却是对一个更真实或更好认知的探寻，不带有理式的开始或终结。这就是对皮尔斯称为解释的具体的、实际的关注。

毫无疑问，不是所有人都以这种方式定义这一问题。在许多地方，争议仍然是关于是否"命题与事实相一致"（虽然在后期的维也纳学派讨论中确认：不存在脱离理论的纯数据）。这一态度在媒体客观性的标题下，或是真实性的标准下，同样也在经验社会研究的大众自我概念中兴盛不衰。胡克威正确地强调了两种哲学的根本区别，一种是以常规真值条件为基础的哲学，另一种是基于符号关系的皮尔斯哲学。前者关注的是一个名字与其被命名者的关系，以及命题与所指之间的关系。这一关系同样存在于符号关系中，然而皮尔斯承认命题与所指对象之间的关系只有在它被解释为代表这一对象时才有效。这种解释具有决定性意义，不可能像第一种方法那样按惯例被预设或是压制。胡克威告诉我们："相反，皮尔斯认为根本的符号关系是三元的。一个名称只有被解释为那个指示对象时才能指示之；一句话只有被理解后或是阐释为在表达一个命题时才能表达之（2000，141）。"

如果这一权限不再由符号与外界现实的关系所独有，而是包含了解释，那么关系模型会立刻变得复杂吗？外界现实持续主宰对符号的常规理解。作为一种事态的二价（真或假）占位符，这种关系是最简单，因为它只是二价的。皮尔斯符号学吸引人的洞察力正是在于将这种关系理解为一个真正的而非过渡的三元关系，而过渡三元关系在得到成功解释后就会变回一个二价的占位符。

三元关系并不是三个元素组成的无序元组。如果是这样的话，所有任意选择的元素都可以进入到任何任意位置。然而在一个三元关系中，每一个元素都有自己的性质，可以从它在这个有序系列中的位置演绎而来。简单看来，有人可能会说首先必须有一个"什么"（qualitas）。尽管在这一阶段来说特性还为时过早，因为这会包括对象的想法，这一未确定性表明那个"什么"可以是任何东西，也就是各种可能性。这样一种关系只包含自身，因此是单一的，只有在深层因素中纯粹的可能性才能受到存在的限制。只有在这样一种关系才能存在于对应事物（haecceitas）及其真谛中（ali-quid）。此时的关系已经确定，而不仅是一种可能，因为它也必须是对的或是错的（被排除在外的中间物的原则正应用于此）。这一对关系存在于两个元素中，这并不是说这些元素可以相同，只有在此关系中元素的秩序才能起作用。符号学的第一性、第二性、第三性（而不是一、二、三）表明一个向上的开口尺度，是第三个元素暗示着第一、第二个元素，而不是反过来。在有序的顺序中，特性首先存在，对应事物存在于可能事物之前，真正存在的比可能存在的要少得多。因此，存在比可能性少很多。我们也可以在预测中看到这一事实，比如说"炉子是黑色的"包含了一个主语和一个谓语。谓语"是黑色的"的确定性没有主语高，因为所有东西都可能有"黑色"这一特性。

将我们的例句扩展成"残留物的不完全氧化使炉子变黑了"，我们就进入了三元关系领域中。这句话传达了碳的化学氧化的普遍法则，这为黑色与炉子之间的简单连接增添了一个不同性质的一面，即法则或必然。我们用一句话为例来传达法则，但单个术语也同样能做到。那么"氧化"就是一个三元术语，而"黑色"就只是一个一元的。虽然在外界现实中有些东西会在两种情况下变黑，如果正是氧化的话，我们就观察到了法则的制定。法则的这些联系同样比存在或可能性少许多，但它们包含了低阶的、低价的关系。

总之，每一个具体认知都存在于符号中，并且符号是相互关联却又性质不同的三者之间三元的、有序的关系。若像目前日常语言的做法一样，将符号降低为物质的指示物就大错特错了。符号完全就是整个认知世界运作的特别关系过程。

人们可以一如既往地将符号过程描绘为行动，更精确地说是行为表现。在实用主义准则中，皮尔斯自己也这样做过。符号过程最重要的方面也可以用心理学术语来理解，然而在这样做时，就不能不注意符号过程的基础，精神状态也源于此处。每一种关联都总是无条件地促进每一种认知，也就是促进受控制的行为。第一相关物（第一性，特性）解答了行为表现之问题，即做什么；第二相关物（第二性）回答正确性问题，即它是真或假，有或无；只有第三相关物（第三性）回答了一般性问题，提出了目标，即以什么为目的。这种对行为表现的简单决定不够详细，然而，每一种相关物的逻辑本质却比一个简单行动的例子更为广义。尤其在社会表现中，相关物决定与认知表现十分不同。

一个符号永远不会简单，因为它永远不单是物质的，而总是一个关系过程。它不仅是三元的，而且还是个有序系列，第一种相关物（称为无效相关物或是"medad"）只预设其自身，第二种预设第一种，而第三种预设第一、第二种。实用主义的解释是：行为的一个普遍目标总是预测其发生与否，结果必须总是"某物"。如果行为表现主要由第一种相关物决定，那么它就仍可仅为某物的构思过程。更准确地说，这个关系是退化的、建设性的，因而一个三元关系可以退化为一种由第一性和第二性决定的关系。的确，从语义上来说，将"表现"或者行为术语扩展到这一程度就太过宽泛了，在此还要适应由一个退化符号来控制"可能的行为表现",这个符号仍被称为行为表现。在实际生活中,白日梦或者幻想与这种行为表现一致。对此几乎不存在任何社会准则,除了心理疗法的"诊断"。所以要从名称中重构一个白日梦几乎是不可能的,甚至这个符号和第一相关物也在社会表现中起到一种不可或缺的作用,这一点稍后会提及。

一个实效主义者的社会理论显然是建立在行为表现或行动之上的。这里所说的行动与现象学理论(回到舒茨的理论)以及"代理"理论有根本区别。然而行动的现象学主观性,也就是舒茨的"主观的意义"是由第一性(正如我们以下要讨论的第一符号相关物)决定的行为表现来解决的。另外,实效主义也代表现实主义。现实世界中若无法纠错,那么社会行为表现确实是不能想象的。至于伦理道德行为,我们经讨论认为它是一种学习能力,甚至是本能。它可以独自成为任何现实行为的纠错基础,即使严格来说,它只是一种个人情感。

事实上,现实主义无异于假设了一种弥合内部与外部世界之间间隙的方法。甚至直到今天,许多理论也以这种间隙为开端,比如当哈贝马斯为这一目的梳理出一个显然有效的真实性声明,即真实性时,它指的是内在的心理世界以及同一主体外在的社会表征的戏剧艺术。对皮尔斯来说,这样的有效性是多余的,更糟糕的是,这会是一个根本误解的警示符号,皮尔斯在威廉·詹姆斯的主观主义中为此据理力争(他批判詹姆斯将思想误认为情感特性的做法)。皮尔斯如何能避免不以带有"特许进入权"的一个完全私人的世界为依靠(正如哈贝马斯的理论中以波普尔的三个世界宇宙学为模型一样)?是什么使他在一方面拒绝极端卡笛尔哲学的自我封闭的内在二元论,而又在另一方面拒绝一个愚蠢的物质世界?其中,处于首位的与詹姆斯的心理学相一致(查阅皮尔斯,8.81);而后者只能看成是前者的一种未公开结果。两者都包含彻底的二元主义。这里仍有争议的是区别于隐私的根本内在性的哲学地位。作为主题,隐私由舆论界建立,成为对公众在其"普通公民"这一公共角色中的一种否定(佩特丽莉,2004,72之后)。由于基本内在性不能不证自明,因此皮尔斯的第一点抗辩就是事实依据,而不是形而上学的反映。总体上来说,每个人在任何时候都会以普遍经验为根据,而不是只依赖存在于特殊方法下的特殊科学。相反,作为一种特殊科学的心理学依靠这些逻辑认知的普遍条件,而不是心理学逻辑,正如约翰·斯图尔特·密尔所说(艾伯林,1994)。皮尔斯在多处都与同一时代的逻辑学者克里斯托夫·冯·西格瓦特为这一趋势而争论,尤其是在《缜密的逻辑》中,皮尔斯说:"这种情感是逻辑性的唯一证据,以彼此为基础，对所有意图和目的来说，它是逻辑性的本质。"

要论证支持一个共同世界以及反对内在唯我论，人们自身身体经验至关重要（卡拉皮楚，1989）。最终，符号认知有必要从身体经验中演绎得来。这一结论可以从皮尔斯早期作品中得出，尤其是在《关于人类宣称某些能力问题》（皮尔斯，1868，5.213—63）中，他否定了直觉的自我意识。认为要清楚认识自己，需要我的另一半。首先我们应将此归因于个体发育的原因，也就是我们将自己身体当作一个极特别的客体来体验，婴儿就是通过他们的身体开始体验这个世界的。最初，我们的身体就是世界，我们对它有绝对信心。从一开始，世界就是经过诠释的世界，因为我们以身体来阐释这个世界。我们不是在解释我们身体自身，而是在解释有关我们身体而又超越之的一个对象。然而在后期发展中，如果婴儿对自己身体体验与像父母这样的权威者符号有矛盾，那么婴儿对其身体的体验是不是错误的？到那时，婴儿就已经从他们的环境中获得了开放的语言见证。语言变得如此有权威，甚至成功地否定了原来绝对权威：我们的本能。而后，我们的肉体性通过符号将我们与世界联系在一起。因为身体是初始链接，皮尔斯早已认为人类是类似话语的一种象征（见他在罗威尔研究所做的《科学与演绎的逻辑》的演讲中，1866-7）："每一种意识状态都是一种推论，所以生命只不过就是一系列推论或一连串思维。那么在任何时刻人都是一种思维，正因为思维是一种象征，那么对什么是人这一问题的一般答案就是，人是一种象征。要得到一个更精确的答案，我们就要将人类与另一些象征相对比（皮尔斯，7.583）。"人类的身体就是一种符号。而后，其他类型的符号开始加入，但我们参照某一对象，不仅是我们的身体，来解释所有这些符号。

总之，肉体性及认知的符号性使得从笛卡尔到詹姆斯的每一种二元论形式都站不住脚。对社会现实来说，这还会包括个人主义。所有的二元论都是一种初始连接或连续性的演绎形式，这对皮尔斯来说是思维的一种特性。在宇宙学论语境下，皮尔斯已将此明确地表达为连续论。从逻辑上来说，这是一种连续性（皮尔斯，7.570-1）。"思想会传播"并且基于此洞见，社会必然是连续统一体。在时间意义上，社会思想传播会不断地深入，而从"拓扑"意义上来说，思想会超越文化边界，而这是无法阻止的。因此社会可以理解为一个时间实体。由于是暂时的，社会永远也不会整体上完结。

二元论者的直觉反论断仍趋向于将人类看作是一种附着在肉身上的意识。后者被还原为一种偶然，且沟通实质发生在意识之间。而对于皮尔斯来说，包括人类的基本思想显然是反二元论者的。人类是肉体的对话者，而不是身体意识。人类本身是对话，而思想本质上是一种内部对话，也就是思想解释思想。因为身体同情感一样也是一种思想，它位于同一个连续统一体中。通过身体，思想情感扩展到客观世界，它们能被认知，只是因为它们具有被认知的能力，也就是说它们在某些方面契合思维和认知行为。然而对意识来说，肉体性和符号意味着意识体现于一种媒介，肉体就是这种媒介（皮尔斯，7.591）。如果出发点必须强调单一的意识，那么要理解像社会这样一个庞大的、全面联系的现实也许就困难了，对此，齐美尔策划的唯名主义社会理论可以证明。然而意识在其每种单一的行动中都已经超出其自身，因为它包含于阐释符号中。因此，它可以作为一种令人信服的理由，可以在其中找到联系及连续的方法。这不是说人们必须否认个人和间断性，因为我们已经知道这些范畴是依次的，且高价关系包含低价关系。

这使我们可以从两个方面处理这一问题：如果一切都位于一种连续性关系中，那么具有个人特性的情感如何能够出现？或者反过来说，个人行为的具体活动如何在一个普遍的，庞大的连续统一体中产生联系？这些问题作为个人与社会之间无法解决的矛盾一般会出现在社会哲学背景下。然而在符号学中，这一矛盾得到了解决。

皮尔斯后期作品《实用主义议题》（皮尔斯，豪泽，克洛泽，1992，II：346 之后）包含一种符号视角下的实用主义准则，它也几乎是"符号成长"，即符号生命本身的一种几乎诗性的描述。因为我们也可以将社会看作是一种"活生生的规约符"，所以实效主义包含一种无与伦比的，比功能主义理论更强大的解释潜力。它可以将行为者视角归入社会学，因为个人解释的符号也是规约符。在这种阐释中，即将规约符阐释为一种三元关系，意义的发展超越了个人以及社会能力，也超越了社会自身。规约符不单是组成句子的枯燥的逻辑单位。更确切地说，每一个规约符因其性质而具拥有其自身历史的特点，因为它不可避免地会在其阐释过程中影响其他符号，这样的阐释是由个人以及社会来完成的。

"社会"这个词语一般不与意义发展关联在一起，这一架构也许会延伸为对已被普遍接受用法的限制，并代表最普遍意义上的准则。然而实效主义将"社会"认知建构为一种不断受到他者影响的无限衍义，这不仅是指每个人都会遵守的（希望如此）给定的一组"社会准则"。意义衍生意义，且会朝任意地方扩展，它不仅不是静态的，还是活生生的。这整个的连续性过程作为知识会呈现在每一个微小的阐释中，而永远不能阐释全部。而象征符阐释的连续统一体以普遍准则为支架，这一点应用于所有行为（这与简单行动形成对比，常受理性控制）。那么这就是社会行为。事实上，大多数行为甚至没有被管理，因为它们受无形意义之手的控制。如果我们对规则有所了解，反而表明这些强加在我们身上的规则与意义相反，公共舆论正是如此，这是一种强加带来的引人入胜的符号情况。功能预定及其意义是如何设法必须融入对连续统一体的解释中的？如果有效地应用意义功能，那么理论上无限的规约符连续统一体就只能在无限的未来中影响其他符号。公众舆论（等同于皮尔斯的"常识"）事实的这一首要结果通过将连续统一体看作一种事态，从而调和其理论性质，这一事态不会也永远不能具体抵达，但它以一种指导或是希望存在于每一种解释中。我们一直处于一个或有常识的不稳定情境中，但批判常识主义代表着我们将永远能够无限衍义的可能性。

个人是否融入了阐释的一个无限序列中以及符号关系无止境的网络中？与此相反，唯名论理论的观点似乎将个人看作行为存在的真实载体的表象，并且所有"集体行动者"只是各式各样的隐喻主体。当作为"社会人"表演时，我们就会真正地扮演带有私人利益的个人，而这恰好以合作为导向。我们没有必要驳斥这一类型的个人特性，因为这没有与皮尔斯的连续统一体构成矛盾，相反，这恰好是存在于意志行为中。在绝对化意志自身时，人们必须考虑到意志个人主体的纯数值集合。在加布里埃尔·塔尔德（1989）或齐美尔理论中，一旦这个问题以这种方式下定义，我们就别无选择，只能通过外部的形式单位，从唯名论角度以社会化形式解决（Vergesellschaftungs-form）；或者更糟，成为一种模仿的群体心理。而符号学可以通过强调不存在诸如纯粹意志这样的事物来反驳这一点。皮尔斯自 1903 年起在哈佛大学所教授的有关实用主义的课程可以解释清楚，这些课程是对一个试图表现一种纯粹意志、无内容行为的公证人做出的著名的具有讽刺意味的说明。皮尔斯（5.30）说："一个人在公证人或者地方法官前采取这样的举动，如果他所说的并不真实，将面对恶果，而他持有的看法就会对其他人产生影响，正如人们宣称的提议已将其自身作为一种感知事实而呈现。"这种断言行为决然无意义，即使它可能是对个人意志的完美表达。

当然，我们不能否认自私个人的存在。对皮尔斯来说自私个人仅是对完整个人的否定。就其本性而言，他们以这样一种方式被设计成通过意义超越他们自身。除非他们能够选择否定行动意志的这种关系。从符号学来说，这可以理解为一种简单退化，一种第二性主导的符号关系。道德行为（在皮尔斯意义上的术语中）也由本能引导，因而它不属于对规约符的完全行为控制。从这种意义上来说，道德本能伴随的绝对约束性决定正是意志行为的完美范例，即使准确地说这一行为不需要被认为是一种自由行为。至于符号阐释，人类行为的这一领域是"有力的解释"（"意志总会包含努力"，5.475）的一种有趣的情况。相反，一种逻辑解释，只有当行为表现受一种普遍的、真实的社会方式控制时才奏效。

迄今为止，我们已经将社会本质再现为人类的普遍行为。这必然会留下一种印象，即作为一种独立现实的"社会"并不存在。从实效主义框架中来说，对实用主义衍生的形而上学的参照使得这一猜想变得无效。一般来说这是三种存在模式中的一种。但是，唯名主义的否定强烈地暗示着这个问题。人类个性有关问题则又回到了社会环境中。对一种个人特性的定义的最初假设是只有多样化的单一反应才是个人特性。这些关系中至少存在物质的连续性，因此单一反应在身体的时空连续性中有一种自然的统一。然而这不能以同样的方式在社会中应用。一个连续统一体将哪些社会行为的单一反应结合在一起？这个问题需要思考清楚。

问题始于想象一个绝对集体与世界的反应联系之间的困难，而且这包括作为意义的积极解释项。可以以一种更为纯粹的形而上学方式解说社会对客观世界的反应吗？这难道不会暗示着对人类规约符的"具体体现"吗？甚至字符以实体出现在符号形体中。社会要存在于何地，体现于何处？然而"身体"不需要从生物或物质的个体意义上去理解。在这一语境中，作为一种"努力"的先决条件或阻力，它所指的是其功能。目前社会不做出反应，因为它包含一种身体的连续性（那么它会成为一个像过去一样的"有形的"主体），我们更应在字符的类比中看待社会。文字同样存在于许多句子中、表达中，存在于具体多样的使用中，以及各式发音和书写形式中。但是，也会使用同一个文字。这种连续性可以惯常地将自己固定为一种语音或书写规则；这和独角兽以及蛇鲨，或其他类似不存在的事物与我（必定存在的）大脑功能一致。这种规则与人类肉体特性相一致。就其本身而论，它需要与诠释规则区分开来。

皮尔斯通过将它们与"两个世界"，也就是"内部"以"外部"世界联系在一起以区别两种规则。结果是两种不同类型行为的存在，其区别在于它们所参照的世界。在这方面来看，若将这一诠释从过多的与意识的相似中解放出来，我们会更成功，而皮尔斯必然会这么做。而后社会可以展示一种"内部"行为，条件是规定"情感"不是一种心理实体。皮尔斯（4.157）说："习惯要么是感知想法的习惯，要么是行为反应的习惯。所有情感思维习惯的整体构成了一个重大的习惯，即一个世界，而所有行为反应习惯的整体构成了一个次重要的习惯，即另一个世界。前者是内部世界，即柏拉图形式的世界。另一个是外部世界或是存在的世界。人类思维则适应于存在现实。"

社会的"情感习惯"等效于字符并且与应变的外部世界无关。皮尔斯（同前）认为：

> 思维间的联合有两种方式：基于内部世界习惯的内在联合，以及基于外部世界习惯的外在联合。前者一般被称为因类同而联合，但在我看来，并不是因相似而引发联系，而是因联合而构成类同。情感思维存在于其自身之中，不带有其他要素或关系。一片红色阴影本质上并不与另一片红色阴影相似。事实上，当我们谈及一片红色阴影时，它已经不是我们正在说的情感思维，而是一连串这样的想法。正是聚集在内部世界中的这些想法组成了我们所理解及命名的相似。我们的思维已相当适应这个内部世界，情感思维在我们脑海中相互吸引，在我们经历内部世界的过程中，发展为一般概念。我们将这样的一连串想法称为可感知的特性。

这种相似性的内在联系在社会行为中起到相同作用，当与红色阴影相比时，它就与认知行为有了可比性。礼节规则，依照性别而分类的行为等。简而言之，一切社会认为属于同一类行为的事物都涉及社会的内在生活。结果就是这些规则强烈地依赖于文化以及时代，且仍与应付一个社会的外在世界无关，而后者需要回应。皮尔斯（同上）说：

> 基于行为反应习惯的思维联合被称为连续性联系，对这一表述我没有异议，因为除了行为反应外没有什么可以连续。保持连续就是指一度在空间中保持接近；除了行为反应，没有什么可以因其自身聚集一处。思维，通过其对外部世界本能适应，再现存在于空间中的事物，这正是对反应群的直觉再现。我们所称的一种事物是一种反应群或是反应习惯，或用一个更熟悉的词语来表达，是一种向心力。

社会对"事物"的定义必然是其可持续的且具有决定性的存在理由之一。因为这一任务，个人主体会无望地负担过重。这样的社会定义至少会存在于语言形式中，隐藏在文字的语义中，或是作为行为，比如法令、理论等的明确指令。皮尔斯（4.157）说："因此，当人类形成一种想法的双重联系模式语言时，他会生成两种文字，一种是命名事物的文字，他通过这些事物的反应群来识别它们，这些文字是专有名称；另一种文字标示或意味着特性，这些特性是感知想法的合成照，这些文字是动词或动词的一部分，比如形容词、普通名词等。"

符号学实用主义使我们能够将个人与集体间的矛盾对立放在一边，这一矛盾曾被认为是既是根本又无法争论的。"我们"既是肉体的，又是一个符号的连续统一体，也就是有能力在两种情况下赋予个性。身体的统一容易被一种感觉的支配以及另一感觉的压制所摧毁，这种破坏至少会达到疼痛的边缘，在这个临界点身体开始为其权利抗议。社会身体，符号的连续统一体，被自私行为所削弱。就自私来说，一个人的当下意图范围在于更广阔的、长期的、更具普遍性的行为目标。然而，人类和社会身体的个性化必须保持其边界性；通常来说，行为是以真实的一般规则为导向的，而不是自私自利。行为准则包括由外在世界的未加工现实所决定的那些成分。显然，实效主义需要的不是唯名论，而是现实主义理论。由于具备这种潜质，社会实效主义理论并不需要为了使规则结构化或纯净化而去简化社会本质的精华部分。正如舒茨提到的，这样可以使一些新的行为方式不必从属于任何特定规则，但和舒茨很不相同的是，这不应该被认为是与现存规则相矛盾，而应该是建设性地（退化地）整合到现有规则中。由此可见，在交流能力方面，我们应该像舒茨一样，无须舍"客观感觉"而取"主观感觉"。

大众传媒在这个理论下采取的姿态跟在其他任何一个唯名论双重世界理论中的姿态大不相同（特杰拉，1996）。哈贝马斯指出，在内部世界与客观世界，或在这三个世界之间并不需要连接纽带。跟系统理论中采用的方式不同，媒体不再是系统固有的外部环境的对应物，因此沦为绝对混乱状态。相反地，任何事物都已从身体到符号被各种关系符所着重标记，也就是媒介。

总之，从社会实效主义理论中得出的结论为：符号所用的理论本身不可能是一个自我封闭、本身静止、自足的符号理论，就像索绪尔的符号学理论一样。令人吃惊的是，它主要包括福柯的将社会视为能见性与认识论相联系的社会权力理念（艾赫拉特，2005a，518）。符号加工预先假定了模态现实与某些行为。在这里现实与行为相关联，因为现实将决定行为。关键在于它存在方式中的真实存在。一般来说，皮肤透照检查可以佐证这点，虽然它只是一种实在（意味着每个人在任何时候都可以做出一般性观察，而不用借助特殊仪器或科学）。此外，存在情态不能被证明，否则它将变成一种"先验方式"。从本质上来说，真实的本质体现在我们采取不同行为方式的能力上：

定性地——比如情感，因为真正的先于存在的是可能性，而且它既不是个人的，也不是连续的，而是单纯地虚拟的。

反应性地——因为真实是不作为事件或个人而存在的。

认知地——因为真实，它本身呈现为习惯性并且是一个连续体。

符号学关注关系的抽象形式，由于真实有不同模式，所以既是必要的，也是可能的。最终，符号学将它自身归因于认知主体的肉体性，因此，它成为真实与精神连续性的表征。

4.4 媒体符号中三个相关物功能

在将人类和社会整个描述为一个符号之后，现在我们要将焦点放在符号自身上。之前我们讨论了人类与社会中的符号性，为保持与这一讨论结果一致，"媒体"这个术语不会诱使我们对待媒体以经验为主，好像它们是事物一样，因为社会自身就是符号关系。大众媒体与社会媒体一样，只能是对符号社会的具体要求，而不是客观事物，更不会与社会相对立。这绝不是排除大众传媒这种行业，而恰是展示了一种十分具有决定性的行为形式。这一行业不印刷报纸，也不传送电磁波，它生产的是意义。我们最好从抽象意义上去理解这种意义，也就是从一种抽象的行为控制形式的意义上，而不是客观意义上去了解它。

第一相关物。符号——三元符号关系总是依靠相关物及其本质来说明自身。在符号关系中，第一相关物将认知定性为物质符号或是再现体。在早期作品《关于人类宣称的某些能力问题》中，皮尔斯将认知与身体联系在一起，结论就是没有对先前阐释的解释就没有认知。一切超越解释的事物就是符号，符号呈现"特性""真谛"，是一种和普遍性连接的新解释。符号就是以这种方式产生新意义。对一种解释来说，哪种本性拥有其特性，其"真谛"是至关重要的。而往往这种本性会被忽略。不过，对此忽略进行的一项精神实验即刻就可表明特性是如何影响解释的。比如，一个人如果要知道自己房子的大小，他可以用一个代数方程计算或是用一幅示意图来测量。即使面对的问题一样，解释与意义却通常会截然不同。

大众传媒媒体的符号特性十分重要，以往人们会排斥第一相关物的意义建构潜力，现在我们不应再追随这样的传统。人们需自担风险的是将媒体明确而广泛的传播误读为只是抽象逻辑，正如型符是皮尔斯符号三分法分类的第一种一样（比如，就好像字母字体就是为什么报纸只能传递抽象概念的一个原因）。这样看来，流行音乐就落了空，不能被理解为大众传媒。音乐就其本身而言已经是一种符号关系，音乐不在乎风格，和声规则等，而是直接作用于情感。为获得这样的意义，定性的第一相关物的规则性就必须有上限，这样它才能接近情感。然而是什么在这一刻将音乐变成一种大众媒介呢？首先，人们可能会问当"无数的再现性"成为符号的特性本质时，可以赋予它多大的重要性呢？大众性伴随着"真谛"（特性）大幅减少。而作为结果的大众意义则区别于其他传统的音乐表演实践。这种情况很明显，即纯粹的大众性会产生许多社会实践，如包含粉丝网站、粉丝物品等的粉丝文化（希尔斯，2002），以及产生作为一种行业的音乐甚至是听音乐和消费实践。

大众传媒的特性不止会影响特别由第一性决定的音乐事物，还会影响语言符号，而且如果其符号特性中一个重要部分广泛分布，符号语言就会产生不同意义。宏大修辞实施的最高程度曾经被认为是大众性，而如今它的巅峰也许是一场精心设计安排的电视秀（比如奥巴马的电视讲话）。在这样严格的形象化领域，符号特性也会在大众传媒的条件下发生变化。一本自然杂志或是一部自然纪录片不能传达自然本身的丰富感受，能注意到这一点并不奇怪。在社会环境下必须存在想象的空间。这一要求对大众符号的性质问题来说更加重要，因为大众符号中的细腻感觉空间更小。在符号过程中，一元符号使普遍性（第三性）退化发生。甚至是一些专业频道也是如此，比如探索频道，必须将自然架构为一个故事，基于此它们才能选择抒情或者沉思。广泛生产的"声音"，包括名人、粉丝、行销以及一个宣传突破口，还包括产生于许多大众传媒产品中，甚至产生于自然专题的带有叙述目的世事，这一切都是一个复杂行业产物不可或缺的一部分。即使叙述目标是逻辑普遍性的，甚至是在一个严格的目的论中，时间顺序与其"惊喜计划"也会为想象留下足够的空间。

叙述想象力作为一种大众媒体符号特性或第一性尤其引人注目。而这一最常见特征的重要性在丑闻领域尤为明显。这里所说的想象（同目的论一起）与戏剧性行为的目的论目标一样重要。想象力扮演的角色在这里尤为重要——事情怎么会有所不同呢——而这并不能准确地预知。这就产生另一个领域，由行动目标规范中的实用主义想象构成。由于它关注的只是想象，所以并不需要就一种规范达成共识。想象的自由发挥只要求那些替代领域有着开放的视野即可。只要进行到第二步这些领域的优劣才能得到评估，而这正是第二相关物的贡献。

人们需要从娱乐现象和其他社会幻想中去认可它们的必要性。这对实效主义者理解大众传媒，总之对所有社会符号来说是很重要的。逻辑术语中的可能性是必要条件，也就是可能性的想象现实是规则现实的前提条件。因此每一种社会理论就要面对与个人及集体乌托邦融合空间问题。甚至早在它成为一种意志并指向一种目标时，人类行为就毫无疑问地是一种幻想的、实验式行为，而且也许在绝大多数情况下，它被遗留在一旁（对这些反应来说，社会幻想是否以一种认知意义被当作第一相关物，或是直接被当作一种一元退化的符号关系都与之无关）。

如果我们将这一切与卢曼用功能结构的方法对待大众传媒系统（卢曼，1995）进行对照，就可以清楚地看到第一性在大众传媒中的重要性。卢曼理论极为简练地带来三种媒介模式的交叉关联：新闻的真实性、广告的美观性以及娱乐表面的自由选择性。我们也许可以将后者看作是第一相关物在大众传媒符号中的功能版本。这三者以同样的方法共同运作（比如说通过这个自我再生系统的选择性），所以只能以功能来区分它们。而且，从媒介层次上来说，传播的双重偶然性是这个系统操作意义的目标，却不是人类行为的目标。对想象力的处理是不言自明的，在功能结构系统理论中的局限性也同样显而易见。在这里，逻辑可能性广度不影响自我再生系统成就的选择变化，因为它的选择标准已经准确地决定了其选择变化。因此，这个系统不再具备学习能力，它只能被一个更具适应性的新系统所取代。

试推法是这个符号学意义上构建的想象行为的推理逻辑。正如我们在对道德行为的讨论中看到的一样，它绝不是不符合逻辑，或是不受控制。如果一个人总是只期待一种规则，那么他就一直只会看到一种规则并排斥一切其他事物。相反，发现总是不期而遇。是这些不被期待的发现允许我们行动吗？行动还未成为可能，为了使某些事物出人意料，一切事物都必须已然是（二价的）真实事件，只有这样，消极事物才能找到关注对象。这与实验室实验逻辑相符。然而在实验之前存在着偶然的意外机会。当沉思显示一种迄今为止任何规则都未设想过或涉及的可能性时，这完全不需要成为一个事件，它也可以存在于头脑的一念之间。只有在这时人们才可以在一个事件实验中测试，在头脑中设想的一种可能性事物是否存在于现实中。这是最好的科学实践，它还反映了一种研究经济，我们却可以在正常的社会行为中找到所有类型的解决意见。这包括等同于科学实践的试推行为，我们可能将其称为"问题意识"。问题并非本身存在的，而是被发现的。

让我们再简单回顾卢曼理论。当一个系统只能观察它所能观察的，卢曼的功能结构主义就只适用于自身。因此就没有必要将系统是如何学习的进行理论化，因为这必须包括由外部引发的系统的自身重组。系统行为完全是任意的，也即是自我参照的。要是对环境适应不充分，那么只有一种非生存风险与选择风险相一致。因此我们不可能"发现一个问题"，因为这里的系统必须超越反复选择从而进入第三种立场。

从实用主义的角度来说，发现问题也成问题，因为从一种规则的观点来看问题不应该存在。如果世界只作为一种法则存在，那么要逃避这种两难的处境就只有一种唯名主义的方法，这就是结构主义的立场。但若问题确实存在，那么就不会只存在于推论，可能事物的现实作为可能存在的模式反映着符号的第一相关物。

那么，问题意识如何能转换成行为及传播？无目的的行动也没有一个客体，因此行动不得不在实现之前终止。滑稽行动以及试验性行动（皮尔斯对此做了有趣的描述，一种正如皮尔斯的兄弟赫伯特曾表现过的对危险预期的偏差）传播起来是很困难的，而两者中有一个发生该状况时，它就成了一个双重退化的标志。

第二相关物。第二性同样也是必不可少的。无论是符号控制还是被控制行为都离不开它。此外，第二性同时是皮尔斯以及实用主义准则的哲学现实主义核心。其基本观点极其简单——一个符号与对象的二价关系，通常被称为"现实"。现实对象或真或假，它只能接受这两种价值。然而，第三性紧随着第二性，且第二性与第三性融合在一起，事实上第二性逃离了浅显现实主义的陷阱（可能已被维也纳学派的本体语义学所激发，这在后来启发了卡纳普及查尔斯·莫里斯）。也许除了在某些社会工程概念里，朴素实在论在社会领域里完全不适合。至于它对社会意义的贡献，第二性在此最接近的就是通过现实约束来调整行动。一个社会若与一个客观现实不存在某些类型的联系，那么它就会失去学习能力。这种约束并不能决定社会任何通常的实用主义目的，因为这样的一个目标本质上是第三性的贡献。尽管它阻止了一些惯例的任意性。没有哪种社会理论能说明，这种压力能使自身满足于约定论的解释能力。尽管总是在很大程度上怀疑——信任模式（以及按照扩展的常识主义）内嵌于惯例，惯例也会变得不稳定。不稳定性是外界压力产生的结果这个观点是皮尔斯在其著名的例子中提出的"棉绒中的钻石"（查阅 5.403），它紧随着《如何厘清我们的观点》中的实用主义准则的提出而提出。然而，下一个更好的惯例必须依赖于这种匡正，否则它就无法变得更好，而只是一种任意的、可替换的惯例。

接触未曾预料和未经加工的现实是认知奏效的必要条件吗？显然，对思想的分类我们不能仅通过"科学法"，也就是说通过经验纠正的方法来进行。在《如何厘清我们的观点》（查阅 5.384）中，皮尔斯描述了另外三种方法并且明确承认它们的可行性。由于各自不同的原因，这三种方法不可持续，这是皮尔斯提出的唯一限制。那么，最后就只能诉诸经验，如若希望朝着更适当管理方向努力，那么就必须和经验一起被暴露。行为的适当规则可谓变得更加适当。这种比较假设现实的经验对人际行为有改善作用。认知行为是现实调适的最高形式，即便如此，本能引导的道德行为也不缺乏与现实的联系。我们一定不能被皮尔斯在此所做的实验性的说明与举例弄糊涂，因为总的来说，作为一种受控制（也就是非任意的）的行为，仅靠受制于证伪原则（也就是依靠一种学习能力），人际行为也可以成为可能。社会惯例作为一种惯例隐含着任意性。然而人类行为的协调是通过一个世界共同对象进入现实，而并非通过惯例。有人可能会将其称为世界观，尽管只要一个二价符号进程在体现其符号性的时刻与现实存在中的部分相关就足够了。

　　和道德伦理一样，约束社会行为的现实对行为自身有着清晰并直接的影响，这是本能约束的一种情况。作为这种约束，道德无法变为认知，而且它会一直保留一种仅由本能决定的习惯。实际上，剩下的就只是一种"与自己行为相伴的奇怪感觉"，尽管从认知上来说，哲学话语可将其作为道德伦理而接受它。只有行为反应是可认知的，而不是行为自身的道德伦理性。先前，我们详细地弄懂了社会自身是如何构成这种伦理性的。有人可能会赞同社会可以被拟订为规则，但就其本身而言，社会是与现实之间的一种本能关系（然而事实上是一种现实关系）。

　　这种说法对于有关社会行为理论话语来说有些怪异。如果仔细考虑"社会符号"的第二相关性，那么社会是否就正如我们上文分析的一样不是理论？如若这样的理论对象不是其本身，而相反由符号达成，难道不会对它造成损害吗？诸如此类的疑问迫使卢曼探讨社会的社会（1997），通过这一方法他明确地将社会学研究列为一种社会实践。对此，皮尔斯的解决方式则截然不同。对皮尔斯来说，社会并未进入一种先验形式，而是对其世俗本质的反映，它依旧是一种道德行为，一种"至关重要的事物"。社会从未被彻底地分解为一个科学的认知对象，第二性问题仍然存在，它是本能行为的一种非认知的"剩余部分"。当社会变为一个科学对象，也就是从一种深层解释的符号构造性意义上来说，它仍是同样的对象，即使不再与我们感知的"社会"（也就是本能）行为相同。

　　这会导致一个实际结果，那就是即使我们希望，也永远无法完美地规范道德行为。这种完美状态也仅是一种极其笼统的准则："行善"！这样的准则是贫乏无力的，因为没有人会想作恶。因为行为预设了目标，这已是行为概念的分析性结果。当然，由于这种陈词滥调，真正希望实现的目标就只成了一种探索，而不是一条准则，也不是一个永远是有效的句子，只是一种探索。探索行为名副其实是合乎道德伦理的，因为它永远在设证推理，也就是人们必须本能地忠于感觉以不断创造准则。

皮尔斯郑重地建议道德行为应该尽可能地保持保守——只要过往经验是实际可行的，它就要遵循。这样的建议容易成为（至少是形式上）笼统的准则（例如：国家传统学问、巴尔塔莎·葛拉西安的《智慧书》、孔子的《论语》）。然而，历史瑰宝（传统、语言）只能提供有限帮助，主要是由于无法以一种科学方式将其归纳概括。传统与历史的"教导"是什么？即使作为历史，这些瑰宝依旧是一系列事件的集合，事后看来这些事件相当于道德行为，并各自得到重新解释。

作为社会，而非理论的社会是一个总是在双重退化的三元符号，所以它仍然是一种"至关重要的事物"。将社会变为一种科学，也许需要由于政治或教育的"变相"干涉而为提供一种"行政"处理。但这种处理无法抑制这类行为自身，或是控制它的这类符号。

有人会认为道德语境是丑闻不可或缺的一部分。正如我们所看到的，这就是一些作家的想法。事实上在丑闻中存在着一种第二性——但这与在这场争论所宣称的大相径庭。尤其是严肃报纸，它们迫切与"证据"建立联系，这几乎成了一种习惯性冲动。只有这种建立关系的方式将"某事"变成与事实的一种对立关联时，它才能有真假。这并不意味着在媒体中寻找到的证据会类似于"实验室式的"证据，事件的发生是无法预料的。因此，我们不可以将此误解为是形成一个新的怀疑：相信循环的推动力，在这样的循环中某些东西会作为一个第二相关物被纳入一个媒介符号进程。相反，在丑闻中目的论有着绝对优势。当一个独一无二的事件被迫跳出这种逻辑时，它的目的就只是为了展示这种实际的独一无二中的普遍性。没有什么消极的证据或答案可以使如此强烈的普遍性失效。相反，目的论的魅力在于没有量化研究的事实，因此反对者无法想出任何反例来证明支持者的原则是错误的。相反，这种普遍性会起到反作用：支持者再一次向反对者展示一条新证据，所以目的的逻辑得到了一系列之前证据的支持。一系列事实比所有单个事实更有力。这个系列是法则，而事实只是这一法则中单个的实例。错误的则不是这个系列的一部分，也无法成为反证。在一则丑闻中，目的论已达到了无法证谬的高度，它只能被另一个系列取代。对行为的评判并不是对行为的控制。在前者中，人们只需要假设一个动机即可衡量其价值；而在后者中，人们必须找到一个概念，它能规范"所有可能的结果的"行为，正如实用主义准则所指的一样。就像法庭一样，人们试图让事件成为显示合法或非法的一系列事实，而后，这一方或另一方立刻可以得到支持。与行为相比，遇到一些不可意料到的事物可以导向平衡，因为在没有指导准则的意外处境中，人们无法继续行动。这迫使一个预期的行动者重新寻找可以有意识地应用的规则。只有这样才能保留知道自己的行为，控制自己的行为的印象。

第三相关物。在每一种符号进程中，第三性都是指规则或法则。这样的规则不再有正误，但或多或少是普遍的，如果一种存在的关系，一种事实与价值二分与这一规则相矛盾，这仅仅意味着这种关系无法与这一规则相融合。结果即为必须扩大或改善这一规则。然而，当这种规则不再能（或是还未能）解释事实时，许多规则在最后都不得不与一些例外"达成一致"。那么"覆盖理论"的印象就会形成，就好像这些假设可以被阐述为受制于一种现实的特定部分。例如，对"心灵感应"的解释同样会沦为"覆盖理论"。对此，我们所要求的是人们能将其当作一件完全意外且无法预料的事件来观察显然（至少是）与另一人相同的想法。如果前提是一个全然个人的内心世界，这一点我们的讨论还未证实，从其定义出发，两个个体要呈现相同的内心世界情意列表是不可能的。这就请求一种解释，尽管"心灵感应"内容空洞，但它是一种魔法心灵学的解释准则。无论如何，这个理论仅仅是孤立的，而且无法与世界理解的其余部分相连。因此，心灵感应只证实了第三性的符号压力。如果还存在一种无法解释的例外印象，那么它就仍承受着为那些已解释的或是未解释的例外寻找一个普遍规律的压力。这里的缘由十分实际，因为我们无法掌控有例外偏向的行为，行为需要准则以得到控制。

从严格的逻辑角度看来，涂尔干的经典《社会事实》准确地说并不是事实。他的社会学将社会理解为规则，甚至理解为附加精神规则之外的批准形式的规则。对实效主义来说，基于规则的行为会被更准确地理解为可控行动。所以，虽然涂尔干反对通过个人意识状态来定义社会，但我们不需要赞同他。这种反对背后所关注的在第三性中得到了很好的阐述。可控行为的一般定义对社会科学来说太过宽泛，因为它包括决定认知行为的任何形式的知识。社会学的认知兴趣更专注于控制本身。这等同于同时为自己设定一个唯名论的陷阱，这是多么典型的传统社会学，就好像在现实世界中控制能脱离行为存在（正如实效主义反对唯名论一样）。两个世界理论不仅将自身显现出内部世界与外部世界的分离，还表现为个人与"无限共同体"（皮尔斯，查阅 2.654）的连续统一体之间的分离，这一点丝毫不比前一点更惹人厌烦，它只是通过扩展这两个世界来产生第三个世界——一个社会的世界。只有当（三价的）控制与（二价的）现实及（一价的）特性相关联时才能避免这样的陷阱。这使得符号学对社会学及其基本方法论问题来说特别有趣。然而它还可以构成一种应用于整个符号进程范围的邀约。其副作用就是：这会消除经验主义社会学及理论社会学之间丑恶的深渊。

从符号学角度理解可控行为同样意味着使行为屈从于单一的解释项。也许在涂尔干看来，这会漏掉社会客体。事实上，符号学的解释会使社会学接近符号互动论，并诋毁其依赖社会认知的情形。这使得后者无法成为宏大社会理论（可能是功能主义，哈贝马斯的基础语用学等）。然而，符号学并不能被简化为符号互动论，因为符号学解读恰恰与普遍性的连续统一体相连。另外，符号学深入地触及两个方向，其中包括一个绝对个人（尽管不是私人的）意义建构方向。在符号进程中，经常出现一种相对来说更普遍的对立特性（这种性质）的解释。尽管这种性质并不需要是一种具体的个人对象。作为一种对象，它自然也可以是一种复杂现实。比如"债务"这个符号。作为复杂文本"经济"的一部分的"债务"和其"道德"文本相比较，需承担十分不同的行为。作为一种社会行为，"债务"因此成为扩充文本及其相关逻辑的一部分。

正是符号学对合法化问题独特的解决方式，引起了社会学对它的兴趣。没有人会声称社会学对任何人类行为有兴趣，因为这样做会侵扰人体运动学、心理学等领域。社会行为中的行为是那些被合法化的行为，或是其他互相作用以其回应行为对它故意做出的反应。如果行为被理解为受到意义及符号的控制，那么即使是对一个单一行动的合法化也是根据事实本身而发生的，因为它是可理解的行为，人们可以总是据此规则来行动，且任何理解这一规则的人可采取同样行动。对此我们不得不和这一类型行为的评价区分开来。

丑闻中的第三性同样存在于行为合法化的成果中，尤其存在于反对声中及在负面评判中。当一个控制行为的符号将某物阐释为法则时，这样就将这种行为放置在规则之下，必须只能从认知的意义上去理解这一点。这仅仅意味着通过将行为解释为与一种决定性的规则相一致的方法，每个人才可以理解行为；这等同于制定法还是社会习俗就完全是另一个问题了。然而这就是法律的和合法的符号化之间符号上的区别。

对于社会科学来说，符号实效主义最重要的结果就是符号进程中三个相关物必要的共存。因此，社会行为中（可控的）行为也只有在这三者恰在其位时才能实现。将这与系统媒体理论相比，后者并没有超越差异，且在媒体中再现相同的另一面（比如在公共关系中）。

如果社会确实是符号，而且就在所有的三种模式中（正如前文概述的），那么向社会媒体的跨越就不再是遥不可及的了。极富潜力的是我们不只可以从行动者的角度，而且还同时可以从已是一个符号的角度来理解社会。由于我们已将符号学面向社会，一个警告随之而来：符号学意义上的符号并不是语言学符号，而是一种具有决定性的关系。这种关系当然可以实现为语言，但不必一定如此。同样的，社会中的媒介现实是一种关系，一种可以但无须在大众传媒行业中实现的关系。从这个术语更广泛的意义上来说，存在着另一种社会媒体，对此已经有所探究，比如各类的仪式（热内普，1909；特纳，1969，1974，1979）。因此，这里没有人断言社会与大众传媒是同延的。相反，我们将会看到符号学视野的丰富性会一直试图打破产业性意义生成的严格限制。

符号学试图让整个社会范围存在"于"它的媒介中，媒体行业那世俗特有的现实则相对狭隘。行业化的意义，甚嚣尘上，事实上范围狭小。从其边缘来看，艺术保持着一定的空间调控，然而艺术却总面临被其商业评估吞没的危险。所以下面这个问题在如今盛行就不足为奇：从其本质上来说，媒体是不是束缚着社会生活？实际上，这个问题是假设媒体会通过其形式决定社会现实。在它极端的变体中，这一立场作为媒体本质主义经常受到尖锐的攻击。然而，它也将一个有关社会媒体形式本质的重要问题概括为与美学形态差不多的行业实践。

4.5 技术决定还是符号进程：以电视福音布道为例

媒体即技术，多伦多学派对这一主题已经给出了显然令人难忘的表述，事实上这样的表述甚至有时是准狂热崇拜的。自从《古登堡星系》（麦克卢汉，1962）问世以来，就算谈论的不是思维技术，谈论技术的逻辑也已成习惯。技术会带来划时代的变革，而且每一种技术究其根本都是一种媒体技术，因为它不仅会影响文化及经济，更会影响人们的观念。比如麦克风的问世使得大教堂体系结构几乎变得荒谬而过时，所以"电视化"不得不在宗教中留下踪迹。（如果那时电视布道活动就存在的话，多伦多学派可能会一直对这样的现象感兴趣，因为它涉及电视技术带来的宗教巨变。）麦克卢汉的媒介话语会唤起我们回想相似的沃尔特·翁的理论。尽管我们不打算在此探究麦克卢汉理论；这种科技逻辑论述中的论据并不可靠，尽管充满原创见解也很难得到重构。毫不奇怪，这一点已在"阵营"之外激起了反对声。为反对这种立场，技术决定论被指责主导如今的"电视研究"（一个自视为类同于电影理论的学科）。对这个领域来说，"编码/解码"或是社会空间网络才是更为常用的比喻（海，2001）。然而如果"这种"媒介仅仅是以代码方式描述，那么要谈论"这种"媒介就会极其困难。这些代码首先必须是明确的，而后它们才能全面地描述一种媒介。

媒体理论真正目的是通过将媒介简化为代码以获得一个"关键的"立足

点。"批判地"分析技术是值得赞赏的事业，但这需要对逻辑有更广泛的思考。用批判理论的态度继续探讨似乎是一个自然选择。但是，哈贝马斯对语言形式的依赖使他为其媒体理论假定语言是最彻底的媒介——事实上也是最合理的媒介。因此，他的符号理论过度地受制于语言，比起皮尔斯的符号学代表一种相对的退化（艾赫拉特，2007）。然而他对符号控制的——因此是合理的——行为的基本概念来自一个语用学模型。特别是针对电视媒介来说，它并非只受语言控制——行为逻辑控制比起"主题"句以及其语用学更加复杂。尽管如此，将这一问题定义为逻辑预设或技术决定意义既不反常，也不冗余。相反，它会提供一条连接媒体技术意义和不唯感觉的途径。

多伦多学派、电视研究、批判理论都为大众传媒以及大众意义生产提供了一个世俗模型。如今是时候展现符号学本身不仅是一个宏伟的、理论的意义大厦，同时也是一种分析工具——针对意义生产的世俗实践依旧有其独特的处理方法。

逻辑（在符号实效主义方法中）是理解某种定义为意义生产实践技术的关键。在这种实践中，它无可避地会与其他意义实践产生冲突。最深层的冲突情况之一存在于宗教中。要不是每一种意义要求累计就不会有这样的困扰，然而这同样也是大众传媒的要求。如今，大众传媒尽可能地避免卷入其他意义领域的全面战争，有大量的候补者正等着加入。科学就是其中之一，这种科学scienti-fic）的实践除了排斥观念外，确实"知晓"一切，而这些观念如果被"全体"共享就会成为媒体真相。它的通常采取不同策略——更像是一种受害者的蛊惑。一种与众不同特性的两种意义实践必须同时存在于一种体系结构中。宗教反应媒体的意义生成、其形式、其技术；宗教还是一定的威胁，而媒体必会用某种方法反击它。

宗教和公共领域被视为进入了理性冲突中。"电视布道活动"的趣味性在于它接近一种自相矛盾的状态（纽曼，1996）。在此大众传媒现象中，两种逻辑在发生冲突，要么互相抵消彼此的影响，要么通过自身欺诈迫使一方妥协。

这样的陈述并非不言自明，费耶拉本德的名言"怎么都行"似乎适用于大众传媒领域以及它们如何自我显现。媒体习惯于吸收一切它们可以从现存的表述中借鉴的东西，但双方都可能交叉渗透。尽管媒体显然趋向缓和主义，但为了观察冲突，我们需要两种根据理论的理解：首先是对技术决定论的理解，其次是对宗教自我呈现（就其与传播相关而言）的理解。要超越对宗教的一般理解，单一宗教的特性是关键（例如启示性宗教与基于内在性的宗教相比）。不凭外表而是单凭理论就可实现可比性，且预设选项相同的电视实践之间互不相容。然而理论的选择是决定性的。声称掌握一切与文化相关事物的媒体技术理论就是这样一种理论。它对宗教以及媒体的掌控基于文化史以及技术史的共同定位，尽管值得怀疑的是这种搭配可以在何种程度上构成一种解释，实用主义理论定会对此提出异议。技术引发的问题是如此有趣以至于无法对本质主义的指责不予理会。要全面地将媒体作为符号来理解，我们必须和"感觉延伸"比喻保持距离，虽然实用主义符号学将各种感觉化为一体，其中包括作为认知的感觉。在一个符号框架中，我们不能漠视将技术作为决定因素的考虑，尤其是如果我们将技术视作一种文化实践和预先解释的符号时，那么技术就会无异于一种行为的实用主义规则。

要把握宗教相对更加困难，因为宗教显然不仅是一种认知行为。皮尔斯献身于这一问题并写出了著名且高深莫测的《被忽略的上帝存在现实的论证》一文（CP 6.462-85）。由于篇幅限制，我们无法充分评价该作品的价值（安德森，1990，1995；贝伦斯，1995；坎特，2002，2004；卡斯帕，1980；罗斯，1965；沙利文，1979）。幸运的是对我们的意图来说，我们不需要完整地从符号学角度理解宗教，因为我们的主题将宗教限定为公众舆论的产物。在这由文化决定行为的范围内，我们可以观察一个参与者的出现，她假装让自己的行为受控于完全不同的规则。迄今为止，无论这种相同的文化实践选择排除了什么，它都置身于隐私的伪规则之下。根据这一规则，所有舆论未能成功建构为现实的都属于隐私。然而，这类行为只被消极地认定为"另一种行为"，尽管被排除的现实是通过它将自身建构在私人领域内的。根据公众舆论媒体逻辑，"公共福音传道"不具备居留权。当它确实存在时，它就违反了客观性规则以及其他历史悠久的实践，甚至是电视媒介的体裁惯例。但是它的存在对电视从业者来说是反常现象，他们需要对其存在可能性做出解释。

我们可能无法想象比电视布道活动更公开的宗教狂热形式，在某种程度上，有人提出它甚至逾越了丑闻的边界。在此，信仰给予自己的社会形式几乎和资产阶级对隐私摒弃截然相反。这是否会将现代性引入邪路？与韦伯的社会历史分析相反，后现代世界观是否重新获得了其前现代的实质性统一？根据韦伯的观点，大量统一的世界形象已被分解成各种合理性，并将舆论合理性置于社会宗教本身合理性的对立面。

这并不意味着与宗教有关的事物无法成为公众舆论传播的内容——虽然与他者相同（正如他者的另一面）。在媒体聚焦有效阐释（为它们陈述为有效的事物假设一种可说明性）时，正常情况下，它们不会被允许同时表明自己是宗教的和公共的。将他的历史推测分析放在一边，我们最好专注于符号学内容。

随着目的论以一种实际的方式被解释为媒介技术，公共符号存在于它们每一种文化决定中，这在θέατρον模型中已经概述过。如果舆论主要是由符号决定的，那么下一个要解决的问题就是宗教的符号学决定，以及之后两种符号进程间的冲突问题。

在哈贝马斯多样化的效度要求中，舆论与宗教逻辑间的不相容同样可以表述为有效性类别的不同。曾有人试图将有效性方法应用到媒介类型中：埃克斯托姆，2000，466）区别了信息（"布告牌"）、令人愉悦的叙述（"睡前故事"）以及吸引人的事物（"马戏团表演"）等的不同有效性。同样地，宗教可能会受到内部真实有效性要求的影响（如果因论证这一事实要求成立的话）。只有这个可由他人表达为可重构的主题有特权进入这种有效性。这一点可以应用于宗教以及任何其他感觉。但一旦这个领域所有的一切都有真实性，那么它的再现就会十分成问题。尽管叙述学的深刻见解可以弥补哈贝马斯的不足，但这样的意义是如何通过将其权衡为命题语言中的合理性而得到概念化的，对此仍存在基本的限制。

电视布道活动为作为一种有效舆论本身如何反对宗教有效性提供了一种解决范例。它还向我们指出有效性从属于其他有效性的条件。要不是我们将哈贝马斯的有效性要求当作一种基础，电视布道活动就不可能出现（否则，它就完全不会成为它所假装的宗教）。在如今电视布道活动起源的国家中，这个现象可能跌到了最低谷（尽管曾出现过大幅度增长）；但与此同时我们可以看到它在许多非洲以及拉丁美洲城市中仍然生气勃勃。作为一种再现流派，它比电视本身出现得更早，但它仍是公共领域中传播事物的一条有趣的边界线。

电视媒介是否限制了传播？除了多伦多学派，尤其是所谓的"批判性"理论谴责电视媒体束缚了意义（用一种消极地公式化），或是指责它是技术决定论（积极地表述）。

哈贝马斯的《交往行为理论》显著之处是他在总体上对卢曼媒体理论的抨击，而且在此基础上，他尤其抨击了卢曼提出的大众传媒这一观点。我们可能会反对的是一旦我们打破日常语言分析哲学（见《基础语用学》）的束缚，哈贝马斯所担心的媒体系统的制约就不再相关。否则，传播学中的政治经济方式就可能会假设大众传媒是对"生活世界的殖民化现象"（哈贝马斯，1981，II：489-547），阿多诺、卢卡奇、本雅明提出的基本原理中早有体现（库尔德里Couldry，2004）。尽管哈贝马斯批判媒体理论，但他对语言的偏向却更趋向于遗忘一个系统媒介。但从功能主义意义上来说，在一个系统理论体系范围之外（这样的理由已被摒弃，参见本章第一节），这并不能成为坚持符号普遍性的强有力理由。哈贝马斯企图将电视理解为一种交往行为形式，这表现为成功导向的，因而成为制约世俗生活共识的策略性行动。这样的局限性相当于另有一个媒介货币范式，因为电视获得了官僚权力的合法认可，所以电视传播远非一种理式的语言情境，也不是任何交往行为必要的参照点。

但是这种分析真的对媒体公平吗？在谈论这点之前我们应先了解哈贝马斯是如何成功地将功能主义媒体理论（来自帕森斯）以及语言行为的有效性分析这两种不同的方式融为一体的。他不是从一个宏观的简单意义系统中（例如符号学，符号叙述学各自的二元的或是四元的差异），而是从语用语言学的微观行为中推论出人类交往理式。他将大众交往与理式对话联系起来作为一种扩展，一种其他条件不变的交往，它们除了在系统约束上不存在本质上的区别。他对大众传媒采取的措施仍是对话者之间语言行为有效性中的一种。从我们的语境来看这种方式的缺陷在于完全地依赖于口头与书面语言。这有碍于对其他重要符号种类的掌握，例如图像符号，它对社会交往中伦理部分做出了重要的贡献。符号种类区分了不同角色的语用潜力，由于有效性并没有锚定于语言行为角色，这种潜力的失去便显得更为严峻。相反，最终有价值的是语言行为的客体（"内容"），对哈贝马斯来说，这一客体存在于三种类型甚至是三个世界中。尽管所有的语用学对现实主义（积极地解释的）来说似乎存在着一种选择，即这三个世界可以成为一种模态本体论的占位符。

技术决定论（它的批判者如是称呼它）是一种十分不同的方法。这个术语往往将多伦多学派（马歇尔·麦克卢汉，哈罗德·伊尼斯）以及沃尔特·翁的观点集合在一起，尽管它的理论基础是什么还全然不知。与费尔南德·布罗代尔的非叙述历史编纂学相比，这是不是一种历史书写？当格罗斯伯格，沃特拉以及惠特尼将传播技术看作长时段历史变化的起因时，他们随即做出了这一假设："印刷术改变了人类意识及思维的结构。"他们写道："根据麦克卢汉的理论，读者眼睛以及文本之间的物质关系决定了思维的线性模型。正如眼睛以一种严格又必然的方式在页面上横移，一行接一行，所以阅读者开始用同样严格的线性方式思考，一个观点与另一个观点在逻辑上相连。"（1998，33－34）。从这种直线性中他们可以推断两种（先验感性论）感知模式：时间及空间的直接结果。"这是印刷术的时代"，他们后来继续说道，"欧洲列强探索并殖民了这个世界，并在全球传播他们的文化，政治以及宗教。时间变成一个线性航向朝着不确定的定义为进步的未来前进。对进步的信仰强化了对知识以及探索发现的渴望，而印刷术已经帮我们打开了这扇大门。紧随而来的便是科学发现的时代。"（如上，43－44）。尽管柯伦因为"它没有谈及——哪怕是顺带提起——任何媒体的传统历史研究"而批判这种分析（2002，3），这恰恰本应是布罗代尔对记录历史意义所持的观点，而且本也会错过超越事件而分析得到的历史因果关系的意义。只有极其漫长的时空才能表明起源存在的可能，例如基础传播技术及其缓慢的发展，而不是回复为决定一种事件的历史因果关系。这就是翁和多伦多学派实际的认知兴趣所在吗？众所周知，麦克卢汉的理论很难理解，但即使这样他的成果还是被大量地用作十分不相容的各种解释的来源，显然他的主张远超单一的历史编纂学。

威廉姆斯（1974）首先正面决战技术决定论。他同样假设了对历史因果关系的一定理解，以此来反对技术决定论者。与布罗代尔的观点截然相反，威廉姆斯设想了人类主体及其制度的意图。他们发明并使用技术来满足这些渴望与需求。这种主观化被期望可解决技术决定论中的媒体本质主义问题。

不将多伦多学派以及翁标记为技术决定论者，还可以为对其解释挽回一点同情心。如果一种作为美学形式的解释产生社会形式效果，它就会变为一种可以将我们从历史因果关系问题这一狭隘的视野中解放出来的原则。在电影理论中，至少自从巴赞（1995）主张现实主义是电影形式的本质之后，这类论据就有存在的权利。至少从齐美尔开始，到阿多诺，卢卡奇和本雅明的法兰克福学派，这两种形式已经建立了稳固的联系（这种联系中的美学形式来自康德的先验感性论哲学，是一种感知的先天形式）。麦克卢汉作为一个研究文学的学者，从形式主义者弗兰克（1991）那里借鉴了空间和时间范畴，这正是他思想的核心。

奥尔特德（2004，1997）和里尔（1989）将电视研究和这种美学传统连接起来，而不从严格的麦克卢汉甚至齐美尔的意义上思考。但这些学者至少分享一个共同的主张，即作为逻辑或是形式的电视在原则上是可以预先确定意义和社会性的。将这种分类再现为一种技术逻辑，只有在一种比喻意义上或是美学形式（使我们想到康德）方面才有意义。而后，这个文化研究小组认为必须将这种决定进一步扩展到（"文化的"）代码系统，而后它才能被编码或解码。尽管这不是唯一可以想象的形成媒体意义的方式，（产权以及生产条件的）政治经济学同样可以代替技术来决定媒体意义。

电视研究（尤其是电视批判主义）继续提到电视形式不仅是一种美学形式以及社会形式之间的媒介。前者来源于文学理论以及体裁争论，有人已将后者与齐美尔的社会形式相关联。对齐美尔来说，这种形式也关涉美学的意义。通过这种连接，电视研究在观众（目击者）与生产条件之间架起了桥梁。

认为电视决定意义的基本直觉可能很好理解，却难以证明。因为这种形式是意义的一种工业产品，所以促成其意义的潜在因素多于一位孤独的独立作家所创作的艺术品的范例（以及电影艺术中导演范例）。言语行为有效方法仅能用真实性以及内在效度来说明美学。显然，当涉及一种美学的社会形式时，这就成了一种局限性。同样地，齐美尔的方法（十分明确地借鉴了康德的美学及社会形式）遭受了其预设的限制。相反，伪核心就是内部自身作为美学的所在地。这个美学所在地（内部）必须得到解释，但只有非凡的天才才能做到。美学简化了为艺术家的"温雅"以及消费者相对应的高品位。因此，外在辅助构成以及并非难以接近的内部形式即可单独地解释电视决定的意义原则。作为社会决定不仅出个人内部，作为美学决定则也是依赖情感认知。

因此新颖的符号学观点也能在社会美学形式问题中发挥作用。符号观点构成了所有领悟或社会规则的二元论（比如语言）形式，因此对通过现实世界调解认知来说是多余的。相反，调解自身就是三个有着本质区别的相关物之间的一种关系进程。正如我们所知（参见上文）：第一相关物一直是它所做的解释的一种符号（而且一种前述的思想也可以成为一种符号）。根据这一符号的逻辑特性，它只能在一定意义上得到解释。跳出技术决定论的圈子，事实上我们可以认为电视的符号特性也决定了解释项的意义。当然，在这样一个混杂的媒介中这些特性不可能是简单的——但它们也不会是任意的。符号分类明显有着更大的灵活性，而不是假设一种技术的决定。此外，每一类符号都对应一种行为习惯，因此一个符号就会与社会行为相关。如果媒体技术被赋予了逻辑，那么这种特性就可以直接在符号要求的行为中表述自我。只有在第一相关物果断地决定每一种符号解释时，技术决定论才是正确的。在本章第三节中已经提到了这一点是如何对公众舆论符号起作用的。如果要说视听媒体有一种独一无二的特征那就是其产品的一对一关系，似乎就是这种关系给予了它们"真实性"（只要人们知道用于记录的设备，并知道它并不是动画片）。即使是在这里，一个符号也会变成一种简化的或建设性的关系，这使我们想起这种关系是由阐释、由符号使用引导的。

在谈论媒体符号的特性时，我们可能会将字母当作图画（即书法）。尽管字母可以被解释为图画，"电视"也不会简单地与新闻报道，赛事转播以及脱口秀等画等号。然而符号学主要的兴趣所在是逻辑上最高进数的关系，很明显，从符号过程的建设性/简化性本质表明：符号使用总是求助于比其先前解释中更低或更高的判定。文化理论自身的解释就是很好的例证。当它们见到有人通过电视操纵意识形态时（根据定义，这一点应该保持潜在状态）认知客体就一定不再是即刻接收到的电视符号了（即"观众"感知到的事物）。文化理论所解释的显然超出了日常生活范围。尽管这并不意味着这些解释是不合理的。解码过的代码仅来自一个比电视的流动画面更加普遍的符号——然而这仍存在于符号（动态）客体的两种情况中。

要理解电视符号特性有许多困难，也许正是对这种困难的绝望使得许多研究传播学的人投身于"积极受众"的理论中。它的"解决方法"就是简单地将解释留给"这样的"观众。这符合一种观念：即可以将观众角色的"能动性"认为是理所当然的。人们常常涉及十分奇异的概念，例如拉扎斯菲尔德的"皮下注射针""两级传播"（卡茨，拉扎斯菲尔德，以及哥伦比亚大学社会研究应用局，1964）等已经成了惯例（还有什么），这些概念均源自战后宣传研究。这种"主观能动性"被许多互相矛盾的不同方法解释，例如霍尔的编码/解码原理，以及来自阐释学的不明借鉴物，甚至是对卡茨使用和认可的解释的一种简单扩展。这一切通过诸如"反抗""颠覆"，观众"授权"等词语（epitheta ornantia）得到了它们革命性的光环。在这种"积极的"解释观点背后有一种可靠的论证，并未与这些不断变得模糊的概念进行争论。然而，这种观点更适合已发展完善的符号学，因为被理解成行为的规则已经由调节并控制它们的媒介掌握了。没有心理学这种理论也可以很好地存在，因此没有必要假设媒介或好或坏的动机，无论是有力的，无力的或是授权的媒介。虽然它的革命性魅力因此被剥夺了，但它在交换，在主要客体也就是媒介自身的解说力方面有所收获，这在文化研究中趋向于仅被简化为一个多种解码练习的机会。

一个批判的视角在其实践的所有方面，都能够明确地认识到电视的符号特性。将所有的这种认识留给观众解释是不够的，一种批判优势的代价不该是一种被限制为语言产生意义的认知维度的符号学。越过上述的过于狭隘的符号概念问题，哈贝马斯将其限制为主题句的做法还有一个缺点：它阻碍了对更大语言单位的认识，比如文本。文本不是句子在其他条件不变的情况下的扩展，其自身就是意义结构。例如不掌握文本，叙述性（这在新闻体裁中十分重要）就会变得难以处理。同样地，在大众传媒中有着至关重要的从音乐到电视的许多方式中，唯有感觉才能构成一种有效的自我再现（戈夫曼意义上的）表征。

有效性是基于言语行为目标之上的一种抽象概念。它要求交往行为的有效性。哈贝马斯的基础语用用模仿因受到米德启发的协调对象操纵行为的这种效果。然而，这种协调与大众传媒出现的方式不同，尤其是这两者没有一个得到解决。为避免始终牵涉其中，传递着客观信号的不同程序形式的体裁特点应运而生。电视这一实例阐述选择在其中展示自己，禁止牵涉其中便是操作原则，对此，"小说的"类型同样适用。在后一种类型中，这种避免对纯叙述理由来说是必要的——以实现"时空置换"的叙述幻觉。这是叙述感染力的一部分。这由叙述体系与叙述体系的分解来实现。尽管在前一种类型中并没有这两种体系的耦合，也没有文本以及读者的连接，存于其中的，只有幻觉。

这种文本构建的必要条件使得格雷马斯可以谈及两种幻觉：指示与说明（格雷马斯和库尔特，1979，"说明"）。前者引发一种现实效应，后者实现阐述的可信度。为了掩盖真实的语言内表现行为的缺失，媒体惯例及其相关形式就需要一个复杂装备；这些模拟的是言外行为。大多数这样的文本策略暗示了一个言内行为体系：所有一切被陈述的并非被"陈述"，而是它本来就"是"这样的（根据言语行为模式"是 is=谓语"）。从谓语逻辑来看，这类命题是无意义的，除非是在现在时或过去时的陈述语气中出现。这一策略反映了格雷马斯的指示性幻觉。电视设备通过其图像的呈现本质来适应并选用这一实践，因为缺乏词素（第二种表述）而无法产生时态的差异，复杂的策略得到的只会是伪词素。

哈贝马斯"同意"倾向也被大众传媒文本中习惯性地隐藏其实例阐述这一事实所击败。除了纯粹的惯用语，言语行为必须假定一个可辨认的说话者实例，那么只有明确说话者的身份，才会有富有意义的表述行为或是言外行为阐述。在视听节目中这样的实例往往是中立的（与科学文本类似），但会被其模仿者排挤并取代。因为新闻节目主播或是新闻读者不能以阅读物理学期刊同样的态度对待新闻，他们的"客观性"就一定是假装的。这种媒体实践从哈贝马斯的理式言谈情境出发理解的话就是消极的，因为它违反了那些言语理式，其主张以及话语生产。

就媒介本身而言，它大体上限制了交际情境，于是叙述体裁就因为这种强加要求进一步束缚了角色交流。叙述幻觉不仅存在于"虚构"内容中，还存在于解偶联交际中，且首先产生了一个单独的叙述体系。尤其是新闻故事试图将叙述当作语内表现行为的案例（即一切本身就"是"变成"被陈述为是"），并有着对真实主张的有效宣称。当然，叙述体系必须在一个似是而非的故事意义上被看作是真实的。这种情况的特殊之处在于这种现实必须由一个单一角色来保证，该角色可以在文本中被留意到，利科将此称为声音叙述。接受美学使用的是"隐含作者"以及"理式读者"（格雷马斯提出的表述者/接收者）这两个耦合术语。正如与言语行为一样，叙述分解有着纯粹的逻辑角色，这些角色唯一的功能就是在正确的理解与能力条件下与一个文本建立联系。这种框架角色（比如文本内在角色）是一种幻觉，它不属于经验上的"真实世界"交流，而是属于一种再现交流。

电视从解偶联逻辑中得出两种交际态度原则，魏因里希（2001）将其称为"评论"与"叙述"。实际上，这区分的是文本中共同呈现的态度而不是互相排斥的态度。让我们回到科学论文这种体裁范例中，在这里作者的评论被最大程度地隐去了。相反，在一个叙述中，模糊性会使读者读来十分辛苦。因此，电视要么通过公众舆论体裁显示其（作者的）实例阐述，要么是在娱乐体裁中隐藏其实例阐述。当实例阐述被隐藏起来，没有人可以让电视对此负责；然而在公众舆论中，这种实例必须先证明其可信性。这些参数还通过"话语分析的"差异区分不同的节目类型。例如，在电影或故事片中，虚构主体标志其表演是娱乐性的；然而当某人要为呈现给观众的世界承担责任时，这样的叙述主体就是"认真的"。

总之，我们已经讨论了将媒介归因于预设意义的三个变体。传播科学已经争论了每一种理论的特殊属性。但还未有人试图建立一种真正的符号学解决方式，将媒介作为一种符号来细致分析。到目前为止，有关宗教与公众舆论媒体阐明的合理性之间冲突的争论，仍取决于韦伯的参数中；然而技术决定论的范围太广以至于无法适用于偶然发生的媒介实践中。更加复杂的符号学无法提供简明的对比；即便是这样，实际上它也与涉及公众舆论以及宗教的系列冲突有关。符号学对此冲突的分析认为技术或媒体本质并不是有用的构想。但是我们可以说媒介——电视——不是中立的。另外，符号材料自身可以决定的意义潜力远没有它实际上决定的有趣。没有人可以阻止电视被用作视频艺术（在博物馆中）；即便如此，工业实践也已限制了媒介的潜力。工业大体上需要一个叙述媒介以构建公众舆论以及通过叙述决定这种媒介的主要运作逻辑。此外，同样的叙述可以用于戏剧形式的娱乐活动中。在这个娱乐信息节目时代，娱乐性与信息性的区分已经不再像严肃报纸那样严格了，"新闻"就是在这种严肃报纸中成功地将自己与"文学"区分开——虽然仍存在大量与行业有关的灰色区域。

目前这种工业已经将叙述性从文学的庇护中夺走，那么（对于宗教来说）以下问题随之而来：公众舆论的叙述优势是如何真实地反映在戏剧的叙述中的？文学改编的电影将其原著简化成为一种娱乐消遣。电视美学对电影美学的影响导致了电影的好莱坞化。这引发了对叙述的强调或是（相反地）还原电影美学元素中强烈的叙述因果关系。这不是电视技术（它在工业实践过程中已经变得更加接近于"电影"这一产物了）造成的，而是公众舆论主导地位增长造成的。电视美学相当于电影美学的从属结构。

正如电视布道活动这一最极端的例子显示的，宗教发现自己同样从属于公众舆论的困境中。从语言学角度来说，从属是由"转换词"（雅克布森）或是"分离词"（格雷马斯）来实现的。通常，这种依赖很难被注意到：故事似乎是在讲述自己，或者事实就是这样"存在"（即不是由某人报道而来的）的。现代叙述学以诸如"阐述标记"/被阐述项（本维尼斯特），话语/叙述（热内特）以及评论/讲述（维因里希）的名称利用了这种效果。这些语言的变幻莫测并没有阻碍卡塞迪将这种效果应用到图示媒体中，即通过时态，语言以及人称的语言转换词来确定视听对等物。意义的一个部分从属于另一个部分，这类似于一个主从结构的语序将从句模式化入其意义中。阐述会呈现一些正确的（可能的、必需的、可疑的）或不正确的事物。对媒体依赖的宗教来说，这不过就是判断人们是将其看作一种改变还是一个束缚，这取决于他是否准备好将电视布道当作真正的宗教虔诚。

那么宗教是在什么情况下发现自己是从属于公众舆论的？这通常是将宗教作为情感来再现公众舆论实践。

4.6 上帝的播客：宗教自我展现的意义运作方式

面向大众的宗教，其特许的从属模式即是它的情感展现。从技术上来说，这必须实现情感主观性展现以及虔诚的公众人物展示——这听起来并非无关紧要。第一步包括将宗教体验主体（卢曼所说的"神秘主义者"，参见本章第一节）转变为一个看得见的宗教主体。这一进程几乎从未终止，但却将第二层的转换引入了一个更高级的文本格式中——无论是叙述形式的或是戏剧形式的公众舆论。这两种逻辑共存于娱乐业中，宗教交流也同样适用，这为自我展现和自我接受提供了第二种模板。

在第一步中，当一个表现主体将自我（Self）展现给观察主体时，宗教体验（在卢曼的宗教社会学中，宗教体验是矛盾的、神秘的意义，其本身并没有意义，参见本章第一节）就会成为一个可见的，可辨别的以及可公共交流的意义。主体的技巧在于将其宗教体验表现为一种主观特性，且呈现多样化。语用主体的特性，如今已经可以通过获得语用能力这样的常规方式来处理。这就是牧师与神秘主义者之间的区别：后者缺乏能使其表现一种确定语用目的主体特性。在形式重建中，我们可以分析这种命名为"牧师"（宗教体验表现的主体特性）的在三个格雷马斯测试正常序列中的意义效果（资格、决定性、称颂测试）。

测试一：第一步的准备阶段，"资格"测试会转变神秘主义的（卢曼意义上的）宗教主体，如"我向上帝展示自我（以及上帝观察我）"转变为如今的一种宗教身份，如"我以我的转变展现一个'我'（即预设第一个）"。事实上，宗教体验获得的可交流的可见度只有通过信仰去改变（在这个术语最宽泛的意义上），并且宗教身份适于皈依身份。因此像电视布道者这样的公共宗教名人一直暗含着两种人格：一个是在皈依后可见人格即一个宗教自我；另一个是曾经存在的，现在隐藏了的人格。这种转变会在自我实现（前后对照的主体）下的两个测试中完成。宗教自我实现的任务是神话传说中一个经典的传统主题（禁欲主义的自我完善："你要战胜自己"！或是圣安东尼的诱惑），然而对宗教节目的大众传媒来说这很难成为一个明确主题，在此人们通常会寻求主体的完全实现。但是，从忏悔到做礼拜，每一种公开的宗教交流都必须利用一定的宗教可见度。陪伴着在无形中改变的信仰，可见的是行为束缚，需要承受一种新的逻辑及目的。目的论框架中的"我让自我皈依"需要一个隐含的原因，即"上帝转变了我"。从卢曼的理论来看，这意味着化解了先验主义的模棱两可及宗教语言的上帝密码（god-chiffre），其中有关事物是来自上帝抑或是人类心理的问题仍然悬而未决。如今在目的论语言中，我们不再谈论上帝，而是"我被转化了并且这种转化有一个终点实例"。这就等同于说："上帝是我走向终点的引导者""我被赋予行为的意义……。"因此上帝就只能被理解为一系列可见行为的无形终点的导航者。

测试二：皈依者，也就是目前可见的宗教主体变成了一个布道主体："我将我的自我展示给你的自我，那么你的自我也许会改变信仰。"显然我们处于阐述范围内，但却未进入大众传媒阐述范围。第一个主体称为宣告者，而第二个主体则是阐述者，两者都平等地包含在宗教意义的阐明中。因此，宗教宣告需被分析为（a）阐明，（b）有着两个自我的两个角色，因此有两个目的论，而这是（c）通过娱乐性而模式化（参见测试3）。这类阐述促成了意义下属的从属关系。宣告者不仅使被宣告的从属于他们的模式（这些模式必须被迫出现，成为必需的、可能的、一定的、有义务的），还决定了他们的对应物，而阐述者不得不做出各种解释。

测试三：第三种转换先将神秘主义者，而后将宗教主体变成了娱乐刻板模式。在适当行为逻辑目的论下，宗教自我展现的交流成了一种行动规定。无论是何种行动指定一个宗教自我，它都必须遵从在娱乐媒体中陈述行动的制约。大众传媒中的身份特征是舆论创造的角色而不是心理状态。让我们回头看卢曼的理论，他认为大众传媒是一个自我再生系统，有着合适的自属选择运作过程和媒介。媒体根据现状标准做出选择，且积极的信息代码是"新的"；然而这一选择会冒一定的风险，即实际可靠性无法确定。这一选择会在内部处理它自己的选择风险，即不可靠性，将对立面制定为系统选择的消极代码，以及确实不可靠的广告部分，我们都知道广告只是徒有其表。这一选择从功能上讲会在新闻领域修复现实、选择约束，且由于多元的新闻来源（然而这并没有使现实变得更可靠），已建立的新闻标准以及有着适当新闻工作者日常工作的新闻部门等因素而得到进一步的保障。若结果自身的系统阻力反对其自身运作（"批评"），那么，这样的结果不是出现真相，而只是一个众所周知的恶名昭著的世界，一种无人质疑却允许每个人各持己见的现实效应。

新闻可以涵盖一切真实的事物，但它无法"涵盖"上帝（根据卢曼的宗教社会学，上帝并无信息价值）。即便如此，可以通过主体身份来报道其信仰的改变。我已在别处试图论证电影身份的符号学建构（艾赫拉特，2005b）。"全体"这个集体身份并不是一个真正的身份，而只是"某个人"（"某人确信"）。这种制约由娱乐功能进行处理。在大众传媒系统中，作为一种适当的系统操作，引人注目的主体性实现了一种补偿功能。强加于无可置疑世界的实际事件会造成许多制约，而自由观念也无法完全弥补这些制约。即使人们别无选择只能相信这些事件，但仍渴望重获对选择运作的一定控制。除了有限取舍，广告在不给予人们自由选择权的情况下支配了人们的品位，然而由娱乐来提供自由选择权是其义不容辞的责任。一个主体只有在此才能摆脱其自身的现实束缚，从而假设其他身份，个人史、个人世界以及时间的间接经验。这些被再一次被固化的，以及（以明星及类型为对象）被模塑的身份并没有那么重要，只要他们导致一种选择及身份运作就可以。因此宗教交流与戏剧——自由选择的领域互相协调是从属于舆论的一个可行的替代方案甚至是一种逃避的途径。技术上来说，它从公共领域外，转而进入娱乐领域，这是唯一处于大众传媒系统固定的公共领域，在此，身份和体系都可以改变。每一个测试都展现了一个不同的自我：

- （测试一）"皈依的自我"，包含四个实质上的要素：如果"我"是一个转化了的"自我"，它必须展现以下四个要素：原先的自我、之后的自我、它的转换以及它的"引导者"。
- 宣告的自我（测试二）促使"我"被陈述为"为了你的我"以及自反性的"我知道你看到我"［米德认为的术语是宾格"我"（Me）而不是主格"我"（I）］的自反性。
- （测试三）对以大众传媒为中介的布道来说，自反的"你"变得对意义具有决定作用。这一阶段的意义只是宣告者/被宣告的，或是发言者/

听众。

这一切根据原文本转化给宗教（善于接受的、怀有敌意的、非善于接受的、中立的）听众，他们必须对意义做出解释，对这种意义的展现，需要一个宣告者（展现、不展现、隐藏、论证）。这样的两对"交往利益"合作者可以按不同的否定立场排列：同一、矛盾、对立、亚对立的否定，两者之间一一对应，一个关系对应一个利益组合。格雷马斯的符号叙述学在这些否定的区别中得到其基本主旨，即符号矩阵（格雷马斯，1970a，67-91《一个模态理论》）。他提出的矩阵存在一个问题，即他主张一定的生成自动行为，聚合以及组合的发生逻辑（格雷马斯和科特斯，1979；s. v. "符号矩阵"），以及否定（反）立场。然而，显然只有矛盾对立同时在两个方向上才是完美的、逻辑稳定的，然而，相反的只是一种部分否定，因而总是任意的。"白色"可能与"黑色"相反，但"红色"也可能与"黑色"相反。但"红色"与"黑色"并不一定有联系，因为"红色"与"冷静"也有相反的关系。因此"语义范畴"在其同位体中的表达在符号矩阵中是十分特别的。自亚里士多德的命题与反命题，博伊修斯以及位于奥斯塔的坎特伯雷大主教圣安瑟伦之后的谓语逻辑表明，以下这些否定众所周知：对立、亚对立、属下以及矛盾否定。对立命题可以同时为假，但不能同时为真；亚对立命题以同时为真但不能同时为假。特称（逻辑或等同于逻辑）是真如果一方为真，是假如果双方为假。圣安瑟伦将非存在模式发展成逻辑方阵的一种反应，以及带入相反的关系：没有做但有（non facere essere）是非（p 和 q），在逻辑上等同于非 p 或非 q。非 p 和非 q 等同于非（p 或 q），是做但没有（facere non essere），而 p 或 q［等同于非（非 p 且非 q）］是既未做又没有（non facere non essere），由做、有（facere essere）［（p 且 q）＞（p 或 q）］暗指。在进一步的形式化中，格雷马斯继续通过存在将行为模式化（能力先于行为），用 2×2 的模式化关系充实他的模式化理论。然而安瑟伦以及其他中世纪逻辑学家清楚地知道，只有在不承认存在先于行为的首要性时，这才得以实现（博乔特，1997）。

对于两个互相展现的主体来说，他们"交往利益"的一般站位可在斯科皮克运作方式（见图 4-1）中概述为一个主动主体与被动主体间利益的简单组合。

A：宗教自我的主动展现：互补的奇观：

A：想要被看见   想要不被看见：C

无可指责的自我展现   为自己的赤身裸体而感到羞愧
                                                                （亚当和夏娃）

示范性的自我展现   应指责的自我隐藏
D：不想不被看见   不想被看见：B

B：宗教自我的被动展现：互补的奇观：

1：我让自己展现我   让自己不展现：3

自我得到救赎（"它不再使我后悔"）   自我谴责

（"它使我后悔"）
论及自我   非—不—论及自我
4：我不让我不展现   我不让我展现：2

C［A＋B］相互奇观化（可能的语义化）

A：1 两个自我	两个自我 C：3	A：3 大胆自我	非一描述自我 C：4
同时包含	不愿包含	面对羞涩自我	面对腼腆自我
（cor fr）	（被谴责的羞愧）	（改变宗教信仰）	（"道德警察"）

（悔改的谨慎）	（宗教娱乐信息节目）	（"问心有愧"）	（道德主义）
两个自我	两个自我	示范性自我	有秘密的自我
D：4 认可包含	都不包含 B：2	D：3 面对害羞自我	面对自以为是 B：1
同一的目的			相反的目的

一致的目的			矛盾的目的
A：4 大胆自我	遇到羞愧自我 C：2	A：2 正直自我	蔑视偷窥者注视 C：1
示范性自我	遇到有罪自我	应责备的	无罪自我
（"布道"）	（"避开我的注视"）	（"害群之马"）	（"苏撒拿"）

（"电视布道者	（"亚当见到堕落	（"愤世嫉俗	（"懦怯者"）
见证"）	后的夏娃"）	的厌恶"）	
示范性自我遇到	隐藏自我遇到	悔改看到	邪恶的自我揭露
D：1 无可指责的	应责备的 C：4	D：2 堕落的自我	悔改的自我 B：4

图4-1：斯科皮克运作方式的形式体系

将此体系应用于一个电视布道秀时，让我们先在宗教传播以及媒体节目的标准情况中，从其自身出发考虑主动宣告者的自我（先暂停考虑被动的观众）。深思熟虑后，我们可以认为吉米·巴克的《赞美主》在一系列节目中首先是对宗教自我的展现。这些秀以某种转换为重点，这种转换展现或暗含三种有着严格顺序的宗教主体：一，完全"神圣"的主体（通常是主持人），他的地位超越了皈依，占据一种"无可指责的地位"，是宗教信仰转换的逻辑起点与终点；要不是这个主体独立存在，就不会有对转化的叙述。二，因此，接下来它就是宗教皈依叙述本身的起点，也就是它矛盾的对立面：一个"无法展现自我"的自我——即一个应责备的自我。在一场电视布道秀中，这是一个重要的但缺席的自我，在布道中它作为一个邪恶自我而被除邪魔。一旦叙述转到其暗含的否定，它无可取代的功能就清晰可见了。三，接下来就是可怜的罪人。在电视布道秀中，这是最重要的角色之一。在宗教复兴运动的礼拜仪式传统中，这种显要性被给予了"见证"这一部分。而应责备的主体是无可指责的主体的矛盾对立面。它只隐含了一个（不再是或）没有被责备的主体。这个主体"可以不展示它的自我"；而它的对立面又是一个"不可以不展示它的自我"的主体，那么这就是四，被救赎的罪人。这些必须展示他们皈依了的自我——即《赞美主》。作为一种礼拜仪式功能，这要依靠唱诗班以及歌唱者，但首先要依靠主体对"邀请其站出来"做出回应。他们很大程度上将其自我呈现为道德上皈依的，净化了的名人。通过暗示，他从这一意义站位回到了第一种情况，这种情况如今以一个"示范性"地重新确认的主体身份而存在。因为它还未包含被动的观众主体，所以电视布道秀的这种表演仅展示了一半意义。但这些秀显然暗含了一定类型的观众主体。作为对观众意义体验调查的研究在大体上只能发现一些正式立场，这种形式体系甚至应该引导研究者去调查所有的立场，而不只是调查有利的立场。

当然，宗教传播并不只有电视布道活动。斯科皮克运作方式也可以进一步应用到实例中。尤其是只要包含非对称角色，即它可应用于公众舆论下的交往主体。这是相当标准的媒体规划。在所有教会领袖习惯的道德话语中，这种意义运用得十分娴熟。在反对教权的变化中运用了同样的展示形式（看他们是如何未被救赎、好争论、不道德、狂热盲信）。"道德主义"只有在观众成为意义的一部分后才可被理解，因为这种自我展现的基本观念不是我（宣告主体）将我的自我展现为罪人（应责备的），而是将另一个自我（接受主体）展示为一个消极的示范性主体。因此，要产生这种特殊意义，语义起点是接受者的站位二，以及宣告者的立场（A）（参见图4-1）。

斯科皮克运作方式在大众传媒中的实用性在叙述以及戏剧中达到了高潮。作为宗教意义生产，这应该被称作一种伪（或者甚至是反）圣徒传记体裁。"现代圣人"，宗教教诲的古老传说都扮演着典范性主体，当然还有相对应的恶人作为反派角色。这里的核心运作不同于"见证"，不仅是因为它更遵从亚里士多德的《诗学》（48a 2-3）中提出的准则。其中的区别还在于受到教化的观众的站位，他们一致或同一的交际意图应该在于假设叙述协议。

这些意义形式体系几乎无法削弱复杂性，因为我们已经有意识地将其从观众的自我展现中抽离出来。不幸的是，对宗教传播研究来说，观众的角色往往遵从于"观众研究"，即使观众已然是意义自身的一部分。因此，对宗教观众意义来说，被动的宗教主体会将这种意义自行吸收，可能的站位都在图表4-2中进行了总结。从观众角度对宗教宣告的一般预设是宣告者没有遭遇观众方阵中的意义站位2：观众必须至少有一定的意愿让他们自己参与自我皈依的过程。我会以一个圣经故事来阐述这一点，即大卫和乌利亚的故事（2撒母耳，11.2-12.13），而不是用媒体状况来阐释。这个故事贯穿所有的四个站位。它始于位置2：大卫不想知道。他相信一切都隐藏得很好。然而，大卫一旦同意聆听拿单的寓言故事（2撒母耳，12.1），他就变成了一个宗教主体了（他不想让自己展现他的罪行）。当然，拿单的寓言故事本身就具备一个完整的叙述轨迹，从位置1开始。当大卫被告知："汝为此人"时（2撒母耳），他在位置3的困境就被打破了，这有效地将他带到了位置4，即不情愿接受作为罪人的自我。当他忏悔（"我得罪耶和华上帝了"）并被主的恩典所解救时，他最终站到了位置1，成了一个新生的自我："汝必不会死。"有着三个独立主体的同样轨迹也可以在善良的撒玛利亚人以及许多其他寓言性的文本中显现。

即使将意义自行吸收，这个形式图表中被动以及主动的主体也无法表达所有意义，因为具体的文本不得不产生意义。只有作为一种意义时，它们才成为所展现的，对此人们无法假定其展现是互补或符合利益。在图表A：C中，最简单的实例是B：2，在这个位置宣告者不想展现自己，而观众也不想让他们自己参与进来。这种情形没有结果，且立刻终止了叙述意义的生产。对作为纯信息的宗教来说情况也是如此，这在新闻实践中很常见，后者的风格要求以彼此之间无利害关系的自我奇观化为故事基础（西尔克，1995）。A：1中的情况则并不那么有趣，在此一个完美的、无可指责的宣告者自我遇到了一个观众自我，这个观众自我想让自己展现出来，因为他不需要转换。这相当于两个主体互相证明他们的正直，这就是一个标准的"圣人遇到神人"的脱口秀，这里没有人受到挑战，每个人都保全了面子。C：3与C：4仍然处于相同利益的方阵中。D：4 只是 A：1 的一个细微的变异，因为它通过暗示指涉 A：1 的双重否定。"无—可指责的"的语义表明了这一点，更像是"必定地"，比单独一个"是"更有力。转换轨迹便暗含在这一意义站位中，即这个自我得到了救赎。结果就是罪人的盛宴，展现在如《巴贝特的盛宴》的最后结局之中。C：3 中自我转换的过程仍在全面进行中。

公共领域在新闻体裁或是新闻活动中的形成因客观性惯例和风格而牺牲了所有主观性的参与，显然公众身份在故事与戏剧中具有更大的想象自由。图表 B 包含了对图表 A：C 中意义站位的一些阐释，主要是有关宗教主体的叙述电影。

图 4-2 中提及的电影有：C：3《乡村牧师日记》（布列松，1950）；A：1《来自天上的声音》（杜瓦尔，1997）；D：4《圣洁酒徒的传奇》（奥尔米，1988）。这部电影（美版、法版《圣饮者传奇》(1988)）是基于约瑟夫·罗特的自传体小说《圣洁酒徒的传奇》拍摄的。这部电影讲述了一个酒鬼的故事，他必须将他借的钱还给位于巴蒂雷诺的圣玛丽教堂里的圣女小德兰，但他因为酗酒而花光了这些钱，电影中没有一幕场景可以阐释这种意义位置，但在故事叙述的轨迹中，电影结尾，这个神志不清、垂死的酒鬼躺在一个叫德兰的陌生人怀中请求原谅，这样的一幕从这个意义上来说变得十分重要，他说："Gebe Gott uns allen, uns Trinkern, einen so leichten und schönen Tod"（逐字翻译过来就是："给神我们的所有，我们的酒徒，一个那么明亮、闪耀"，美丽的古词，'死亡'。"），一种带着光环的失败。《创世纪——创造与洪水》《禁城之恋》（吉塔伊，1999）；《女仆的故事》（施隆多夫和阿特伍德，1990）；施隆多夫根据哈罗德·品特改编自玛格丽特·阿特伍德同名小说的剧本拍摄了该部电影，小说的封面印着故事情节梗概："每个月她都必须与指挥官同房一次，祈求能怀上他的孩子，因为在这个出生率下降的年代，奥弗莱德以及其他的女仆只有能生育才有价值。"《破浪而出》（特里尔，1996）、《目击者》（威尔，1985）、《逃亡者》（福特 1947 根据格雷厄姆·格林的小说《权力与荣耀》的故事情节拍摄而成）、《真正的忏悔》（格罗斯巴德，1981）、《神父同志》（伯德，1994）、达里尔·杜克导演的《荆棘鸟》（杜克，1983）。

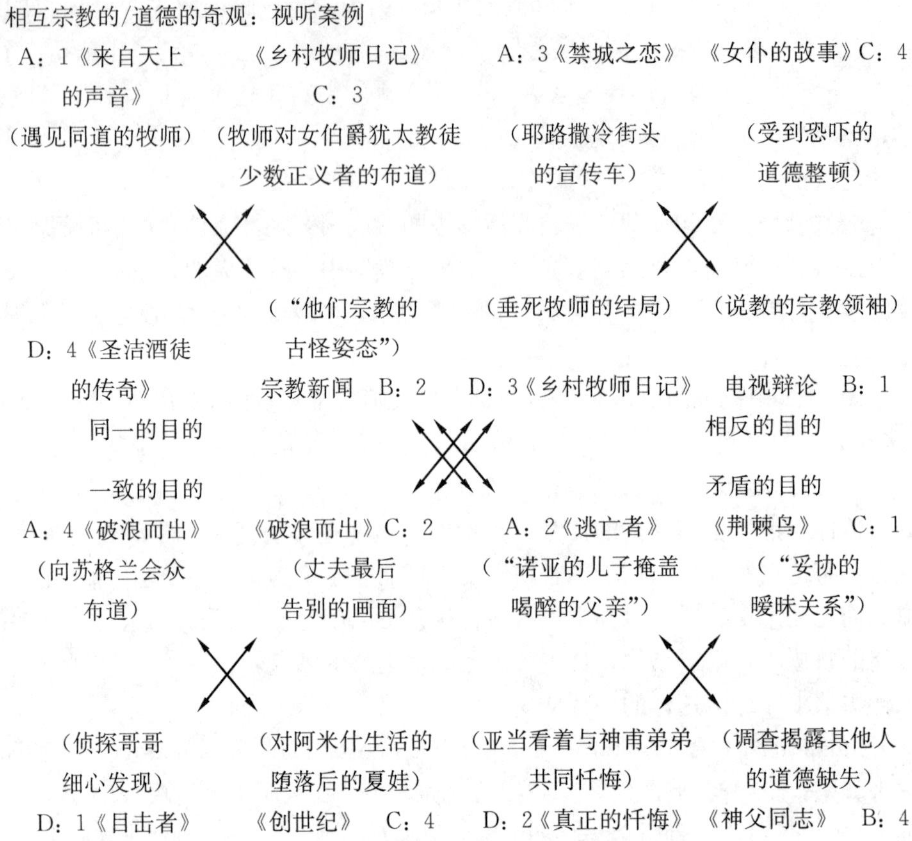

相互宗教的/道德的奇观：视听案例

A：1《来自天上　　　《乡村牧师日记》　　　　A：3《禁城之恋》　《女仆的故事》C：4
　的声音》　　　　　　C：3
（遇见同道的牧师）　（牧师对女伯爵犹太教徒　　　（耶路撒冷街头　　　　（受到恐吓的
　　　　　　　　　　　少数正义者的布道）　　　　　的宣传车）　　　　　　道德整顿）

（"他们宗教的　　（垂死牧师的结局）　（说教的宗教领袖）
D：4《圣洁酒徒　　　古怪姿态"）
　的传奇》　　　　　宗教新闻　B：2　D：3《乡村牧师日记》　电视辩论　B：1
　同一的目的　　　　　　　　　　　　　　　　　相反的目的

　一致的目的　　　　　　　　　　　　　　　　　矛盾的目的
A：4《破浪而出》　　《破浪而出》C：2　　A：2《逃亡者》　　　《荆棘鸟》　C：1
（向苏格兰会众　　　　（丈夫最后　　　（"诺亚的儿子掩盖　　　（"妥协的
　布道）　　　　　　　告别的画面）　　　喝醉的父亲"）　　　　暧昧关系"）

（侦探哥哥　　　　（对阿米什生活的　　（亚当看着与神甫弟弟　（调查揭露其他人
　细心发现）　　　　堕落后的夏娃）　　　共同忏悔）　　　　　的道德缺失）
D：1《目击者》　　《创世纪》　C：4　　D：2《真正的忏悔》　《神父同志》　B：4

图 4-2：对图表 A：C 从视听上的阐释

5 从欢呼到丑闻

公共领域媒体都有自己的固有意识形态（其可概念化成理性、意义制约、技术或美学判定，或目的论）。其逻辑论调包罗万象，涵盖所有公共事物，但选择了忽视一些比较私人的事务。相对公共话语来说，宗教是较私密的，但两者之间还有许多冲突性领域，涉及道德和习俗。避免这种约束的方式之一是公众的自我展示，一种带进戏剧的公众身份，远比公众舆论的θέατρον模式要自由得多。作为娱乐，该戏剧中涉及身份的虚构剧本，仍是大众媒体的一部分；但不是舆论的一部分。因为舆论是一种逻辑建构，简单说来，其通过大众媒体的逻辑成为社会的一项决定因素，它不能够与同时声称社会决定的逻辑共存，这就是宗教。从这两种逻辑的冲突中，我们能够了解舆论运作的许多方面，也是我们的兴趣所在。然而，另一方面，宗教社会学（例如卢曼的理论，1977，1984a；卢曼和基泽林，2002b）的论点是具有一定说服力的：社会功能影响之下的宗教先验超越为诸多道德话语。公众舆论的影响，尤其是宗教的丑闻化，揭示了许多其对待宗教态度的意义前提。

本章的第一部分关注宗教自身的基本社会表达，不是处于公共领域的上游，而是游离在公共领域之外——也就是说在成为私人问题之前。在本章随后的内容中，在开始符号学分析之前，我们会简要提到文学传播的当前研究热点，尤其是电视研究和某些媒体审美话语。

在电视福音布道的活动现象中仔细研究宗教个人的自我公开（私人领域的一种逆转），使我们能够对一些重要的形式元素进行初步的符号学分析。通过媒体诠释的东西首先体现在时间和空间的构建上，无论所表述的对象是什么。当宗教表现这些陈述时，它们就经受和其他所有都一样的解释——只有在意义上的差别是明显的。下一刻，在分析电视福音布道节目的戏剧中心，即所谓的"召唤"时，我们注意到，这种宗教戏剧很大程度上归功于媒体形式。在第三阶段，当模范人物向惊奇的观众见证他们的成功〔这是奇迹剧（miraculum）的字面意义〕时，我们在此可以对舆论媒体两个元文本中的其中一个文本

（"自我实现"文本）的一个实例进行分析（我们将在第六章提到它们）。元文本简单说来，就是故事中的故事。它们是这种舆论意义功能的基础，所以只能被事先预设，不需要被重复。电视福音布道节目的第四个关键特征，对（东道主、牧师、传教士、治疗者）权威的展示和解释，以实例形式说明了另一个元文本（"权力的合法性"）。这两个元文本都来自媒体，不是宗教意义本身。

这一章的最后一个部分，我们从媒体分析中概括地总结出大众舆论媒体如何与公众的宗教相关。在对立关系刚开始出现时，宗教成了公众舆论原始的丑闻：它们两家互相冲突的独家道德机构。

5.1 公众舆论之外的宗教意义

公众舆论媒体与宗教的混杂，产生了电视福音布道活动。我们的目的是将"媒体宗教"作为公众舆论最惊人的壮举之一进行探究，探究范围从表演秀到丑闻。但是，在此之前，我们需要确认其原始状况，才能掌握舆论对它造成的转变。与其他的"社会客体"不同，宗教是微妙的、瞬息即逝的，而且难以把握。我们可以直接分析媒体引起的宗教变化过程，但不是把它们当作两个互不相容的逻辑或符号类别冲突，而是作为对一个符号的解释。

由于汇集两种意义集群，显得比较复杂，所以了解媒体如何改变宗教是很有趣的。我们没法预测相互诠释如何进行，会导致什么结果。宗教的私人化说明，公共事务和私人信仰之间没有相交之处。困难始于以下这些问题：是否确实存在一个共同的认知对象？符号的宗教阐释和公共阐释意味着完全相同的东西吗？如果它们意指本质不同的东西就不存在冲突，而是存在一个完美的平行体系。但我们公众舆论的 $\theta\acute{\epsilon}\alpha\tau\rho o\nu$ 模型找到了一个神学—逻辑模式。这不仅是为了古代范例，同时也是每个人，包括君主，必须无差别地对审判案例做出全部回应，这个审判案例也就是现代追随上帝的案例。那么，我们就有坚实的事实依据来假设，宗教和舆论在争夺同样的宣判。

磁场将某种极化力作用于舆论和宗教之上。对宗教来说，这个磁场影响了独立存在于磁场之外的一个现实，而且这个影响在它置于舆论的权限范围内之前早就存在。但是，对于舆论本身，却没有这样的说法，因为舆论独立存在的说法没有任何意义。只有当它们摆脱了极化的影响时，宗教演员才能决定他们自己的实用目的。正如其实践初衷，宗教自己制造舆论，摆脱了宗教信徒，同时真正运用了"观众"一词（参见艾赫拉特，2005c）。有很多方法让宗教超越自己的内部范围，向"另一个"延伸；其中之一就是 $\kappa\acute{\eta}\rho\nu\gamma\mu\alpha$（先驱者的宣言，就是圣保罗进行福音布道的方式）。探究其宣教言辞，揭示了一个反争论原则。然而，一旦它企图确定每个人的（包括布道者）目的，那我们就会立刻注意到运用修辞对某人的语用目的进行辩护。这是五旬节派会员大会的核心历史经验，他们过去认为自己得到了圣灵的授权。从"福音大会"变成电视福音布道节目，就伴随这种痛苦的经历：福音传道者变成了名人，牵涉进丑闻，越来越多人怀疑他们虚假的实际目的（哈登，1993）。有趣的是，当公众发现，那些"强迫性的传道士"（反"新保守主义"新闻报道给他们塑造的形象）只是普通的友好市民，但他们的政治取向比人们的想象更容易区分，就会对他们的实际目的出现一种逆转的间接讽刺（萨皮尔，2004）。

在服从于舆论磁场前后，目的预设的差异表明它本身的意义是清晰的。这呈现出非此即彼的解释。事实上，这种非此即彼发展出了强有力的类型，在必须采取文本中不存在任何的模棱两可。这样，传道体裁的意义非常清晰。它在确定了语用目的后，完全能够被理解，但这是以一种非常微妙方式发生（比公众舆论微妙）的。对上帝选定的人进行授权真的是一种看不见的神召，没有这种感召力的人必然不能触及它。相反，公众舆论几乎要求所有的演员对"大众"做出回应，以此认识到"大众"的授权。如果被召唤的人进行布道，那么他们必须同时宣告他们的使命。否则，对实际目的的确定就会回到利己主义，或其他相似的东西上，尽管传道的意义种类不是很狭窄。如果神的旨意（如在狄奥尼索斯崇拜）直接被呈现，那么传道的文本类型就包含了最广义的"魔法"流派。一般来说，这以原始的神圣敬畏的形式出现（从亚里士多德诗学的恐惧这个意义层面来说）。然而，现在上帝并没有被授予上电视节目的特权。这种神直接出现的情况只发生在印度电视中，他们产生了一种纯粹的"神剧"，叫《罗摩衍那》（萨加尔，1986）。这部电视连续剧非常成功，因此出现了模仿和续集。实际上，这种东西在今天只能通过叙述性的包装进行传达。上帝的使者全部存在于恐怖电影中。它们也是各种驱魔电影、教派和撒旦电影的支柱，比如《圭亚那的悲剧》（格兰汉姆，1980）、反乌托邦电影《一个女仆的故事》（施隆多夫和阿特伍德，1990）以及民族志电影《光之翼》（西塞，1987）。

在现实社会生活中，脱离媒体领域外的讲道言辞，可以用许多方式进行包装。然而，它也总是对"某种东西"的再现，而不仅是角色。"陈述可能"的修辞意义上的某种东西表现出来，而且这个"某种东西"的内容是意义，而不是意义话语。神学和宣言是完全不同的：前者谈论意义；而后者表现意义，并以直接或叙述认同的方式让意义服从于经验管制。教堂的传道也必须以叙述的方式呈现，同时包括一些其他形式。经典的例子是圣奥古斯丁的《忏悔》，直到今天还有很多续集。任何种类的忏悔都是以这种形式进行的，它最重要的策略是主体的转变，这就自动产生了产生忏悔之前的主体和忏悔之后的主体。

然而，电视福音布道秀的结构是为了展示他们媒体化的痕迹。在变成一个大众媒体时，所有的这些都必须改变：布道者的角色必须与公众舆论主宰的角色水准相匹配；而且宣告内容、意义再现必须与媒介预定的修辞艺术融为一体。还没有其他形式的宗教表示能够像电视福音布道节目一样成为大众媒体领域的一部分，电视福音布道节目有时候除了电视演播室、各种地址和捐赠资料库外，没有实体存在。似乎同样模糊的是参与方式，看一个节目是否构成媒介消费，或者说观众参与节目是否是一种宗教服务。大部分情况下，电视福音布道节目的布道者个人会以服务的方式来指引他们的观众。比如，有的布道者恳求他们的观众跪在电视机前，触摸电视机，与虚拟社区一起鞠躬祈祷（维兰斯纳 2001，145f），这暗示了麦克卢汉理论的勉强附和。这些节目，大多数只是制作精良的电视节目。这也能通过以下历史真实反映出来：电视福音布道正演变成一种意识形态和政治工具（蒂默曼和史密斯，1994；维兰斯纳，2001；威尔科特斯，1989）。在公众舆论媒介中，这种现实效应是电视节目编排本身造成的影响。

作为电视产品，电视福音布道节目知道如何利用精心设计的舞蹈、构建和组织空间和节目时间、场面见证、音乐以及布道的中心位置来给观众留下深刻的印象。信仰治疗因其富有特色的演播室观众、布道者和观众之间交流—诉求的互动三角结构，变得尤其引人入胜。这种电视编排的专业知识并非凭空产生，特别是它不是抄袭其他电视节目的编排。相反，它是将现存的礼拜形式转移到电视媒介中，即使（乍看很平庸的）PTL 节目元素也有古老的血统。这个在韦伯的宗教社会学调查中，尤其是对新教教派（包括历史教派以及现代教派）进行的历史社会学的比较中显而易见（韦伯，1920b）。在此对比中，尤其有趣的是对同一种任务有多种解决办法。礼拜仪式的任务，概括来说，就是表达信仰。其本质不是额外的表现，也不是水平地向到会的人进行示范表演，而是垂直地、先验地向上帝表现虔诚。

然而，只要信仰变成了一种公众展示，这个展示的接受者就发生了变化。在礼拜仪式的历史中，或者在韦伯的宗教社会学中，这种改变在多大程度上具有贵格教派会众某些做法的渊源，是一个有趣的问题。然而，我们目前的框架中，重点在于交往行为。

5.2 电视研究和审美形式

电视编排是电视研究关注的问题。遗憾的是，这个学科最近在合适的电视审美形式上缺乏研究兴趣，方法和理论都参差不齐。一般说来，它们在整个领域被共享。然而，我们可以确定某些兴趣的领域和研究方法。例如，电视类型理论关注的是接受问题，它被理解成一种"文化实践"和明确的独特议题，这种议题对某些媒体学者来说可能是过期的，不管它们是文本形式和审美机制，还是跟当代方法不相适应的通用意义的结构主义理论。如今能够激发很多媒体学者兴趣的中心问题——电视节目如何与文化权力和政治的具体系统历史地相适应——似乎与代表类型理论的问题相去甚远（米特尔，2000，25）。这样，叙述的视听形式退化成了一种指令表和预先解释，类似于古代修辞学的衰变。这就导致类属文学问题，其中，修辞学者必须使出一切正确手段，例如语言风格和水平，对公众发言、比喻、恰当的公共地点等。这明确破坏了审美形式和逻辑形式的有机联系，修辞学退化成了一种空洞的"纯粹修辞"。

同样的批判也适用于"纯粹审美"理论，而且这种"形式主义"还有一些变体。谈及电视仪式，很少会超过一种相当模糊的说法，它试图表明间接返祖性的影响如何作用于宗教社会。这种说法让人很容易想起电视福音布道活动。但它几乎解释不了任何东西，除了否定"机能主义者"沟通传递的明显意图。无论如何，这个方法都没有把握视听符号的审美特质。

在科纳所列举的四种电视理论中，没有一个理论特别注意媒体的审美和形式特点。只要它们稍微注意到一点，就会立即变成政治代表的一种审美标准。科纳认为："这样的方法（大众传媒研究）必然会产生一个根本上狭窄的视野，即将电视特点当作是社会化美学的一个完整的新系统，在此系统中，'真实'和'想象'之间，描写与社会主体之间，产生了前所未有的相互联系；同时，视觉形象很快变得具有了重大的政治和文化意义。"

我们通常看到有人尝试对视听理论进行分类概述，例如科纳列举了"理论描述的核心"（1997，249）：再现理论、媒介理论、制度理论和过程理论。更早时候有波德维尔（1985）的尝试，他将模仿理论和叙述理论相互区别开来。卡罗尔在其综述（1988a，1988b）中也进行了分类，其分类与波德维尔的分类完全不同。这些分类尝试不是用同样的刷子涂抹一切东西，但它们确实多少证明了这一点：在某种类型与其他类型之间保持距离是方便且有利的，或者它们宣称这个领域的理论构建一般都不能令人满意。这时，"中等水平"理论出现的时刻到了，分别是"系统理论"或"宏大理论"消亡后的"渐进理论"（卡罗尔，1996，2，II—IV）（波德维尔和卡罗尔，1996）。

这种消亡并没有解决视听理论构建的问题，因为第一，不可能脱离理论连贯性的要求，第二，我们也不能抵制诱惑，往往想要构建一个能够解释一切的理论。对于第一点来说，在文化理论传统中，没有什么能比利用各种不尽如人意的模仿理论更敷衍的了，把它们调合成马克思主义、结构主义和符号学以及精神分析学。这些理论组合轻而易举地就被拆散，表明了它们在分析应用（"实证研究"）中是多么的随意。至于第二点，有很多例子表明，电影本体论如此包罗万象，以至于任何分析都能证实其正确性。除了德勒兹的例子，其他所有例子都受到了波德维尔刻薄的批判（1989）。但是，当我们原则上反对它们作为理论构建的类型时，这个做法能让我们摆脱它们所造成的困境吗？

但是我们不应该忽视客体的本质，它总是意义的产物。这有助于理论构建，而这种理论不再仅强调对错（尽可能像事实对象）。意义只能通过另一种意义进行阐释。我们有可能在方法上将意义具体化——例如，把它当作实证的行为，像事实一样进行研究。如果我们忘了行为也是一种意义，就会得到完全错误的结论。相反，如果我们认为意义对经验免疫，或认为它是一个功能自治的、自足系统的话，那么我们是用皮尔斯所说的"形而上学的方法"来让思路清晰。这种理论只能随意进行交换。当卡罗尔批评这种理论是"媒体本质主义"（例如所有宏大的经典电影理论，包括俄罗斯形式主义者的理论、巴赞的理论、阿恩海姆的理论等）时，他很可能是对的，因为"媒体本质主义"接下来就表现于"媒体特殊性"和媒体美学中。然而，一错再错（abusus non tollit usum），要找到一个意义理论，能够处理好对象的属性特征的话，这也就足够了。

此外，我们不能否认电视在实际上就意味着电视使用（这同样也适用于广播、文学、报纸、电影——总而言之，适用于所有没有固定其用途的大众媒体）。处理人造意义的使用是与形式美学截然相反的一种理论努力，尤其是民族方法学的形式。然而，人种学还有必要想象家庭关系如何在起居室中表现、沉淀和改变［参见《性别、谎言和录像带》（索德伯格，1989）］；为了同样的目的，我们甚至也能对饭菜饮食进行人种学调查。遥控改变了电视使用方式的观点已经成了一种陈腐见解；可能也是平庸短命的是，对工作时在计算视窗看电视引起的变化进行调查，因为其他网站内容的限制也很容易改变。电视消费的可能"用处"［许多最不可预见的"观众活动"（使用文化理论的流行语）的可能性］就像生活本身一样变化多端。制作者很可能没有预见到所有这些，这说明了电视节目不是作为意义而制作的。

提出一个符号学方法并不意味着否定所有的意义决定因素（正如索绪尔打算做的那样）；相反，可以很容易地将它们结合到符号过程的解释链当中。但是，在分析中尽可能地符合"优先解读"是明智之举，因为解释的增加也会导致任意性和不可预见性的增长。从符号学上来说，与动态客体的关系保持不变，但是，第一相关物，也即符号本身的规律性越多，解释项就会更随性地发生改变（既可能是建设性的也可能是退化性的）。

这在大陆哲学（指欧洲大陆）的背景之下并不是什么奇怪的事情。所有回归现象学和解释学的方法总会考虑到意义是无限的。符号学在其中强调的是要特别注意符号的属性。这绝不允许符号属性从三元关系中分割开来（除了纯粹抽象），然后从中得到"媒体效果"。一个媒介绝不可能独立产生效果；而只能在符号、容体和解释项（按顺序的、迭代的、三元的）关系中产生。

5.3 宗教时空的媒体建构

对电视福音布道活动中的电视宗教信仰来说，有限数量的参数是意义的决定因素。因为这些在其他的礼拜形式中也是意义的传播手段，所以进行对比是非常具有指导意义的，而且能够让人理解礼拜仪式意义的变化。空间和时间都不仅是存在于礼拜仪式或电视中。相反，两者都必须积极进行精心的构建，特别是在电视中。因为预期到可能存在异议，所以需要这个预先评论：由于第一相关物的本质特点，时间和空间的构建是相当模糊的符号（例如：双重退化、第一性）。鉴于这个事实，这样的符号几乎可以从一般意义的任何方向来进行解释。为了防止肆意解释，我们必须要充分考虑语境的其余部分。尽管如此，值得注意的是，这个模糊符号为电视福音布道的意义建构做出了强有力的贡献。

已形成的空间，或者说建筑，一直被实际固化成行为，这是一种与其他的实际空间相同的社会化形式，它的结构已用某种方式锁定。福柯在中央视角意识形态方面的理论广为人知。其形式不仅是来源于那种可以实现整体观察的监狱装置；而且也包括现代的剧院建筑。一切都面向君主的包厢，这是观看主体的理式视角点。只有从这个有利地位观看，幻术家侧面布景和侧翼建构才能获得意义，因为这是无所不知的观察视点。

由于它们相对立的起源，体育场和剧院建筑有不同的取向。然而，中央视角却建在电视摄像机之中。体育场正是帐篷奋兴的主要形式转变成为大众戏剧的地点（在比利·葛培理的手中）。在壮阔的场面中，体育场和电视摄像机一起产生了特定配置的观众效用。其指导思想是"圣礼空间"与表演者之间保持界限。观众被置于圣礼的对面，可以说是在圣礼的面前（从"前"这个词的双重意义上来说）。

从技术上来说，这在电视上由三个因素实现：祭坛、距离范围和照明控制。第一因素的丰富的文化背景无需强调。这样一个地方的完美典范是罗马国会，如今原址上的国家祭坛阻碍了对 Arx 和卡皮托利诺神庙的视线。Arx 上坐落着警戒女神朱诺的圣殿——即具有女性特质的"警告"女神——这又解释了她守护用之不尽的"钱"（Moneta）之魅力。在庇护的另一边是罗马权力的保证人，即拥有最高权力的朱庇特神庙。权力总是需要一个圣礼的舞台布置。必要的时候，我们可以通过解读并重新利用宗教来完成舞台构建，而"圣坛"是（过去也是）这个过程的焦点所在。在此，我们可以庆祝先验的万能之主与其下最主要的权力之间的联姻，这个主要权力的存在是作为有效、合理、必要的祭司调解人。其他人都是每个定义和每个祭坛建筑的被动反应的助手。从比利·葛培理的第一次宗教改革运动，到舒乐的水晶大教堂事工（以及其他大教堂），这个形态理念在电视福音布道节目中已成为决定因素；相反，演说时与观众面对面，作为一种形态理念，却没有这么大的影响力（这非常类似于在舞台上布置政治大事件的场景）。

借助灯光对比的作用，我们可以解释为何所有人的注意力都集中在焦点物体上：被光照的重点与黑暗的非空间形成了鲜明的对比。电视福音布道节目中具有大众传媒特点的舞台设计很生动地展示了这一点。然而，仅仅从这样一个被广泛使用的技术来推导出独特的特性未免也太宽泛。只有正式借用宗教力量的舞台布景，才能凸显电视福音布道节目的空间感。在考虑所有其他元素的情况下，很明显的是，权力一定是具有法耳玛科斯的人格，其救赎性散发出道德转换中良心的力量、预言中知识的力量以及治愈和驱魔的力量。政治权力行使者可能也有相似的绝对权力。尽管进行对比后可以发现这两种权力投资所要达到的目的是截然不同的。这个差别一部分跟空间识解的形式要素有关。政客的权力来源于人民（或来自国家，或来自历史，有时候甚至来自上帝本身，通过人民进行调停，参见莱尼·里芬斯塔尔的《意志的胜利》）。这种对授予的依赖让领航者的象征性存在成为必要。结果，不对称的目的空间矢量必须要正确地表示出来：呈现出垂直和同心形态以表示"我们授权于你"！宗教权力源于上天，说明其非对称的空间矢量展现出不同的空间定位。政党大会和代理上帝权力的电视福音布道节目之间的差别在于空间安排。空间识解需要所呈现的电视媒介支持，尤其要通过时间编排。如果做不到这一点，那么大物理空间的印象就会被媒体消除。

电视的福音布道形式带来了怎样的空间体验？这种空间性让它本身与其他各种精致的圣礼建筑之间有了对比——例如，耶稣会会士和加尔文主义巴洛克风格的教堂之间的巨大反差。但电视不能展示巨大的空间；小尺寸、模糊屏幕幅度不允许这么做。大空间的展示必须要获得大量混杂的微形态的屏幕效果。电视不受电影要求的约束，它有自己的视觉"法规"，不需要宽屏的图像和扩展的景深。它依靠简单干净的组合发挥了自己的力量。由此，它缺乏景深的缺点得到了补偿；所谓缺乏景深，实际上就是指只有二维呈现。至于空间深度，电视非常依赖深度轴上复杂的位置顺序，以及重叠、摄像机移动（变焦推位、横摇、推拉镜头）、惊人的拍摄角度和构图。与电影相比，电视更是一种转喻媒介：通过更快的剪辑节奏造成的空间碎片化以及对关键物体的特写镜头（更清晰地呈现阐述实例），有助于简化电视影像，消除戏剧的歧义。

电视福音布道节目通过镜头移动来强调不对称的矢量化，以此有效利用电视媒介来制造其空间感。在比利·葛培理的节目中，摄像机跟着音乐节奏沿着体育场过道向下扫，刚开始范围很宽泛，到后来最重要的场景出现的时候就向中间集中：即在召唤向前。相反，当空间性一点也不重要的时候，摄像机镜头就集中在布道者身上，即在布道。同样，今天的电视布道者在布道时可以行动自如，有自己宽阔的空间，这样就构成了他们自己的实际空间。这个跟其他的布道方式大不相同，其他的布道方式都是将布道者固定在讲坛上。通过"反应特写镜头"，会众或观众的反应空间也能将布道者的实际空间进一步延伸。而且，当布道者的特写镜头被切换成一个观众的特写镜头时（这在影像上相当于五旬节派的呼唤"哈利路亚，赞美主吧！"），口头演说的假想亲近感就直接变成了影像的亲近感。

空间美学在电视福音布道节目中是一个高度精练的识解，它对沟通形式有着明显的影响，并影响有着明确形式的公共宗教的人际主体性。比利·葛培理在体育场上演其宗教改革之前，这种被观看的宗教模型还是西部荒原的帐篷奋兴。这些在空间上的安排可以使帐篷奋兴在大规模的"大棚布道会"上达到高潮。因此，内置的矢量其实是向道德模式、圣经和福音传道者的一次同心转向。

今天还在践行这种最早的礼拜模式吗？20世纪90年代是电视福音布道的鼎盛十年吗？有人可以反对，例如，有人说泰米和吉米贝克的PTL节目深受脱口秀节目的通用模式的污染，结果是不再展现电视福音布道的美学。这种说法是靠不住的：节目的客人坐在毛绒沙发上与泰米和吉米聊天，但这并不是浅显自我宣传类型中必不可少的组成部分。PTL的职责不是让名人服务于大众。这个特定形式可以让名人向主持人揭露他们光鲜亮丽的生活中的一些不堪的细节（这些细节由他们的公关公司或"名人操纵者"精心甄选），由此，他们才能让人赞美他们的名人地位。泰米和吉米的客人所揭露的更接近帐篷奋兴和福音布道的典型：忏悔和祝福。这个节目作为一个电视福音布道节目，其较高的认可价值也得到了形式要素的支持，不仅仅是在修辞和话语方面，还在于它可识别的时间进程和PTL戏剧演出的动态性上。加上事件过程的逻辑性，就会产生一种众所周知的形式要素——尤其是对布道者和观众反应的聚焦，可被解读成信仰转变。

时间的构建是第二个参数。时间并非简单地在那儿——它必须被呈现出来。电视福音布道节目需要在两个维度上对时间进行准确测定（参见阿什德1979，201；里尔，1977，171-180），内心感觉的时间和事件进程的时间。始终如一的节奏感对最初和最后的序列尤为典型。虽然在专业的电视节目中也是如此，但电视福音布道节目不需要大规模地借鉴电视的专业性——奋兴仪式在电视出现很早之前就存在了。那些仪式的音乐性（赞美诗、福音诗、爵士乐）也进入了娱乐圈，成了典型的美国文化产物，甚至还要进军体育运动场合。在电视福音布道节目中，音乐及其伴随的时间形式一直服务于宗教感情的表达。我们无须在此强化温暖和安全、和平和热情等感觉，因为音乐节奏会带来这些东西。

在进程时间方面，电视福音布道节目展示了时间性的感觉，或者说剧场活力，这样是为了信仰的转变："向主坦诚。"在这一点上，这个节目构建了一种张力，只有在坦诚时流下宽慰的眼泪，这种张力才会服从于扩张。这跟福音传统之外的礼拜仪式的活力有很大差别。这种活力的外在性跟圣礼仪式尤为不同。例如，我们能察觉到的救赎感觉的高潮一般在坦诚时候出现尽管它们在神学上有一些类似，跟走上圣坛接受圣餐仪式相反。而且，在召唤走上圣台参与救赎时，布道达到了高潮，这在皈依中可见。由于这种集中式结构，时间性只能是一种加快的甚至是一种加强的过程。

电视的时间性顶多能实现电视福音布道节目的宗教时间性。如何做到这一点？壮观场面的时间性（从剧院到电影院到电视）变化程度比空间性还要大。这个变化的原因首先是因为电视生产，它提供了规则的呈现版式。电视的目的是一直提供可靠的娱乐。这个本身就改变了对象的性质：是新闻故事而不是历史，是观点的形成而不是知识的传递（参见戈达德，科纳和理查森，2001）。

最重要的呈现版式必须要适应这种新的周期性要求。电视本身没有创造出周期性需求，所以要让自己的节目安排跟广播和报纸的版式多少有点差别。早年时候，电视新闻广播什么都不是，只不过是偶尔穿插了一些图片的广播新闻而已。但即使如此，我们也注意到了一个小小的变化：那些照片有了新的修辞功能——证明真相。因此，新闻的决定性特点主要还是名义上的话语风格（例如新闻的风格是避免使用以往显得太随意的假设名词，例如"因此"和"结果"）加上一些叙述时态（尽管避免历史时态）。所有这些因素都是为了消除对叙述因果关系的客观性的怀疑。但是，伴随电视而来的还有新的客观性和真实的保证，那就是图片。电视自始就要保证完全的真实性，即使有时候内容的虚构性特点很明显，但电视真人秀（此名字并非碰巧而起）的节目编排显得"再真实不过"，尽管它们对怀疑进行澄清而且与我们外显性知识相背。周期性变成了强调现在的及时性，因此，电视的时态是现在时。

一旦叙述的过去时态被取消了，电视作为一种叙述媒体就获得了另一种完全不同的潜能。在旧媒体中，文本构建受到"结束感"的规定，而这正是弗兰克·克莫德专著的标题。它给了文本一个结构，让它成为一个整体——故事整体。但是，现在的电视完全是一个叙述媒体，它不再有一个"自然的"结局（除了故事背景让人感觉会有一个灾难性的结局以外——但这是另一个主题了）。

这种形式观点不再构成技术本质。虽然它会告诉我们，由于这样的形式再定义，叙述形式的连播将产生什么后果。电视的目标取向不是追求叙述性，它是一个长久的持续过程，长期探索不可得或不可知的某东西。我们不可能知道在电视连续剧里面真正发生了什么，因为其中只有不带目标和结局的事件；而且它也不是"跟真实生活一样"，因为叙述连播必须持续下去。虽然在技术上，这被当作是编织叙述绳股，但它深层的动机在于进行一次不祥的探索。从主题上举个例子来说，与犯罪之间没有结局的斗争就属于这种探索。同样，在纯粹的"迫害"系列中，一个人必须放弃自己的身份认同才可以仅仅作为"我"而生存下来；一个人要一直寻找自己的幸福却永远都找不到它。作为叙述技巧，无以名状的坏兆头用于固定的角色群，偶尔有客人（恶棍）证实了刻板角色群的必然性，并将其固定下来。这当然将任何的性格发展都排除在外，因为性格发展会给出目的暗示，个性成熟是成长小说类型的结局。叙述逆转永远都不可能发生，只会有来自外部的干扰，这种外部干扰可以在下一个回合中被清除。

已经表明电视的系列叙述给行为和身份认同带来了多大的社会影响。特别是拉美肥皂剧（哈根和瓦斯寇，2000；塔夫特，2000）。对我们来说，社会性不能再作为"行动布局"（如利科翻译他的模仿 II，叙述行为正当性）进行叙述到底意味着什么？这个布局是指让所有的元素服从于叙述目标的逻辑性，但叙述目标本身在叙述中却被无限期拖延。表面上，作为叙述媒介的电视功能良好，从中也能获得社会性。因此，叙述的终止必须多多少少实现意义。然而，如果叙述作为交际行为继续下去，那么在叙述表面，绝无可能出现终止和构造，它们只会在永远都不在被叙述的元文本里面发生。从上文所探讨的意义来说，这个元文本很可能是媒体本身。

尽管将语境进一步扩展到现代性的独特审美形式上来可能是更合理的。它与个人生活的意识相符合，可这样的生活永远都在努力完成实现自我的责任，却永远达不到它的目的。生活任务加重了这种责任，同时也永远逃离不了要无休止地找出探索的目的所在，也无法将其终结，正如探索本身一样。〔正如上文所述，这正是自我实现和身份认同的元文本 II〕

电视福音布道节目已经适应了电视节目编排的这些时间常数。电视福音布道节目能够将无结局探索的元文本的公开引入一个问题解决方案的可见性中，从这个意义上来讲，这已经是一个诠释成就，探索已经明确变成了主旨。如果这些问题被表达成标准的戏剧问题，这为辨认需要救赎的问题提供了大量便利。在这种情况下，就难怪电视福音布道节目允诺解决金钱、婚姻破裂、酗酒等问题。简而言之，我们看到整个连续剧和肥皂剧宝库浮出水面：《家族风云》《豪门恩怨》以及它们的续集和再续集。这种"可视化"也决定了时间的节奏，这节奏一般规定，一个人提出问题，也应该提供相应的解决办法。反嵌入——例如，即将到来的电话呼叫、金钱的承诺、信仰的多次转变、圣经销售等，所有这些，加上现场摄像机强调的加速悬念以及当各种目的实现时，节目主持人热情的舞蹈狂欢，这一切都是为了迎接"赞美耶和华"！所有的这些都是正在发生的、可看见、可听到的事件的时间形式。从这个意义上来说，电视福音布道节目也具有电视环境的时间深度、各种电视节目编排形式以及节目的时间结构。

5.4 召唤

召唤是电视福音布道节目的核心。这种召唤有多种变体，但它总是经久不衰地存在着：它是不可被忽视的，而且对每个人来说都是明显存在着的"交际性"元素。它也是形式传统表现自己效用的地方。某种需要宣传的宗教社会性决定拥有正直品性的个人之间的互动。以此类推，与电视传播的互动进行结合变成了可能，这是电视福音布道成为公德社会的一种现象的基础。

召唤根源于比利·葛培理自传中所说的"在皈依福音之时的焦虑不安"（参见里尔，1977，177ff）。西部边境城镇的帐篷奋兴传教士可能认为我们需要一个相当激进的手段来为"堕落的"群众进行道德提升。尽管有这种直接的手段化，但奋兴手段还是根源于美国宗教实践的主流，而且只能根源于此。韦伯在他的宗教社会学中，将各种新教教派当作他的研究对象，包括贵格会、卫理公会、浸礼会等。他认为，对于"来自新教伦理精神的资本主义"来说，它的发展是由于"精神的品赏"。品鉴作为一种交流形式，存在于确定具体个人的社会和宗教认同之中，在于没有仁慈心的"恩惠特殊主义"或unbarmherziger Gnadenpartikularismus（韦伯，1920a，124）之中。可惜的是，帕森斯在他模糊的英语译版中并没有翻译出这个词（韦伯，帕森斯和吉登斯，1992）。这种无情的恩惠是由于一个人对自我救赎不确定的结果，也是对保证和确定性的极度渴望。这种形式解释了韦伯的宗教伦理化：只有成功证明了他们的正直，卫理公会教徒才能进行洗礼。在这方面，加入卫理公会事实上意味着拥有无限的信用（这个词的全部意义）。这些实践中，没有一个关心灵魂的深度，因为这一点只有上帝才能够洞察。对我们来说，这个事实是非常重要的。相反，在教会能够观察、证实和确认可见的正直之前，个人必须证明一切。每个人随时都生活在别人的观察之下，尤其是经济行为。正直的获得要经历一段试用期，类似于修道士见习期，经常以洗礼对其加冕（例如，再洗礼派教徒）（参见韦伯，1920b）。这种社群行为的神学解释是：在耶和华面前履行自己的责任，不让耶和华纯净的桌子受到罪人的污染。它认为，鉴定和认证构成了巡游兄弟的证书，因此他们可以在别的礼拜会里参加这样的耶和华桌子的活动。

这种责任有两种结果：外在的可见性和行为正确的道德性。如果教众能够判断的话，前者是一种实践的要求。两种永恒的宿命象征得到承认：道德行为的完美以及感情的唤起。行为在商业、家庭和礼貌领域是可以看见的，感情唤起仅限于特定的宗教仪式。这个方面最著名的是贵格会众以震撼的方式实现了心灵的觉醒。但是其他教会也一样，没有经验的布道者只能通过一些明显的迹象来获得他们的凭据。在一个人被允许发言之前，他必须经过圣灵迹象的验证，而且这验证必须得到"阿门"的确认，这是会众给予的回应。这两种对被选宿命的证明紧密联系在一起；它们最终一起揭示的是纯洁、远离罪恶和邪恶的行为。大众越是不知道上帝所选救恩的真正意愿，会众作为信仰的最终确认形式或证明的地位就越重要。

这两种元素在电视福音布道节目中同时作为内容和形式呈现。在召唤过程中，两者合并在一起。最终，不是比利·葛培理在召唤，而是召唤本身在召唤。而且，这仅仅是可见的信仰转换，它会在前后的叙述方式中被讲述，是"对道德的犯罪（回归到生命的存在）"。可见性也导致了展示能力以及布道和召唤之后，令人印象深刻的、适于电视广播的大规模信仰转变。卑贱的主体从体育场黑暗的深处转移到中心圣坛明亮的光线之下，在此他们深受选举会众的欢迎。当今天这个会众组成了所谓的顾问时，当证明文件成了布道行业的数据库条目时，它并没有改变原则。甚至当某些节目的摄像机仅仅拍摄了响铃的电话和顾问的呼叫中心时，仍然建立了形式上的对等。可以推测，这些顾问一边亲自与某人一起祈祷，一边还能接书籍和文学的订单。这种转变在任何情况下都是公开的，受感情驱使，具有道德性。这种道德性尤其能给早先的电视福音布道赞助人留下深刻的印象，即报业巨头威廉·伦道夫·赫斯特，他看到在洛杉矶的一次体育场奋兴中，卑贱的个人如何在道德上公开声明放弃他们以前罪恶、不道德、没有意义的生活。事实上，一些洛杉矶的底层名人也属于皈依者。能力展现作为（本质上不知道自己救赎的人）上帝选拔的证明，同样也适用于其他皈依耶稣的"祝福"。某些节目（例如，卡尔文教徒帕斯特·舒乐的《权能时间》）的主要依赖的话题涉及人间财富、年龄、幸福的婚姻以及商业上的成功。

电视福音布道节目的皈依方式是体验一种情绪化的决定。这种形式被叫作"为了耶稣的决定"或者诸如此类，它可以在卡尔文教徒证明其选择的责任中找到历史原型。而这些卡尔文教徒永远都不清楚他们的选择。作为他们被选择的标记，他们必须站出来坚决反对不虔诚的心态。这种态度都出现在敬虔派教徒、卫理公会教徒以及同源的教派中，但也出现于浸信会和再洗礼派的传统中。但是，宗教皈依的本质属性使得决定性突破缺乏上镜的品质，即使它是突然之间发生的。这就给电视节目带来了问题——皈依活动在其形式和内容上，都应该变成引发现场高潮的时候，而且这必须在节目的最后进行。第一批帐篷奋兴的皈依之路在此提供了解决问题的方法，尽管这些奋兴没有被限制在30到60分钟之内，包括信誉和自我提升。这样就凸显了可见性和大规模性。皈依活动本身还是私人性的，但它以"顾问"的形式，与其余的会众因素联系在一起。因此，活动的本质被隐藏在电视摄像机之后，剩下的只是一个可见的外壳。

电视福音布道节目只有一个小时，所以在其时间安排中，就需要在53到57分钟的时候达到节目的高潮。在贵格教派早期的集会中，有一个小时的时间来动摇别人。但是，正如韦伯对贵格教徒观察的那样，因心灵震撼引起的讲话总以一种罕见的精心编排的方式出现，而且这种讲话非常博识。会众通常已经事先通过座位的安排来预测谁将会被感动。这里不是为了暗指其缺乏真实性，关键是时间安排必须被看作是组织问题，而且必须符合贵格教派的突然性和即时性传统。

将可见的、以感情为基础的皈依活动变成电视广播形式，意味着宗教形式要进行大幅度改变。如果像传统目的一样，是为了让一个人获得肯定以加入他所选的教会，又如果教会的管理要求教会维系一个人加入教会的肯定，那么这种救赎形式就不会在电视福音布道节目中进行精心制作。这样就只会为原来救赎保证的实践留下一个适合上镜的剩余部分。人们希望在电视福音布道节目中，选择本身的功能及其配备会有重大变化。现在可以排除的是，如果会众不在选择范围之内，他们需要通过内在的禁欲管制来维系他们选择确定的多样性。这样的确定性只以集中的形式出现在电视福音布道者自己身上——有时候也出现在他们整个家庭中。在宗派传统中，一个人经过集会认可选择某个教派，这种做法的负面影响通常是对犹疑不定、不温不火的人群以及对国家教会怀有一定程度的蔑视。但是现在，我们只允许电视福音布道者亲自将判决裁定公诸于世，尤其是对看得见的道德上的乞儿不利。在这样的大环境下，我们就能完全理解吉米·史华格发表激烈的长篇演说，来抨击世上所有的色情文学作家及其法院和议会走狗。只有当一个人建立其正直性，并因此被自己的教会所认可；他才可能以这样的方式进行发言。但还有另一个问题：当一个人丧失了公共恩典后，他怎样才能重新建立其正直性？（莱格，2009）

语用能力在一边的高度集中必然会导致另一边的某个能力被削弱。新选出的成员并没有被所选会众所接纳，相反，他最终成了会众成员数据库的一个条目。他仅仅被顾问所"接纳"，除了不断承诺付款以外，没有其他责任（为了能让这个庞大的全球性牧师团能够维持下去）。事实上，这是那些苦行、清醒、勤奋的贵格会和改革过的教会心中深深的伤痛，因为他们一直都在确认教派选择的真实性。结果，这种"为了耶稣的决定"差不多就变成了一种无关紧要的上镜感。电视只能模拟教会集会的场景，但它永远都不可能将它持续下去。最理想的情况是：新来的皈依者会被转移到当地的教堂去参加集会。在比利·葛培理早期的活动中，这种情况仍然出现，而且通常都在皈依后的日子里进行家庭拜访。当这种改革运动变成了电视节目后，他们仍然要求那些在电视机前完成皈依的信徒给教会组织寄送明信片。"电子教堂"在当时仅仅是一种暗示隐喻。因其虚幻的本质以及它们从地方集会中吸纳了大量的成员和馈赠，所以这样的教堂受到了批判（参见霍斯菲尔德，1984，138−51）。数据库无法产生大多数个人化信件。收到的祈祷和咨询请求根据问题类型进行归类，然后电脑利用专业制定的合适文本，以电视福音布道者的名义对这些问题"个别"进行解答。而且，如果一个人投资于比如说由该机构持股的主题公园，那么他就能成为教会的"一分子"（正如 PTL 案例一样，它混合了地中海俱乐部的一些元素，建立了一种宗教性质的迪士尼乐园）。

召唤一直是每一个电视福音布道节目的支柱，虽然它的很多变体没有将福音布道的礼拜仪式传承下来。促成这个改变生活的决定的明显特点就是将电视福音布道节目和电视广告、电视竞选区别开来的东西。溯其源头，区别在于决策者宗教虔诚的类型中，既使仪式形式也有灵性，具有一些改革教派的明显特征。韦伯把这种精神和经济行为与新教的神学宿命论联系起来。这样就为其作为意义构成了很好的语用解释和符号解释，多种变体的不变形，而且这个意义可以将它与形式和审美相似的其他符号区分开来，比如广告。

5.5　见证

作证、证据或者诸如此类的东西，它们是电视福音布道节目的第二大支柱。但是，在电视王国里，见证就跟召唤一样是条变色龙。在此宗教活动中最有理由认为是虔诚的行为，却有可能在另一个场合被解读成是纯粹偷窥的电视类型。而且，这种伪装通过其实施得到了支持和强化。要知道，大多数已经被证明的只有走上电视讲台的知名人士，甚至是名人，他们在台上别人也是这么介绍他们的。这让我们想到大众媒体是如何将名人以及整个明星体系（戴尔，1986；盖姆森，1994；希尔思，2002；闰多瓦，波洛克和海沃克，2006；蒂默曼和史密斯，1994；特纳，2004；维斯科尔，2005）当作对见证的模糊回忆而进行操纵的。这种故意将名人与由来已久的媒体混杂在一起的做法服务于电视福音布道节目的目的，因为这样做的话，那么作证的范例就具备了双重目的特征，准确说，就是同时在讲述两个故事：明显的那个就是跟电视福音布道的皈依活动相关，而另一个就有关于个人的成功——这个就是我们众所周知的电视手段了。我们已经知道大众传媒会产生明星和名人，但是为什么电视福音布道节目需要这样的模式呢？这两种情况中，呈现的逻辑是做了同样的预设：一个人能够成功地掌握好自己人生最重要的事情是不能确定的，事实上，也是不可能的。明星和普通大众不同，是因为通过名声的获得，他们战胜了人生中的平庸和无意义，而这种无意义恰恰是普通大众的宿命。这些"有福的人"做了一个选择耶稣的决定，所以得到了上帝的赐福，也因此逃脱了对罪人的一般惩罚。但是，在电视福音布道节目中，只有后者的惩罚是明确指出的，而世俗的成功故事只以自述的方式隐藏在这个嘉宾人品恶名之中。

指导故事结构的原则很简单，就是之前的（奋斗与挣扎）以及之后的（成功），其中决定性的转折时刻也就是故事的轴心。"之前的"故事遵照我们所熟悉的发展路线，即从一个"不轻信的命运"出发（从这个命运中获得了成功，也就是"之后的"故事）。在关键的转折点，这种地位的加高要求开始在坚持祷告的人中起作用，遵照上帝的"指令"，然后以这种方式向上帝呈现自己的意愿，这样，他就只有一个选择，就是把作为他的意愿而强加给他的东西变成自己的行为参照标准。侍奉耶稣的决定表现为突然的、没有预料的事件，也是启示的对象。几乎同时发生的是替这个对象祷告。观众/合唱团通常会以合唱形式的叹词打断故事的叙述，例如"赞美主""哈利路亚"等。在电视福音布道节目中，这种带有"惊喜筹划"特点的皈依活动被高度仪式化，而且是整个节目的第一个高潮。这种仪式跟平庸的内容形成了巨大的反差，正如我们常举的例子"巨大的商业成功往往来自艰难的开始"。

从希腊古代的续经传统开始，华丽的奇迹故事就成了共同的主流；也就是说，不管它们的形式有多相似，它们神奇的故事获得了新的维度。例如，当美国遗产基督教主题公园获得了修建的许可权时，杰米·巴克毫不犹像地称它是一个奇迹。在圣经传统中，人们会将以前的事情当作可靠的信使（αγγελοδ）；然而，在电视福音布道节目中，堕落的灵魂和腐化的道德才被看作皈依时刻到来的先决条件，皈依活动让主体本身变成了引人注目的中心人物，而成功则是对这种荣耀的证明，这使目的完全颠倒了。对这种彻底改变的一个较好的解释来自于理式的传统，而我们正是从这个传统中获得这种虔诚的行为呈现形式。因为电视福音布道节目不是无中生有的，它必须依靠直接和间接的前身来做到思想对行为的控制。这种行为是相当复杂的，但是在礼拜仪式中以及道德上，它都还是可以被识别和辨认的。

那么，电视福音布道见证行为的程序化形式到底从何而来？会众兄弟的"证明信"可能并不是电视福音布道节目见证活动的直接形式，但正是这种形式构成了一个环境，让人必须在会众裁判的面前表述自己的正直。无论如何，这种做法都必须是别人观察得到的，这样我们才能证明永远不可见的入选，而且只有这种做法才可以证明。最重要的是，这样的做法被当作成功的代表。这也是为什么商业成功在电视福音布道节目中"有价值"的深层原因，因为这种做法是用来赞美上帝恩惠的手段。这也解释了为什么在同样的环境中，提供了如何获得商业成功的建议。这个完全违背了对僧侣的禁欲劝告，两者都是为了达到完美，但完美的阐释大不相同。

如果我们暂时不考虑改革传统将正直性限定为可见，其实还有另一种模式在韦伯的考察范围之外。在这里，我们也见证了一个明显背离传统的情况。因为这种违背，皈依叙述的行为模式和符号意义发生了改变。所有忏悔的原始形式是圣奥古斯丁的《忏悔录》（姚斯 1977，200ff），几个世纪以来，他的忏悔已经成为所有模仿者的行为模型。忏悔中最重要的分支之一是让·雅克·卢梭的《忏悔录》。姚斯之后，忏悔形式在加尔文主义背景下出现了断裂：《L'idee d'un (Eil omniscient et juste est inseparable du del ciel de Geneve》（姚斯 1977，209）。如果韦伯关于现代性起源以及新教在起源中所起作用的论断是正确的，那么自主的"我"就能通过占有某些神赐的品质而做到自我构建。这种占有首先知道"区分善恶"，意味着自己成为自身的主宰。因此，卢梭才能以这样的方式来开始他的忏悔："当末日审判的号角响起，我会手捧这本书走到至高无上的审判者面前。我会说：这是我做的，这是我想的，我就是这样的。J'ai dit le bien et le mal avec la meme franchise a j'ai devoile mon interieur tel que tu l'as vu toi-meme."（姚斯 1977，209；卢梭，1782）。与传统的相背离主要在于主体和上帝角色之间的转换。而在圣奥古斯丁看来，上帝是灵魂深处唯一的监督者。但是这种黑暗对正直的公开版本却不实际，只有当我自己不知道我真正的动机和企图时，上帝预先确定的意旨才会对我产生影响。但是，在那样的情况下，我在道德上就再也不能完全对自己负责，在上帝（他总是无所不知）面前和宗教会众面前也不可以。

但是，我的起源或者说身份，并不是发生在自身内部的反映，而是在第三方面前出现的。用宗教的话来说，是上帝仁爱的眼睛在注视着我。用世俗的话来说，我必须把另一个自我看成是自己的反映。考虑到现代人对救赎的不确定，卢梭只能在作者（或者字面意义上的相似之人）自我解释的基础上，才能对其人性诉求进行判定。另外一个判定者，如果它是教派集会或者是对合理人性组合的诉求（如卢梭的例子），那么它无论如何都要非常强大，这样它才可以给予肯定。通过这种庄严洗礼，如果这种良心在普遍人性面前还能占上风的话，我可以确定对自身的想法（"良心"）。其他所有人在他们的内心也有这种想法。这种遗产来源于启蒙运动的理性，而结果是个人的绝对孤独。

卢梭借上帝之眼对奥古斯丁的自我视角进行了彻底重构，这表明公众舆论的文学视角与其政治视角之间存在惊人的相似。两者都被构建成一种公开法庭，具有一种超验的、非同一般的惩罚实例。如果现在电视福音布道节目要牵涉宗教行为，这也得要站到法庭上审理，除非这个法庭不再是圣奥古斯丁所说的上帝，而是准超验的"全体"。当我们将忏悔的秘密与"证词"进行对比时（即在会众面前，现在是在公众面前），我们就会发现这种行为方式与传统的背离有多深，很明显，后者显得更加现代时尚。电视作为全球的元文本，围绕着惩戒的轻率进行自我组织，这适用于那些准名人（需要一个庆祝仪式）或仅仅适用于那些把交换自己"任何人"的角色以对抗集中的惩戒行为，他们将此归功于电视的瞬时聚焦功能。

　　这种形式的见证不再是圣奥古斯丁所说的见证：新成员需要借助仁爱的上帝之眼，回顾老成员的忏悔来进行自己的忏悔。电视福音布道节目中的"自我"完全是属于现代的。因此，这个"自我"是指仅仅通过将自己与社会整体分隔开来而做到自我构建的人，但他同时也永远离不开这个社会大背景。个体化形式发展的轨迹跟社会物质资料再生产的劳动分工轨迹不同。在此，它指的是被选之人的特异性，这个人并不将自己的被选归功于上帝，因为这是不确定的。相反，这种选择行为是会众在看见正直证据的基础上进行，而且只有这样才能授予最大可能的确定性，也即意味着上帝的实际选择。从纯逻辑的视角来看，这给会众本身增加了巨大的证明负担。多纳加尔文主义的神学主题是"保持耶和华的餐桌一贯纯洁"，它从会众中强制排除无价值的因素，让这个举证责任仅仅成为神学用词。缺乏救赎证据的情况只在数量上减少，而不是根据原则进行减少，减少的比例与新选择的数量相当。因此，将所选数量减少到144 000并不是一个巨大的飞跃，这一做法产生了各种世界末日——神秘主义。因为大家都知道只有在清算日和最终的确定日到来的时候，才会出现这个数字，所以人们必须跟其他人竞争这些有限的名额。根据韦伯众所周知的论断，现代新教主义所特有的恩典课程接近尾声时，我们是通过伦理道德才获得了多重合理性。韦伯也揭示了其经济后果，包括劳动分工、合理优化和生产的大量增加。

　　将神圣的恩典逻辑（多属于新教派）与经济逻辑联系起来了无新意，因为这种联结基于相同的详述细化。因此，电视福音布道节目中见证的公开表露情感有着深层次的根基和逻辑连贯性。这里我们看一个生命感受的表达，更多是生命的痛苦，这在本质上完全是现代的。如果我们不进行历史思索，那么这个意义就需要使用具体的符号来进行证明。这些符号确实存在，但只作为元文本存在（从先前探讨的意义上来说），因为只有意义可以预定时，它们才发挥作用。顺流而下，在每一个事实上已经使用过的符号中，我们可以在第一相关物中找到这种预定，相当于"知识"被存放在语言的宝库之中。因此，之前讨论的公众舆论的两种元文本，在确定的环境下，必须跟意义的宗教预定相结合。在电视福音布道节目中，基于恩典的特殊轮，这种结合是可行的。这不仅将个性化变成了原则，而且也有必要让每个人认识自我并控制（他人的）权力，因为个人有自己特殊的利益。这也必须适用于君主，他们不再被当作真理和公正的捍卫者（正如孟德斯鸠认为的那样），而且他们也有自己的特殊利益。

元文本过多使用大众媒体沟通的形式来表示最基本的公众常量，即可见的协调生活。在这个方面，要考虑电视剧的编排形式及其元文本前提，就如我们在电视时间性的构成逻辑中所展示的那样。但是，被呈现的客体本身表明了意义的不变性。这些可以简化成美学和戏剧节目形式。一旦它们建立起来，任何节目都能够多次对它们进行模仿和改编。我们的问题是：为什么这些公开忏悔的形式都差不多，是因为都跟美学戏剧模式相似吗？如果没有固定形式来预定意义，那么就无法回答这个问题。相对于在工业实践或专业会议的表面描述中将意义展示出来，从符号学层面来展示这个意义就没有那么复杂。

5.6 祷告型节目屈服于掠夺型节目：电视福音布道者的权威行为

要不是角色能力的差异，布道和证词在形式和内容上就可以互相交叉。布道在电视福音节目的架构建立上有着重要的作用，因为它能产生震撼人心的力量来让召唤变成可能。因此，如果没有直接的布道，必须有一个相同功能的替代物能够替代布道的作用。相当奇怪的是，这种专横的电视福音布道如何能让全世界都听到其声音？没有人提出任何怀疑或进行大量的谴责（有时候给人的感觉就好像是全世界剩下的一切都被谴责为罪恶）。最直接的要求，以浩大的规模和令人震惊的形式直面现场和电视机前观众。所以，难怪施密特和克斯（1986）要探究广告推销和电视福音布道者的"称呼言语行为"在语言形式上的相似性。但是，如果我们把电视福音布道者对捐赠的强烈要求（以及类似的职责）仅仅归结为发言者的个人利益的话，我们就误解了他们的发言权威性（豪利，2001）。尽管外在形式具有可比性，但电视福音布道的严肃性来自于准神圣权威，布道需要暗示选择的确定性。相反，广告者要公然昭示对利益的追求。可见性和情感证实了电视福音布道者的权威性，或至少认为是这种语用形式预设了这种认证。除了召唤权威，电视福音布道者还拥有预言的能力，有时候还具有神奇的治愈能力。

这种全球性地超人类话语权威产生两种效果：它从原则上将电视观众的角

色设定成没有被选的或者尚未被选中的，它使得电视福音布道者极容易陷入丑闻当中。

因为容易招来丑闻，电视福音布道者已经臭名昭著（阿贝尔曼，1988；法恩、怀亚特和凯尔特纳，2001；弗兰克尔，1987；约翰逊，1997；史密斯，1992）。这就导致了整个电视福音布道产业的灭亡，例如 PTL（布朗，1991）。韦伯认为恩典的个性化是缺乏仁慈的行为，这个论断以之前无法想象的方式证明了其正确性。如今，我们谴责的对象不再是新教伦理，而是公众舆论代替了宗教。正如卢梭指出，公众舆论已经替代了上帝的角色并开始反击。在这个无情的审判者面前，没有一个电视福音布道者能够盛行太久。特别是，如果他以牺牲其他所有人、未被选中的人、没有热情的人为代价而假设了一个实际的惩戒典型。伦理理式遥不可及的确定性，几乎与加尔文主义救赎作用的不确定性相当。随着选择变得可被人看见，未被选择也变得可见，因为它在电视福音布道者对邪恶世界的谴责中找到了表现自己的方式。

这种反弹的最简单原因就是自电视福音布道者角色的权力极化作用。虔诚的基督徒通过他们的信仰进入了罪人的角色，这使他们同时进入了被慷慨救赎的罪人的角色中。对过去的回顾（即 the confessio peccati et laudis）等于找回了与尚未得到救赎的罪恶之间的联系，当这种罪恶扭曲了我们原有的尊严、变成了新的自我认同时，它的罪恶性也就被取消了。然而，当罪行被指控时，情况就完全不同了。此时这些角色是不容置疑的，几乎没有上诉的可能；这些被指控的人只能接受结果，接受为他们预留的座位，即"焦虑不安"。在文本结构中，这个角色的实际能力与其对手的能力按比例呈现彼此相反关系（即电视福音布道者的示范能力与被谴责之人的困境）。而且，异议传递最初是完全不对称的。然而，罪人可以按照布道要求他们做的那样，通过相称的捐赠来"弥补"这种转化——因此导致了布道的专横性。在形式上，媒体元文本发现，这无论如何都是一个适合它操作的领域。可以说，角色构建是为权力合法化来说量身定做的。其中，公众舆论媒体喜欢自我归功。公众舆论一些变体的无情说教（例如，对英国小报《太阳报》的臭名昭著的攻击）甚至让最极端的电视福音布道者都站在了仁慈的一面。同时，相比于政客和电视福音布道者，公众舆论的制造者受到了更好的保护。毕竟，没有第三个有利地位可以让人对审判者进行判决。

在布道的内容方面，只有一般性的评论是可能的。里尔（1977）曾将电视福音布道类比于古希腊悲剧，但只有当他的类比原则是对人类行为的一般性展现（类似于利科的叙述学中模仿 II 的行为格局）的时候，这个类比才是正确的，否则，它就不是悲剧性的怜悯和恐惧。不是ελεός καὶ φοβός（造成恐惧感），也不是ὕβρις（引发罪恶感）（甚至按照这些词在今天的意义来看，也不是如此），而是内疚（ἁμαρτία，其中可能也包含了ὕβρις）。悲剧会误解电视福音布道节目的完全道德化的特征。用各种节目颇受好评的效果来认可电视福音布道节目的形式模型（阿尔泰德，1979，208ff）也可能贬低了这个模式的本质特点。在阿尔泰德看来，从古代戏剧的仪式以及节目在仪式（字面意思：宗教的敬畏和恐惧）的神圣起源中得到这个节目的合唱音乐是不切实际的行为。对一个常规的节目来说，这种跟宗教的整合似乎有点牵强——尤其当两者之间存在更接近的相似时。对电视福音布道节目来说，这种整合却是关键所在。

预言（电视福音布道权威的另一个支柱）也同样让一些福音布道者臭名远扬。但我们不要把它解释成是媒体常用的夸张修辞的一种，而最好要努力看到预言行为的逻辑连贯性和一致性。因为只要电视福音布道者明显授予自己权力，那么在相应的表演中，他的语用能力就变得有效。当他说的话兑现的时候，情况才是这样。如果他的话是以"如果-那么"的形式对成功做出含糊不清的预测，那么这种就是末日预言（相比于千禧年预言，这种预言相对较少，而且在电视福音布道节目中没有立足之处）。尽管有种一般形式非常普遍，而且使电视福音布道节目有了强烈的肯定意味。由此，它们明显地将自己与其他所有公共话语的预言形式区别开来。1987年，电视福音布道者奥拉尔·罗伯茨的一个预言引起了轰动。他当时正在募捐资金——他直接从耶稣那收到了指示——这个募捐显然没有达到他的预期。所以他宣称上帝跟他说了以下的话："我想让你利用奥罗·罗伯特大学的医学院来安放我在人世间的医学成就。我想让你一年内完成这个事，否则我就要你上天堂。这要花费800万美元，我希望你相信自己能够做到。"然后，奥拉尔·罗伯茨泪流满面地预言说，如果他不能够在三月底之前在其神职任期间筹集到那个数量的话，上帝就要"让他上天堂"。当年的4月1号，他宣布说已经筹集到了910万美元，有谣言说，一个善解人意的百万富翁为了不让预言变成现实，就完成了他的愿望（例如最后通牒逾期）。

治愈（是代表电视福音布道者更高权威性的一个因素）很少在电视福音布道节目中出现。尽管如此，精神治疗以及奥拉尔·罗伯茨案子中的让人起死回生是这个节目中最"热门"的事件。当在电视镜头前出现这种事情时，他们就上了公众舆论的黑名单头条（奥斯林，1987）。公平地说，尽管电视福音布道者自称自己没有教派或超越教派，我们仍要在此强调教派分歧。尽管治愈是五旬节派和神召会中的一个寻常且固定的元素，但原教旨主义者明确禁止在其节目中出现这种活动。虽然有时候他们也会做很多让步，让顾问为那些按照电视屏幕滚动文本给他们打电话的观众的康复而祈祷。

然而，治愈确实也作为一个重要的礼拜仪式元素出现。我们这里暂时先不谈那些更加臭名昭著的信仰疗法从业者以及奥拉尔·罗伯茨那类的起死回生型从业者，那留给我们的仅是些小人物。例如，1988 年在蒙特利尔发生的一次体育场传道运动占据了加拿大各大媒体头条好几天。但那些布道者并不是以他们自己的方式控制了这次舆论，因为它是以"客观"报道的形式出现的，其中也包括独立的报道风格。治愈活动很难与媒体进行整合，而且不可能与传媒界通融。它们是对我们的常识性套语的公然污辱，并使得魁北克的医学协会打算对布道者拉克鲁瓦提出法院诉讼，控诉其蔑视公众的行为。但是我们要记住，即使是在西方文化圈，也存在跟萨满教一样的教派。直到科学知识战胜了所有其他形式的医学（Aesculapian）——即医治行为，包括炼金术士和江湖医生（那时叫作"经验主义者"）。同时也要知道，在电视福音布道节目出现很久以前，早期的基督教社区中就已经存在心灵治愈的神授能力，而且在涂油礼仪式和驱魔仪式中继续存在。事实上，精神治愈一直以来都是西方故事的一部分——例如，德雷尔的电影《诺言》（参看艾赫拉特，2005b）。

在公众看来，治愈是宗教的"边界"。意义的不一致不可能比人性肉体存在的社会化更明显：身体影像的公开盛行是由于人们认为美是可以生产出来的理式，而身体本身只是表达大众个性的附属品，相当于一些时尚物品。这种身体的疏离并没有传导基督教的社会性，相反，身体还能作为禁欲的手段。尤其是在寺院社会，但在那里应该要产生一个更自然的肉体，因为它更接近完美。将修道生活理式化为节俭、高效生产的极端合理形式——正如早期资产阶级思想家所想的那样是一种深深的误会。苦行来自"装饰性礼拜"，而且归根结底，它在寺院的环境下不应该被用作合理剥削身体的一种说法。在电视福音布道者的呈现形式中，身体意义的两种形式必须共存，而且只有通过模仿才有可能做到。就元文本解读来说，如果治愈变成了一种壮观的场面，众人都在追求医疗胜利带来的幸福喜悦（引人注意的成功手术、特效药等），那么它就最容易被人接受。从这个视角来看，电视福音布道者的信仰疗法就成了经常在大众媒体中出现的奇迹治疗的一部分：报道菲律宾的神奇治疗师、俄罗斯的魔法医治者、器官移植等。

另外，还有一种是从基督教整体肉体性视角进行的解读：它认为对身体和灵魂进行唯物主义的分离没有好处。在此不需要将它景观化——事实上，它不如说是一种障碍。相反，身体和灵魂对于整体信仰体验是不可或缺的，能够为了上帝从身体和心灵上放弃自我。但是这种体验不需要可靠的证据来证明拥有"上帝仆人"的权力。在电视福音布道节目中，治疗的权威总是通过治疗的成功而被直接证明。摄像机总能现场随时捕捉到这些高潮时刻，将其作为对先前所宣称的一种证明——这是例如奥拉尔·罗伯茨言辞的关键点。因此，对上帝仁慈的证明直接变成了公众舆论法庭上一个有用的展示。只有这样，才能兑现奇迹。帕森斯认为，它变成了真理的媒介，可以转移到任何其他场景里。重要的是，它增强了电视福音布道者的能力（作为筹款人，但也可以作为政客和总统候选人）。

通过电视将宗教信仰景观化要付给媒体很多钱。模仿规则是要求模棱两可的存在——也就是在某一个情境中不能被正确理解，甚至在另一个情境中也要被误解。如果被误解，就没有什么能比丑化这种内在要求更招人非议的了，也没有什么能比这种在两个意义之间进行的选择更加不可抗拒且不可避免的了。这两个意义在模仿的表面上是协调共存的，但是从深处来看，它们是互相排斥的，包括作为语用行为。

这就给我们带来了一个更普遍的、技术性的制作问题：电视如何产生或削除权威？作者的权威和发言者的可见性以及相应的观众态度都是如何产生的呢？这个问题对电视福音布道者尤其重要。因为，一方面，他们在制作自己的电视节目过程中完全掌控了摄像机，但另一方面，他们在公共场合仁慈地将自己暴露在不怀好意的摄像机之下。伽达默尔在其阐释学中提到的权威——字面上被定义为从阐释学和神学双重意义上的扩展意思——在这里变成了狭隘意义上的文本策略。这意味着，通过视听文本，发言者必须有资本能够担当起自己的角色，要求别人来听"他们"讲的主题。如果没有这种作者资格，那么预言和治愈就永远不会起作用。对这些"授权"来说，外在的权威本质上是无关的，除非演讲者决定接受权威提供的东西。事实上，教堂组织拥有一种严格的发言者授权制度，它有着复杂的标准和等级划分——例如，自从圣保罗时期以来，在信仰的见证上所赋予的权力就比地方行政官的权威要小（这对消除古希腊社区中的等级发展是必要的）。然而，在那以后，实例阐述者对此没必要有任何兴趣。

电视可以无限制地强化发言者的权威，对其支持者宣称他们的信仰，把他们当作绝对的明星或英雄。当电视机这种阐述实例有权利发言时，它才与"现实本身"的权威相等。这个效应由多种因素导致，其中一个是摄像机的聚焦方式限制于某些特定类型。例如特写镜头，尤其当没有更多的背景或者没有聚焦时，它取消了空间感。这同时还取消了距离感。观众在某种程度上，直接被置于个人的内在化状态，他们的表情也被轻易读懂（与社会的礼貌标准大不相同）。然而，这个电视见证的时刻非常微妙，因为摄像机有倒转的能力，可以把发言者变成骗子，让电视屏幕直面其内在。这时候，摄像机本身利用自身权威洞悉了发言者的内心（电视揭开真相的所有责任都可以证明这是合理的）。

这一切都说明：摄像机的话语权威总是存在着，但不一定都表现出来。通过隐藏自己的可见性，摄像机把话语权威赋予或出租给了见证主体。它让观众能够触及这个主体值得他们信任的内在，借此也单独地把真实性赋予了这个主体。对于摄像机对主体的审查和授权，我们有时候可以从视觉上进行重建。我们可以通过某些方式对主体进行感知，从而达到这个目的，例如通过一个合格的角色，或架构的方式或以电视的视角，来（以编辑的形式）呈现一个主体。一般来说，摄像机被授权揭露一切事物的真实性，除了它自己。作为一种呈现手段，它本身具有高度真实性。唯一的例外是它隐藏自己的时候，此时它授予别人一些特权，让他们可以直接传达自己的真实情况。例如，像主教这种被授予了权力的教会权威，碰巧就（被判断为）是诚实的，而且这是（在他自己看来）真实的。只有当摄像机以自己的方式削除了这个主教的权力时，两个话语权威的不一致才会凸现出来。

5.7 原始的丑闻宗教

似乎绝对的话语权威等于对丑闻的公开，然后就从同一个行为中产生权威和丑闻。陷落丑闻著名的电视福音布道者、麦加教堂布道者和主教，也就都在同样的准尼采哲学的循环中表明了这一点。他们一旦到达了公众名声的最高点，就受到可能存在的不轨行为的围攻。在公众舆论领域看来，在原则系统中，宗教角色要么是英雄的要么是可耻的，总之避免沦于正常情况。为什么存在这种极端主义，而且似乎没有包含任何中间的环节呢？

公众舆论对其他社会机构一直都在密切关注，但这些不一定涉及丑闻。普贾斯（2002，150）为政治领域丑闻的爆发提出了四个前提条件。其中的一个前提条件也适用于宗教机构：社会观和政治观之间的张力最终导致新的社会环境下的一些社会准则的崩溃（此处以"宗教"替代了"政治"）。教堂因捍卫反动的、非现代的、压迫的价值观而出名，特别当这些价值观被当作是对盛行的生活方式的道德批判时。

一个相当于社会功能，而不是社会学功能主义的实用主义者在更早的时候就出现了，公众舆论也是如此。在这种系统中，宗教似乎缺少真正的社会功能。公众舆论是所有的社会合法性的捍卫者，它背负着一个艰难的任务，就是去适应宗教——尽管是从属结构的关系，它服从于自己的权威。公众舆论与教堂之间关系紧张，因为两者各自要求起了冲突。这样，对波士顿教区来说，了解不能用公共关系剧本"出卖"教堂，这一定是一个艰难的学习体验。人们不能为教堂做正常、普通的公关工作。同样地，宗教丑闻太容易被煽动，而其他的社会机构却并非如此，原因就在于大众传媒机构和教堂社会机构的特殊系统中。

为什么宗教丑闻如此独特呢？有没有可能在两者都能接受的条件下，将宗教和公众行为进行整合呢？宗教人员有相当特别的目的论预定。这一点明显展现在耶稣对庞修斯·彼拉多所做的著名回答中。其中，耶稣的行为被当作是为了确定这个目的："我的王国不属于这个世界。"（约翰：18.36），然而，他认为彼拉多的行为目的是："你完全没有跟我抗衡的力量，除非上天赐予你这种力量（约翰：19.11）。"这里的关键是有一个语用-目的论的普遍性概念，在其面前，行为人必须为自己的行为负责——也就是说，问题在于目的源头和处罚的源头，而且这两种目标无法协调一致。这两种行为不能产生一个共同的文本，他们无法共存于一个舞台形象中，即无法在同一个戏剧中、一个整体计划（例如，酒神的计划）中同时出现。可以说，两个戏剧在两个舞台上演。而且，一个戏剧在θέατρον中进行，而另一个在超然空间进行，没有合唱团。

宗教行为人宣称自己实际目标或授权来源跟其他任何目标都完全不同，而且，其规定行动"超越"外界任何批判。这必然会与其他现代实例相冲突，因为它们也宣称自己授权或指定每一个公共行动（从§3.4所论述的经典θέατρον模式的逻辑来看）。因此，原生丑闻是因为行为人企图逃避公共问责。

尽管在实践中，这只发生在选择的基础之上，因为如果处理恰巧是肯定的话，那么宗教注定的行为人（上帝的信使）就会利用公众舆论。对他们来说，这是企图通过将公关或社会营销作为宣传的手段来影响媒体。这种精神分裂的最突出例子还是电视福音布道节目，它因为主要参与者明显可见的宣传典型而繁荣昌盛。但这以媒体丑闻的方式，使得那些主要参与者明显暴露在这种典型的负面处罚之下。同样的必要变通也适用于罗马教皇，因为他也一直处于要证明其模范地位和推论权威合法性的压力之下。因此一直都有人企图让教皇陷入丑闻当中。迄今为止最成功的要数德国剧作家霍赫胡特在其戏剧《代理人，基督教悲剧》中对教皇庇护二世的指控，这个戏剧一部是关于教皇没能保护好受迫害的犹太人的基督教悲剧。尽管存在这些强有力的证据——包括帕切利家族的诽谤诉讼，但我们今天仍然可以安全放心地传播这个传统主题，例如，前不久电影《阿门》(科斯塔·加夫拉斯，2002) 还以古印度吉祥标志海报大肆进行宣传。此外，保罗六世的教皇地位也受到了丑闻的攻击，攻击的重点在于他的"人间通谕"，因为这个通谕与当时自我实现的元文本完全相抵触。

由于信仰行为而导致直接结果的角色也在文本自身当中留下了他们与众不同的痕迹，这与真正的公共角色形成鲜明的对比。宗教目的论产生了一种元行为，伴随元行为产生了被选之人的目的和角色。选人意味着上帝单独对目的和处罚负责 (《歌林多前书》4.4：δεáνακρίνωυ με κύριός/但审判我的人是主)，而且人类至多可以是主实现其目的的手段。社会舆论仅把这种角色当作是例外。这实际上就揭示了一个规则，即公众舆论无法承认神的选择。相反，舆论将其当作是一种挑衅，正如它对待其他的"独裁"瓦解一样。当权力拥有者反对接受他们出让权力的人时，公共目的或授权关系的危机就总会产生。当政治家宣称加强对公众舆论的管制 (这样就能增强他们的话语能力，同时增加他们的权力) 时，这种情况就会出现。在这样的宣称中，他们以国家名义采取行动，或者是出于经济原因，或历史原因，或国家安全原因，或者以全能的神之名义处于"蒙上帝恩宠"的支配之下 (兰多斯基，1989)。今天，这种反对公众舆论的做法不可能是永久性的对抗。这种对抗可以被缓和，因为我们假设能实现"未来的公众舆论"或"消息灵通的"公众舆论，或类似的奇妙玩意。

现代性在舆论看来，与古希腊悲剧不同 (例如俄狄浦斯)，目的就是在没有神话支持的情况下进行呈现。至多，这使得它在功能上类似于神授的知识或尚未存在的知识。目的的呈现通过"预设行动" (即"事先设定") 起作用。向公众舆论要求授权 (选民的授权) 之后，权力承载者将公众舆论用作他们的处罚和目标实体。而他们自己实际上就是目的实体 (选举!)——这是他们在法律上无法实现的目的，他们也无法承担这个引人注意的角色。在这种情况下，他们被当作是带有个人崇拜的 (恶意) 独裁者的操纵者和煽动者。跟它的戏剧性表述一致，舆论被人们认为是无所不知的，它有正确的意图，是智慧的化身。但由于公众舆论只能对别人界定的问题 (或由别人的意愿建议的问题) 作出回应，所以它无法通过行为在这种权利分配中真正起作用。但它确实完全实现了价值 (理式的价值) 的目的论确定，即，"要做什么?"以及"'大众'想要的是什么?"从"大众"的愿望中，正如在θέαιρον模式中一样，产生了处罚权力。在公众舆论看来，宗教机构的负责人也应该是公共目的的候选人。但他们辜负这一期望，被公众怀疑其滥用权力，其他种类的目的没有容身之处。

我们假设站在另一方的立场上。当沟通不是公众性，而是宗教性的话，即在信仰存在的基础上，在上帝决定实用目标的地方进行。那么，公开处罚属于什么情况呢？如果转换成一种文本，合法目的的呈现在这里是无效的，而且任何公开裁决都不能让正直性"脱轨"。如果我们因此撇开这种纯宗教目的论、实际目的和处罚、选拔和谴责，也不可能比将两个戏剧混在一起的时候走得更远。从一个戏剧的视角来看，不清楚另一个戏剧的舞台上在表演什么。

公众舆论只能将"上帝选拔"当作冒名顶替或自作主张，或当作逃离公众问责的企图时，才能将其遣散。相反，那些认为自己是应上帝召唤的人，可以将他们对人性识别和惩罚的赞同作为一种企图来解释，而他们为了自己职业的纯洁性想要抵制这种企图。在这样的批判性解释中，公众舆论和公共丑闻变成了只是对虚假的神授属性的强取豪夺，或者它们只是纯粹力量。在这种情况下，两个误会就碰到了一起（按照它们各自的观点）。在对抗的情况下，至少这是清楚无误的，表示两者有相同利益的情况更具毁灭性。因此宗教就利用公众舆论来宣传，或者公众舆论利用宗教进行道德说教。我们可以将这种误会当作是以其中一个的逻辑来模仿另外一个。从这种相互伪装中，我们可以得到宗教媒体丑闻的类型，因为丑闻把我们包围在一个对抗的空间中。从这两种目的论的基本系统中，我们可以进一步推断出具有宗教特异性的丑闻。在消极惩罚中，这变成了丑闻。在积极惩罚中，是英雄化的文本类型——从舆论的观点来看。丑闻或英雄化的某个来源是为宗教行为预设的实用目的，另一个来源是行为人的资格（参看§6.4）。但是，此前我们必须更好地了解一下丑闻的逻辑架构。

6 判决：陷入丑闻处境

接下来的三个章节以逻辑顺序相互关联，分别作为企划、表演、效果。用更简单的话来说，是脚本、行动、结果。它们一起描述了整个媒体丑闻。这一章从机构、空间和方位、时间以及正当顺序等几个方面对意义进行了探讨。脚本的执行变成了表演，由此变成时间顺序，这一部分会在第 7 章进行探讨。第 8 章则探讨行动结果在实际上如何影响社会现实。

作为脚本或企划的丑闻，可能是公众舆论意义的一个实例，因此也可能是上帝剧场实例的一个特别有说服力的副本。这个意义机构的文化历史在酒神 θέατρον 模式那里开始，通过一系列的意义实践继续发展，一直发展成生产公共意义的工业实践。由这些奠基石界定的意义通过一系列操作会产生公开的媒体丑闻。首先，目的实例必须要战胜想要逃避判决的企图。要丑化宗教人们需要战胜信仰生活可以"免受人类任何判决"的观点。这可以通过一个确定的符号逻辑来实现，让文本的一部分依赖于一个更高的文本。在下一节，这被应用到进行调查报告的实践中。在其后一节，我们重点探讨公众舆论的工业实践在两个元文本中的深层逻辑结构。调查报告预设它自己有权认定它所汇报的行为是合法的或者非法的。因为若每次有人恳求，它都要证明自己的这种特权，实在太麻烦。所以，它为节省精力准备好了意义机制，可以让已被表征的对象意义居于次要地位。对于调查性新闻来说，这个意义机制与"新闻界"的意识形态相一致，而这个意识形态从技术上来说，是合法权利的元文本。这两个元文本都来自相同的舆论逻辑。由于这些意义机制，我们在最后一个部分揭示如何按照逻辑角色，即丑闻对象，对丑闻进行分类。

6.1 丑闻技巧

一个人怎样才能成功地把另一人拉到一个他都没认出的法庭面前呢？一个机构怎么才能作为一个惩罚性的超机构而把自己强加于其他机构之上呢？这个

问题不再跟公众舆论这个真相对等物的历史发展有关，而是和让真相奏效的操作技术有关。公众舆论的这些操作没有因为指责其真相声明而构成一门科学。它们只是追求让一个观点战胜另一个观点——但必须没有逻辑约束。在此，最让我们感兴趣的是声称自己能够知道"全部"真相，而不是某些特定事实的观点。因为它不能依赖真相（或更好论点）的胜利，那就利用它的"决定性时刻"让自己处于获胜的局面。这个效果无论如何，必须承载准逻辑约束的权力，否则，没有了已有权威的强制力，惩罚就起不了作用。

第一个障碍是批判性的，而且包含了一些互相联结的结构。工业媒体生产的做法必须预设这些都是有可能实现这些做法的条件。这样，工业意义实践的正当性前移，不再干涉它具体的日常使用。然而，公众舆论实践的理由上游不容易掌握，因为它作为一个解释基础，阻挡了所有强大的社会理论。功能主义（结构功能主义）理论可以解决这个问题，因为它事先"知道"了这个系统的功能。公众舆论系统的特别功能是在不同的系统间建立合理性。对不能再进行"集中管理"的现代社会来说，这个特殊系统实际上决定了所有其他系统。对符号实用主义来说，这种理论掌握会排除任何经验角色。正如我们已经知道的那样，当真相是控制机制时，比起控制机制是基于纯粹差异，更难证明一个理论。就符号学而言，这使我们考虑三个相关物和存在模式。如果公共舆论事实上是一种依赖于真相（参见§3.1）的"科学方法"（皮尔斯，CP 5.384），那么它的操作也必须要通过它的预设反映出来。这个反映是规范科学和显像学的任务。皮尔斯没有考虑主体的个人行为（像舒茨所做的那样）；相反，他关心的是根据各种可能行为多样性进行分类的所有行为本身。

然而，公众舆论仅是具有独特认识功能目的的真相对等物。让它发挥作用不再是目的论本身的任务。在此它是知识前提，在历史背景下，可能等同于资产阶级意识形态，因为目的论"整体"展现自己拥有某些预设。而且，它因其他原因而得以继续：为什么惩罚性的对手有存在必要？为什么不允许人们仅凭行动就可以？为什么强权之人的权力需要控制？显然，最后一个是向资产阶级理性政治提出的一个未决问题，这一理性政治希望还未被既得利益之间不可调和的矛盾所毁掉。另外，为什么被惩罚的对象能获得成功，成为一个更好的人？那么为何语用公众主体的身份不存在？为何它要被创造出来，然后在实例面前证明自己（参见§6.3.2）？

但是，这些问题都未被提出，相反，公众舆论预设它们已经得到答案。这些回答是元文本（参看下面章节），因为在公众舆论看来，它们并不作为文本存在，但可以通过文本推断出来。事实上它们不是隐晦的理论结构，而是明显的存在。它们是贴在工业实践上的证明标签，例如，当"调查性新闻"成为"严肃"新闻的缩影，或者为黄色、八卦或揭丑的"生活方式"新闻报道辩护时。

有两种互相联系的元文本存在，或实践规范。它们以各自方式表明公众舆论中的宗教。这在消极惩罚中尤其明显，因为消极惩罚让宗教变成了一个丑闻。权力合法化意味着宗教首先必须被授权，只有这样它才能发挥作用。然后，在行动和授权行动之间，以知晓行动目的的逻辑形式插入了一个实例——如果操作得当的话。一旦这个实例存在，它可以自主决定它要对哪些行为进行授权，并预测哪些无关行为会出现（即"私自的"自给自足的、没有授权的行为）。很长一段时间以来，宗教被排挤在公共话语之外，并被当作是一种私自行为。但这并不意味着宗教跟公众舆论无关，因为宗教行为向公众舆论的合法性提出了问题。那么，从历史视角来看，就难怪公共领域一直攻击所谓的宗教私人领域了。但要指出在这点上，德赛都提供了大量例子，关于宗教如何提出生存的颠覆性策略，可以让自己退回私人领域——同时表面上仍然在适应公众舆论的压力（德赛都，1980）。

不管宗教是为了公关优势而自愿地臣服于公众舆论，还是它被公众舆论纠缠，这都不重要。意义的决定作用总在两个元文本的支配下才能生效，这从宗教见证的较低门槛开始。在此证词因素"获得成功"——也就是说，对目标客体的说服效应。当教堂以道德垄断者的身份直接与公众舆论本身进行抗争时，它就结束了。

资产阶级将私人和公共进行对立两分的做法还是才发生不久的事情，同样近期的事情还有将公共宗教与私人内在区分开。这并不意味着此前宗教已是私有的，而仅仅意味着这个这种区分当时不存在。礼拜仪式——实际上是"大众工作"一直都是共同的虔诚实践，甚至忏悔告解也是在会众面前发生的。如果我们从历史的视角来看礼拜的表现形式，就会发现让宗教隐私公开化的第一个步是一次偶然的历史事件。在此事件中，出于展示目的，（极其私密的）信仰主体变成了大众可见的正直形象。原来的礼拜想法并没有包括向某人证明某东西的展示性行为。甚至信仰的其他外在表现形式（例如游行、贝干诺派，教会财产、带有明显修会装束的规律生活方式……甚至不足对异教徒所施火刑）也都不是礼拜仪式的核心展示行为。宗教改革及其思想史，都以新教教义的精神（按照韦伯的说法，参见上文），因为对神选的怀疑而被踢出了局。对真实、可靠符号要求让高尚正直的生活变成了被救赎的标志。这个救赎现在是以虔诚主体的表现符号形式以及其他主体的符号阐释形式发生的——也就是说，并非由上帝进行。正直的人必须在为他们担保、授予证明书的会众眼中找到恩泽。

按照韦伯的说法，现代性的开始，特别是资产阶级的开始恰逢这次礼拜仪式革命。随着资产阶级的崛起，社会不再根据社会本体论和资产进行分层；反而出现了具有竞争性和流动性的社会。这些恰当的条件让资产阶级新闻界可以在冲突的基本神话中（自由的公众舆论通过理性而盛行）根深蒂固。这个神话，事实上是对资产阶级社会的一种理式化抽象，它只需要重新考虑壮观场面的θέαιρον概念。就像"全体"永远都不会出错，而且可以以上帝的名义进行判决一样，资产阶级也是如此，因为舆论主体通过判决又变成了"全体"。

呈现的力量以技术性的方式表现出来，它以从属的形式变成了文本。公众舆论预先裁定了语用目的。在我们看来，这意味着它首先通过宗教目的论而盛行。之后，为了让丑闻起作用，它转而开始构建戏剧舞台。从逻辑视角来看，这种意义模式，这种在大众媒体中大量制造公众舆论的做法，必然会产生它自己的目的。这种逻辑解释了某种类型的符号，在这个符号中，一个确定性质的第三相关物起主导作用（参见上文的§3）。从技术上来说，这个符号过程通过文本的双重特征来实现：

第一，成分形式。跟句子一样，文本也有句子成分，但文本中的句子成分（例如主语和谓语）不能直接调换。因此，必须通过符号学方法断绝与语法的关联。符号学在句子主语中识别界定部分（"烤炉"），并在谓语中识别主体部分（"是黑色的"），其存在是由拥有或不拥有特性来决定的。然而，在三元素的句子中，就会产生推论，而这个推论中总有一个规则存在某处（规则所在的确切位置构成了三种推论方式的差异）。如果文本是论据或类似于结论，那么我们就会发现成分是根据它们性质的差异进行确定的：文本中的（a）规则与（b）案例不同，也与（c）定性特征不同。只有按照这种（逻辑的）句法顺序，文本成分才能相互服从（在形合中）。

第二，顺序。成分之间呈现逻辑的相关性。在这样的语境下，我们可以概括出低文本和超文本的句子模式。逻辑规则事实上支持着含有自然语言形式的句子的文章（"因为""为了""哪个"等，以及对应的否定成分），这些规则也适用于文本。我们可以对这些文本依赖进行拟人化描述，将其描述成是叙述依赖和议论依赖（阐释实例）。这只是对一般再现的一个特殊确定，它总是解释"这是某物"，但在这里解释"事件导致目标"，不管这个确定是目的论的还是时间性的，或者两者都是。

到目前为止，目的论确定可适用于所有的文本。我们也可以说这些文本的论证结构或修辞也从此处而来。尽管新闻故事和别的文本不一样（即使是从叙述上来看），因为新闻故事对它的目的具有一种特殊依赖。这种目的远非叙述能及。该目的不再通过叙述进行解释，但它们通过叙述来确定一个目标。这种突出意义很容易识别，而且很大程度上足以将新闻体裁与其他的叙述形式区分开来。在上文中，我们在θέαιρον模式的框架内，将首要目标描述为通过神圣知识的方式来了解"整体"；但是那个目标在新闻故事结构中有了它的文学形式。"倒金字塔"的构成原则超越故事本身到达了前期阶段。新闻文本的标题和第一段前面，逻辑上存在着元文本。它只有作为"对全体持有的意见"才是有效的，而不能作为"别人对所实际呈现的看法声明"。每个新闻故事都是整体中的一个事件。

新闻故事的数量是受限制的，元文本的数量更加受到限制。只有划分了类别，新闻才是存在的，比如"政治""经济""国际事务""科学""黄色类"（八卦、社会杂闻、犯罪消息、人类利益等），特写稿版（某些大开报的"第七页"专栏）、连载小说等。在每个类别的框架内，存在已确定的叙述模式（战争、妥协或联盟、危机、辩论、成功或失败等），其他的都只是些变体。这种逻辑一直都在新闻常规中存在。对"新闻价值"的研究试图通过实证探究工业实践的经验主义。新闻行业事实上跟"客观世界"没有关系，因为客观世界中的各种故事试图以自己各自的方式呈现出来。对"新闻价值"的研究被当作是在客观世界和记者衍生的世界之间做出一种错误的选择：新闻价值的认识论本质是什么？比如，新闻价值是否就是记者自我衍生意义的客观化呢？还是它们的存在是以客观的本体论基础为前提呢？这些重要的问题以前从来没有被提出来过，导致新闻价值被当做是新闻业的随意特征（劳，2004，696）。

对新闻价值的研究就是尽力试图解释为何某个事实陈述会变成新闻，但其他绝大部分的事实却不可以。不管叙述意义前期做的努力（即超越故事本身，利用一个依赖其他制度提供来源的制度将意义连贯组织起来），人们认为事件（例如，新闻报道出现或保持沉默）存在或者不存在的概率是正常分布的。然而，新闻价值不涉及偶然事件（尽管这是经验主义概率的高斯正态分布预设）；相反，在最好的情况下，它是一个计划好的惊喜（这也就是利科把诗学隐喻翻译成剧情突变的方式）。在此情况之下，"计划安排"最大可能地包罗了整个意义框架，包括占主导地位的意识形态——也就是说，历史上偶然性的意义模式。在叙述惯例之外（从θέαιρον到体裁）是社会神话文本，我们试图把它们当作元文本。新闻是一个存在的（不管报道与否）或可解释的（编造、倡导）选择标准（参见利贝斯，2000），它可以通过意义的元文本组织而推断出来（正如悲剧、喜剧等是从酒神行为或戏剧中推断出来的）。神知道什么东西值得被讲述（所以带有"所有人"合唱团领唱也知道）。

在以体裁和品牌为识别形式对意义进行产业化的过程中，元文本成为其基础。上文提到的戏剧中的神，当然也可以通过功能结构主义的视角来洞察社会而被替换——尽管我们也可以只需通过承认意义的产业化而避免一场迫在眉睫的关于社会本体论的辩论。这是元文本的想法，它只以"事实"叙述目的前阶段的形式存在，而且这些是"全体的"普通故事。在我们的实效主义者情境下，将这个表述为通过权威的方法确定的规则。

元文本让需要论证性证明的事件不言而喻：被呈现行为的从属性，加上有能力的演员的投资，其中从属是资格的前提条件。只有社会理论本身会希望证明这个主张是——例如，具有社会功能。然而，当我们设想这个问题的时候，我们只需要表明，那些隐形预设的文本（类似于我们称其为元文本的形而上学）事实上置于所有真实文本之间。但如果这样的元文本还没写出来，那它们如何能被证明呢？它们从来没有被人详细说明，因此它们在真实的文本中只能以"尚未被证明的预设"的形式存在。尽管预设本身已被证明，但这样的真实文本把它的呈现客体假设成必须要被证明的客体或可能被辩护的客体。合法化本身就不是合法的，相反，它通过使用自己的符号，预设在公共场合进行的所有事情都需要一个好的理由才能进行。因为让文本合法化缺少适当的合法性，所以它知道自己不能坚持认为是合法的；因此它把自己的辩护权传递下去，交给一个具有统治地位的合法实例："所有人"。这个全体就是强调包括"我们"，而正是以"我们"的名义，并在"我们"的命令之下，文本被呈现出来。

"元文本"是描述意义产品的概念，它通常从内在工业性的视角接近传播学。这个意义构建的显著特征是可以被理解的，就像实践、专业社会思潮、工业自我管理的"道德规范"，甚至仅仅像尚未写出的规则"我们在此就是这么做的"那样可被理解。塔奇曼对新闻生产组织的观察（1978）包含了元文本思想的某些方面。然而，由于她的现象学方法是"参与者观察"，所以她描述的更多是新闻编辑的主观意义构成。新闻编辑视角纯粹而简单，它从绝对的内在视角，反映客观性理式。奇怪的是，一些研究议程假设自己也有同样的内蕴特点，然后这个主题被认为是新闻赢得了现实。可惜的是，这个过程经常忽视新闻文本的意义生成或结构贡献。真正的事实经常是"调查性新闻"努力的精髓：记者（或新闻机构）不仅找出话题，而且将其发展下去，有时候跟顽固的反对派对着干（奥尔德里奇，1998，115）。新闻业的这个圣杯构成了两个元文本之一的范例纯粹形式。

6.2   调查性新闻和客观性

当不合法的实例（参见柯伦和西顿，1981）表示权力意义是可以被合法化的，我们就将其称为"元文本 I"；而且它只以负符号刻在"调查性新闻"这个术语之上，警察查询可以称作"调查"（字面："跟随踪迹"）。当记者将警察玩弄于股掌之上，他们称自己"具有调查性"。他们的审查方法和采取手段几乎和执法者的做法一样（或者至少跟私家侦探的做法一样）。这种操作性模仿，如语义学表示的，等同于将记者的行为与国家的司法权力挂钩，以便依附共享合法性。现代性一般都预设国家是反对无政府主义和丛林法则的最后补救手段。然而，对公众舆论来说，将自己的作用与真正的国家功能对等起来，需要适当、正式的合法化陈述。从运行和特权来看，公众舆论一般都被认为是"全体"的个人观点。作为个人观点，它是神圣不可侵犯的（而且被当作思想自由的宪法权利以及人权供奉起来）；作为"全体"观点，它对于每件本身不是真理，但仅可被当作是一个观点的事物来说都等同于真理。

调查性新闻本身与公众舆论的基本意识形态紧密相关。加拉比（1996）把这种新闻形式看作是英美人的发明，虽然相似的形式当然也存在于其他地方。这些严肃性新闻大量使用的方法和风格，在过去是"丑闻报道"中招人诋毁的地方，但现在确实值得关注。在 20 世纪 20 年代的纽约，这个冲突导致了《纽约时报》（其开始是一种廉价报刊）和《赫斯特》和《普利策》报刊之间激烈的竞争。前者认为后者花里胡哨。人们做了很多使之合法化的努力，来提升黑幕揭发的方法（它从未改变过），以便让它为更高级目的服务。这个强烈渴望已经变成了正式目标，这种变化的迹象以各种方式表现出来。例如，当批判性的新闻媒体（或者类似的调查性机构）要批判政府时，当事人就谈及"更高的忠诚"。只有当它被贴上"社会责任"的标签时，才是被允许的。而这个社会责任又经过操纵，处在了最高忠诚的地位上。

我们现在的目的既不是描绘细节，也不是挑战潜在的思想假设，而是要理解构成调查性新闻的复杂意义过程：当有人声称自己是调查记者时，什么事情将一定会发生？制约后面全部决定的最高意义的决定是什么？在此情况下，如果被援引的是"新闻界"（克莱姆和保罗，1999，45；德阿尔伯克基，2005）或是"看门狗"功能（罗森鲍姆和邓肯 2001；周，2000），或者是声称出版自由是民主的前提条件，我们都不应该被欺骗。首先，这没有解释新闻出版如何变成它目前状况（即暂时、现在情况，不在其他地方，或不是它的过去）。而且，公民社会仍然还有可以对抗权力滥用的手段。如，内在的议会体系和外设的选举监控——前提是要有这种意愿。但是，这个过程再也不利用"舆论"本身进行，因为它已经被大众媒体所垄断。

客观性就是一面旗帜，在这个旗帜下，新闻界努力与能够引起人们纷争的世俗事件保持一定的距离。从它的意义作用来看——以及实践者相应的自我理解——它和残酷的现实已经变得面目全非无关。保持客观只是意味着将自己与用第一人称单数，比如"自我"，来呈现的事情分离开来。客观性只是一个社会虚构，它只服务于总体上"可行的"（霍夫詹尼，2001）世界观。这个客观性与"事态"无关，而是没有人为干涉调停的信息数据，而这些人为干涉调停都是一些科学哲学程序。新闻客观性是"全体"世界，因此不再是个人主观世界，这不仅是从一个崇高视角来看待争议的理式。最常用的新闻文本将"客观性"（美国新闻界）落实为五种专业态度：客观、无党派、倒金字塔、真实性和平衡（明迪奇，1998，8f）。所有这些都直接变成文本类型在新闻故事中展现，这样，它们也就变成了叙述逻辑。例如"客观"在叙述上采用的是单数第三人称的叙述视角，将行为人的主观逻辑最小化。将动机强加于行为人（虽然在文学上，行为人的内心世界存在的前提是作家的无所不知）的做法违背了这个专业规则，尽管这种做法经常出现，而且也容易做到。

新闻界的模式就是通过这种"客观性"的专业态度注定大局。然后，话语者就有了潜在的权威，可以借用"完全事实"的权力。这种潜在性反过来混淆了话语者呈现事实的理由——这里要注意，真相和现实并不是自我呈现的。温驯的读者不是自动可以无目的沉思，然后以相反的态度开始呈现。吉特林在他对今日新闻界衰败的探讨中，忧伤地指出："新闻界危机在于不愿意成为反对派新闻媒体。为什么人们本该认为新闻媒体多少该是对立面的激励，这本身就是一个有趣的问题。"（2006，5）"客观的"事实与"其他人"（属于"全体"中的）相对立——也就是说，与权力拥有者对立。正式说来，作为监督者或倡导新闻工作者的姿态，就必然要用"社会责任"、工会管事、忠诚责任等措辞来证明普遍性的合理性。

（准）"看门狗"监督者喜欢向外声称他们在历史上的角色。结果，护民官或审查者的历史角色，在调查性新闻媒体的自我合法化中占了特权地位。在古罗马，审查者（贵族或精英党）或护民官（普通人）只能通过它的"否决"（即双方都没有绝对权），来阻止贵族参议院（在帝国时代，参议院也有平民）决定的事情。因此，它们是神圣不可侵犯的（被授予神圣权），而且免受任何政治或司法起诉。同样，调查记者也宣称他们拥有律师助理或超越以上的特权。

这些特权包括对消息来源的保护。"获取新闻"（吉特林）这个直言不讳的标签描述了所产生的实践。例如，这在中央情报局特工瓦莱丽·普莱姆的真相揭露里是显而易见。在这个事件中，纽约时报的记者朱迪思·米勒陷入了2005年的布什政府的阴谋，自此暴露于他们更广阔的"信息福利"范围。"消息来源"结果证明是带有直接策略性企图的匿名政府官员。最终，强制拘留让米勒放弃了拒绝揭发她的消息来源者（艾布拉姆斯，2004；弗里德曼，2006；盖普，2004；莱曼，2005；默明，2004）。

然而，在合法化的整个过程中，并没有考虑真正的观众或读者，读者还是神秘的公共舆论"全体"。这并不意味着电视直播的观众（确切的频道，确切的时间）是在寻找娱乐（他们变成广告的客户）。即便如此，"全体"获得了可以被允许知道，甚至有义务知道点什么的权力。记者向这些"全体"提供了他们从那些密谋隐瞒真相的人那里获得的信息。

当然，在此掩盖之下的残酷现实总是有点不一样。事实本身从来不支持或反对某个人。为达到这样的目的，我们需要进一步将社会冲突与政治冲突进行整合，因为"我们全体"要感谢敌人的敌人，让事实反过来"对抗""其他人"。这样，"我们"与对手的敌人站在了同一战线上，他们（无私地）充当消息提供者，给我们事实真相来反对他们的对手。这个"天生的缺陷"随后以产品的形式呈现出来，在其中，我们可以对缺陷进行分析（艾特玛和格拉瑟，1988）。作为一种专业技巧，这已经发展演变成了舆论导向专家和那些把目的明确指向蓄意的言行失检的人。在新闻实践中，这进一步导致了"匿名举报"的问题，这个词在21％的新闻报道中都会出现（克莱曼，1990；马丁·克拉策和索尔森，2007）。让他们为所声明的事情负责是有可能的，但很难做到（这是伽达默尔的权力概念）。这样，每一个声明就又回到了记者身上，这产生了实际的基本问题，就是如何对待消息源。"客观性"原则的一个结果，举上文《纽约时报》的例子，就是让它宣布了更严格的规则来对待匿名消息源。这些规则在各版进行了披露，比如"纽约时报新闻道德指南"和"新闻消息源的机密性"（《纽约时报》，2004a，2004b，§13），而且该报纸公众编辑还对其做了进一步评论（卡拉姆，2005）。

在犯罪报道中，——"被隐藏"事实的第二大重要类型——"事实本身"以不一样的方式被抢夺。在这种情况下，记者"以正义的名义"利用事实来揭露犯罪者（不再为了对手的敌人）。我们必须假设一个不同的客观性来揭露罪恶，这种真相揭露并非没有利害关系，但它不是正在掩盖事实的权威机构（例如警局）。为了证明这种"真相揭露"的合法性，我们只需要一个因素，那就是有一个明确的目标。客观性可以反对政治丑闻中处于优势的人，这种做法被"我们"（即，处于劣势的人）认可。在犯罪案件中，"我们"变成了正义之士，必须对恶人的客观事实进行周密考虑。只有"全体"共有的正义感才能证明这第二种事实揭露是合理的——而且，值得注意的是不带法律后果。这再一次与 θέαιρον 类型相一致，它从空间上，还以及逻辑上将观众与舞台分隔开来。

调查性新闻可以说是 θέαιρον 的一种仪式扩展［或甚至是一种"策略性仪式"，按照塔奇曼（1972）对客观性的定义］。Θθεατρον 将公众舆论公开展示为意义的一种模式。调查新闻自我理解在功能上等同于神赋知识的是"社会责任"。这个意义装置触及的不仅仅是"更高的忠诚度"，它其实涉及的是神秘的"全体"。只有当调查新闻能够担当起这个"代理"角色时，大众媒体才能获得能够对抗政治权力的力量。

19 世纪末大众报刊客观性的出现，不单是历史迈向民主监控政府的一步，也不只是报刊版式的一个小小的变化。在这方面，政党媒体因其党派性而更加真实，这种片面性甚至无法假装还存在一个对所有人同样客观的现实。值得一提的是，美国南北战争期间的战争部长埃德温·M·斯坦顿自己发明了倒金字塔，这是客观性的五个重要组成部分之一。这个金字塔表明了信息流如何通过"客观性"变得可以控制，因为以此类推，这个等级形式可以给客观性强加一个等级划分的主题，变成它的逻辑。在当下的政治新语中，就会出现编造。显然，相同的一整套客观事实都可以以不同方式进行等级划分，然后暗示了其中大量的逻辑依赖。

在涉及宗教丑闻时，这个超越文本的根本决定作为工业实践在记者专业自评中表达了自己。这在我们对《波士顿环球报》的分析中能看得清楚。一个具有调查精神的英雄将"客观事实"从令人混淆不清的权力中抢了出来，这显然是这个丑闻中意义构建的一部分，但它不是故事的实质。在文本当中，这只在框架中出现。是因为它不能作为元文本，且不在文本范围内，所以它才那么轻易被当作一个意义运作方式。在丑闻的情况下，没有冷静的"客观"向充满愤慨的且热情的"附设新闻"妥协（参见上文，nl76），而后者很容易成为保民官所犯的错误。

调查性报告也可以受益于被当作文学体裁进行分析。如果我们不去管客观性的标准问题，那么文学视角可以让我们将新闻叙述与讽刺性文章和"一人"丑闻文章区分开来。但是，不是所有的新闻故事都是"直叙"的，有些还混合了讽刺、反语、挖苦以及其他相似的手段（参见上文）。当舒德森被谴责将客观的、惯常形式的新闻降级成为一种小说文学时，他相当有说服力地为自己做了如下辩护："我没说作者伪造了新闻，而是制造了新闻"（舒德森，1989，263）。事实上，客观性的展现就是一种惯例（舒德森，2001；塔奇曼，1972），也说明了新闻专业性对事实只字未题。新闻故事与之前材料的任何东西（大部分已在叙述形式中存在）之间的现实关系却是一个完全不同的问题。

与"只是事实"的意识形态之间发生无望取胜的冲突是一种没有意义的做法。避免这种争斗是人们希望的，这也意味着，某种类型的新闻与事实的关系更为密切。莫洛托奇和莱斯特试图在其对圣塔芭芭拉石油灾难的调查中展示这一点（莫洛托奇，1999；莫洛托奇和莱斯特，1974，1975，1999）。他们认为与普通报道相比，丑闻和灾难性事故展示了一种不同类型的事实。民族学者一定相当熟悉这种建构主义（莫洛托奇和莱斯特，1974）。也就是认为：一个给定的事件可以根据不止一个事实进行解释，而取决于看待事件的角度——也就是说，从上（从精英、权力拥有者、富人的视角）或从下看。虽然信息产业经常从上层视角来呈现事实，但从丑闻角度来看的话，这种一致的世界观显然有裂缝。尽管如此，莫洛托奇和莱斯特似乎对于他们对待丑闻和事故（以及其他的偶然事件）的方式太过乐观了，他们只是把这些事件当作世俗的事态，不能当作典型的现实来理解。也很可能，他们只是不同的类型——即"从底层视角"看待的类型，当与"从上层视角"来看待的事件相比时，它们给人的印象是"更加真实的"现实。当我们从舒茨关于意义和现实构建的现象学研究视角出发时，更能证明如下结论：每一个"客观的"意义都是典型的（参见§1.7；拉杰旺，1999）。

无论如何，与符号学和实效主义有关，这种关于客观性和解释的辩论都是多余的。一种类型的目的论为这种工业实践提供了模型。这种分类的关键是对解读再进行解释——也就是说，当叙述的目的论是一个不变类型时，惩罚判决事实上可以以不同结果、用不同方式解释。反过来，已经变成叙述的事件不能恢复成为叙述之前的事实，因为这样做会使"事件"本身消失溶解。事实上，公众意见存在于对某事物的看法中，而这一事物是一个故事，不是事实。对事实进行分类（菲什曼，19.80）的其实只不过是一个权威性故事（例如，拥有来自行政，面向行政的行政信息）。

拒绝这种逻辑约束的唯一可能不是"只是事实！"的神话，而是以同样吸引人的独特风格来叙述另一个不同故事。只有这样，现实才变成"多个事实"——这是一个充满冲突的领域，但是，甚至冲突的故事也需要一个共同的"全体"意识形态，没有它就没有惩罚（或冲突）。并不是事实证明了惩罚的合理性，而是由"全体"来认定某事物是否是公共的。这最终使得新闻和谣言区分开来（例如，一个公开的博客打破了克林顿和莱温斯基的丑闻）。谣言、个人观点和外界观点很可能都是真实的，但它们不会造成丑闻因为缺少惩罚的潜力。凯里（2007，10）指出："（从历史角度来看），公众，按照罗伯特·帕克诙谐的说法，就是一群聚在一起讨论新闻的人。"为此，它需要一个可见的事实构建作为权威，这就意味着，所有相关人员都必须认为它是合理的。

讽刺只是戏谑地声明放弃"全体"大众的认可可能。讽刺为其戏谑付出的代价是，它没有任何权威可以证明它的事实建构。在这一点上，它和最极端的小报形式是一样的。但是，这种方法至少让调查性新闻和讽刺具有对比性，如果它们不是相同的话。例如，《鸭鸣报》是法国最具讽刺意味的出版物，但它同时也涉及调查性新闻——事实上，它应该被誉为法国开创这种形式的先驱。同样的组合形式也存在于德国机构中，比如《帕尔东》（*Pardon*）和《孔克瑞特》（*konkret*），还有自 1841 年起就出现在英国的《笨拙》，而《笨拙》本身又是模仿法国的讽刺性报纸《喧声报》。然而，新闻界其他媒体完全忽略了这些期刊。但一般来说，这些期刊都不会被指责说提供的事实是错误的（诽谤诉讼代价太大，因为这些事实在法庭上都能站得住脚）。差异在于对公共机构和经济制度的不恭敬。在这个方面，讽刺一反其常用的故事写作方式，只能写似是而非的故事。而且，讽刺的一般规则要求必须一律不敬，没有例外，这样的话，其目标一般都指向了所有政党、公司、意识形态以及各种信仰。

只有提高道德要求，调查性新闻的其他产品，例如政治杂志，才能逃过讽刺性文章的苛责。但不管怎么高，它们的目标都是让"全体"大众来惩罚道德越轨。虽然讽刺性杂志的意图只是奚落别人，而花哨杂志的意图只是令（明星、名人、易陷入丑闻的人）感到尴尬窘迫，但调查性新闻则是严肃地宣称自己有义务（不仅仅是准许）将道德审判权转移给他人。这种资格必须由别处获得，它既不是自动形成的，也不能自我显示。坚持公认的价值观和行为标准恰恰提供了所需要的辩护和证明。

调查性新闻的极度夸张站在讽刺性文章的道德对立面，变成了曝光性新闻，被司法框架外的迫害实例所操纵，很难辨别谁该受到最严厉的公共调查。但至少在冷战时期的德国，甘特·沃尔拉夫因其跟踪性的持续揭露而成了最大的赢家，他的追随者对他的尊敬几乎达到了崇拜的地步。但据其诽谤者所说，他发表的东西只不过是党派对事实的歪曲而已。这种新闻不再假装成是舆论新闻报道，相反，它声称自己的目标是在违背受害者意愿的情况下，从他们那里获取事实真相。通常，只有刑事侦查人员才有这种避免社会危害的特权。

只有煽情主义才能同时在讽刺性新闻的框架领域以及调查性新闻的框架领域内持续繁荣。小报持续增加，发行量达到了上百万；电视领域，电视真人秀节目也出现了一些令人震惊的奇葩。但这些散布丑闻的媒体并没有报道真实的丑闻，相反，它们大量地宣传一些微不足道的事实，然后用被过度鼓吹的道德审判为这些事实辩护。尽管其数量庞大，但娱乐行业的这些夸张报道，没有从调查性新闻的（自我）辩护做法中学到任何东西（也没有做出任何贡献）。它们的夸张报道只是蚕食了调查性新闻，而按照调查性新闻自己的看法，它是从客观约束的新闻最坚硬的内核和特有本质中生长出来的。

那么，是什么证明调查性新闻的合理性？作为思想史的后继者，公众舆论被赋予了准神圣特性，具有"全体"的权力，可以无所不知，并且惩罚强权者的行为。这种修辞和戏剧帮助资产阶级的政治模式成了主流。根据这种逻辑，就难怪记者的惩罚权力跟司法惩罚是一样的。借助另一个产业，它成功地将自己依附在权力的逻辑之上，也依附在合法操作的逻辑之上。

在实践中，调查性新闻越过了它本不该超越的界限。记者有什么实际权利，以何种方法（其中包括警察的手段）获得消息（戈达德，2006）？相对于私人侦探来说（比如克罗尔公司，曾是世界最大保险公司的分支机构），记者在获取消息的行业工具上没有任何值得羡慕的地方。记者所做的都在法律赋予他们的权限范围之内（具体参看德伯格，2000，126－55；韦斯伯德，2002）。但即便如此，就连伊恩·佛莱明都要羡慕他们现在的能力。记者从间谍和私家侦探那里学了各种方法和手段，比如（这些都是大家都知道的手段）隐藏的微型摄像机、极远的远摄镜和声音监控。

此外，记者还有更多可供他们使用的获取消息的方法。例如，他们有匿名但"消息灵通"的线人。新闻记者与这些线人联合起来，导致了"证据"的传播，甚至在法律允许的地方，这些证据会一字不差地出版，供人评论解读。外界对这些线人的看法大相径庭。新闻界经常站在中立的立场上，把他们称为"可靠的消息来源"。但在受害者看来，这些人是"间谍""告密者""情报人员""卧底"。比如，沃尔拉夫因其经典的"角色报道"法而获得了"IM"绰号（共产党秘密警察总部，史塔西的 Informeller Mitarbeitert；事实上，沃尔拉夫的合作痕迹已在档案里找到），这种角色报道需要以假身份加入一个组织。沃尔拉夫获得了法院禁令，禁止施普林格出版社以这个绰号来称呼自己。这些做法无论如何都会产生严重的问题，因为将它们合法化为人民的护卫者，会导致持久而繁重的压力（克莱曼，2002）。

另一个有问题的做法涉及揭发。在大多数情况下，揭发者都是雇员——公司、政治机构或政府管理部门，他们向公共舆论这个惩罚者提供了不利他们机构的信息。自美国"安然事件"以来，揭发者都纳入了 2002 年沙班斯－欧克斯利法案的全面保护之下；对于内部的行政违规起诉，这个做法对"相对抗的起诉者"——记者是不利的。有时候国家机关本身就充当了揭发者。也就是说，他们将自己的事务（例如政治议程、刑事诉讼的目的）提供给新闻媒体，希望借助公众舆论的惩罚评判来达到他们的（合法）目的。在某些国家，以及某些政治文化中，警察公开调查秘密，所搜集的个人信息都以这样的方式曝光，即使这事件还在审理当中。同样的情况也出现在 2003 年波士顿 CSA 丑闻刚开始的时候，当时的律师通过这种方式成功地影响了司法程序。

新闻"现实主义"理论强烈反对新闻受利益驱使的说法。"反实在论构成主义"（菲什曼，1980；莫尔切和莱斯特，1974；舒德森，1989，2001，2006；塔奇曼，1972，1978）因为哲学上的原因而受到批判。这些批评认为新闻的客观性是可能的，而且，它也有道德上的义务（高德，1993，2005）。如果它不是完美的，但至少它也有自然的客观性（劳，2004）。在这一方面，高德运用瑟尔的意图性言语行为理论说明新闻是事实的陈述。从符号学视角来看，任何现实主义的尝试必然都是受欢迎的，而且，由于符号中存在第二相关物，这种现实主义是不矛盾的。这个断言是否抓住了新闻的本质？新闻是阐述事实，还是利用一系列事实来意指其目的？用逻辑语言来说，新闻不是一个主语的存在决定了其谓语的句子，而是让一般规则在其中起决定作用的句子（参见上文）。而且，这个规则事实上是目的。目的不是将保全真值（salva veritate）简化成二元存在关系（高德暗示瑟尔的"无情事实"，因此使用了皮尔斯的概念）。从逻辑上看，这个还原等于将一个三元关系（例如，"礼物"）简化成两个连续的二元关系（"客体转移"）。然而，把 X 从 A 转移到 B 永远都不会将它变成一个"礼物"。对于新闻的逻辑本质来说，这意味着新闻不能变成事实。相反，将事实组织起来，然后在一定的规则下进行解释，这种做法背后的目的一定要找出来而且要独立于它所收集的事实进行自圆其说。这些"现实主义者"主要的对手就是现象学方法。劳和高德在批判伯杰和乐格曼时，他们忽视了现象学存而不论的系统目的。在胡塞尔看来，这是有意暂停将自然认知态度当作煞费苦心地确定直接意识内容和行为的方法。我们可以反对这种后康德方法，但我们不能忽视，存在两个完全不同的水平（参见前文）。构造与悬置水平相关，而且也不是自然态度（胡塞尔不仅没有否认它，而且在现实世界中，给了它一个自反表达的生活世界）。

对新闻来说，目的问题是相当有趣的。与目的论有更大相关的是对叙述形式或新闻及其社会语境的调查。在此，贝姆（2004）做了一个有趣的调查。特别针对（他所说的）"新闻包装"，他展示了目标的叙述性预定如何与事实越来越紧密地联系起来。而且，在电视中，事实被赋予了特定的现实指标。在发展过程中，目标的新闻性预定变得越来越明显。同时，新的电视节目制式将专业的讲故事人变成了新闻播报者——带有"新闻身份"的明星，可以说是拟人化的新闻。但是，这种资格要依赖于专业的意识形态（德鲁士，2005a，2005b），我们称其为元文本。

最终，调查性新闻给出了丑闻的播报形式。要懂得这种新闻是由界定其形式的明确目标来决定，这一点很重要。这个目标不仅仅是对"客观信息"的一个简单预定，或者叫偏见。这种新闻与公众舆论本身的意义过程完美契合，使得它的目标被负面地确定为"对抗性报道"（裴伯和韦斯伯德，2004b，1144），因为它对权力拥有者怀有敌意。然而，正面的是，它在经过 $\theta\varepsilon\alpha\tau\rho\text{o}\nu$ 逻辑模式的公开展示之后，意指的是理式的解释。敌对、党派（讲对手的故事）、惩罚：它想要产生的结果不是呈现而是效果，不是事实而是变化——可以说是"有效的事实"。它的影响可以在不同的地方奏效：通过将好的事物与邪恶的事物区分开来，它在道德话语之中起到了作用；在政治话语中，它通过法制来衡量权力。前者是丑闻的热门话题，而后者形成了各种各样的斗争。但是，这些效果产生的前提是，调查性新闻必须要严肃认真，而不是一个轻浮的行当，就像有些人所说的"桃色新闻"（埃塞尔，1999；麦克奈尔，2003）。不可否认的是，自 20 世纪 90 年代以来，调查性新闻手段被越来越多喜欢刺探别人隐私的人利用（裴伯和韦斯伯德，2004b，1148jf），并通过小报产生了一个欣欣向荣的行业分支。除了增加发行量以外，我们想象不出这种新闻形式还会企图产生严肃的社会效果。

新闻有多个变种，但它们全部都遵循一个基本模式。当"恪尽职守"的媒体标榜"倡导新闻""严肃"的媒体标榜"调查新闻""服务于"市民的媒体标榜"公共新闻"时，这些模式看起来更像是营销说辞而不是实质的东西。所有的都有一个共同的理式基础，以不同的形式适应于不同的市场。这个理式会产生其负面形式，也就是作为公众舆论的丑闻，但它也能增加声誉。这个积极的形式是一个独立的附属行业领域，即公共关系。对于名人来说，因为他们属性混杂，所以很难分清正面报道和负面报道。

我们主要的兴趣就在形式之上。调查性新闻的这种描述故意略去了大部分轶事智慧、它的英雄及其功勋、它的成功事迹和它的惨败经历。然而这一由实践而来的产业鼎盛形式，不仅只是一种文学传统：它形成意义，并根据自己的特点创造了意义。将新闻变成抄写工作，将事实转写成为句子，为了产生客观性而盲目地抄录，所有这些都不能反映它的创造性贡献。意义是创造出来的，不是寻找出来的。而新闻是一种创造性活动，它有自己的规则，更可能产生某些影响，而不可能产生其他影响。在这种情况下，影响意味着故事的结局是现实、世界、实际领域。

有人可能认为这是一种遍历循环法。我们不是从明显事实出发，然后达到其语篇等效；而是从结构形式出发，最后得到一个意义现实。正如有人说，另一种可能是朴素实在论，它在哲学上看来，绝对不是"批判现实主义"。如果真的"只有符号没有认知"，那么符号学意识到的不仅是"无情的事实"，还有意义的规则（"法律"）。从这个意义层面上来说，新闻必然认为丑闻的产生完全是因为它的形式。从新闻本身而不是从新闻的社会影响去推断出丑闻，这方法可能很困难，因为它表面上是违反直觉的。从这个推断中，丑闻继承了对意义创造形式的重视，以及利用事实的重视。然而，丑闻的标准处理其实是想要提出这样的问题：丑闻的"客观性"是人类的行为（字面意义上的"事实"），还是与人类行为没有因果联系的文本产物，即记者自我衍生的意义（劳，2004，694）? 很显然，这只能让新闻客观性这个一般性问题变得更加复杂化。但它是一个错误的选择。毫无疑问的是，媒体丑闻会产生客观的效果（我们将另起一章加以讨论）。丑闻迫使人类改变行为，但问题是我们需要寻找原因，而不是描述结果。换句话说，我们要追溯到丑闻前期。

同样没有无疑问的是，在人类聚集的地方，产生丑闻的不仅是媒体，还有社会动力。在社会群体中，不管是有计划的丑闻，还是无意产生的丑闻，它们作为一种行为都是客观事实。如果雷内·吉拉德所说的"模仿冲突"在历史上和实际上都存在的话，丑闻甚至都是最终致命的恨或爱的苍白仿制品。韦斯伯德声称媒体丑闻是"违背信任"（1994，21），但他的用词恰恰把政治权力变成了这种吉拉德式的恨或者爱。将"信任"运用到公众舆论中是否明智，这是另一个问题，但人们会在剖析行为者的文本风格时产生共鸣（从这个词的真正意义来看，我们能信任一个自己素未谋面的人吗?）。作为一个后结构主义神话理论家，吉拉德甚至将他的理论运用于酒神原理，让这个原理明显变成了人类行为的神话衬托。因为它同时也作为 Θθεατρον（剧场）的神话衬托，所以模仿冲突在此是最重要的文本再现。对我们现在的研究目的来说，这个框架太宽泛，因此不便使用。而且它也不能回答我们的问题，即神话文本如何与行为关联——或行为如何与文本关联。

简单来说，社会的模拟现实，包括其中的丑闻，都没有对公众舆论及其突出的现象进行解释。如果我们将丑闻逻辑首先以文本形式呈现，然后看它产生的效果，这样做的话还能从中收获更多。这并不意味着因果问题被回避，只不过将它放在了符号－实用语境下的一个新形式中。基于我们之前的分析，下面的问题更加精确：当符号变成目的论时，是什么造成符号的解读，而且还是以如此明确的方式进行？此处虚构的不是事实（甚至不是高德的"残酷事实"），而是目的。在商业媒体产品中，纯粹的事实总体上被认为是正确的。至少，在公司律师以及编辑和电视台法律顾问的压力下，事实声明通常被表达得很含糊，以便它们可以长期在法庭接受审理。问题不在于华盛顿公寓的一起小盗窃，不在于白宫实习生的脏衣服，也不在于同性恋青年与牧师的亲密接触。问出"发生什么事？"这种问题的人，一般来说，他们想知道的是这个高阶行动的目的，或甚至是行为人更深层次的意图。事实不再存在，目的是合适的新解释，继而变成新的符号（第一相关物中的事实符号）。

即使有人拒绝承认真实世界中大量存在丑闻概念，但是真实世界中仍然存在惩罚或媒体丑闻带来的效应。这也会在后文进行更为具体的阐述。

6.3 元文本：公众舆论文本的处罚简化

元文本代表体裁（例如调查性新闻）中的θεαιρον显现的意义产业化。元文本可以说是戏剧结构的逻辑运作方式，而不是戏剧表演。这个观点并不独特。传播学对此有一个恰当的表达法，它借用了认知科学隐喻中的"框架理论"，可能还受到了戈夫曼经典"框架分析"的启发。恩特曼对此作了如下描述："构建框架实质上涉及选择和突出。要进行框架构建，就要选择感知现实的某些方面，让它们在传播文本中更加凸显出来，以这样的方式来促进某个特定问题的界定，道德评价的因果解释，以及/或者对所描述问题的处理建议"（1993，52）。这种"分裂范式"承认是一个相当模糊和不够明确的解释（1993，51）。这种项目让人想到经典的亚里士多德《诗学》，并非偶然（事实上还有可能是它的核心知识），因为它实际上包含了文本或叙述的因果关系。换句话说，框架构建包含了实际任务的目的学因果关系（"问题定义"），实际目的的正面或负面价值观（"道德评价"），以及公众舆论（θεαιρον）的远程惩罚（"处理建议"）。因此，这个以探究为指导的隐喻同时包含了框架本身和被构建框架的东西。

在符号学语境中，我们完全可以将框架和被框架的东西分割开来，将它们的关系用另一种解释和被解释的关系来替代。这样，元文本就只是框架外部，因为框架中增加了具有决定性作用的解释。后者必须潜伏在框架内部，它不能再出现在框架中。两者的话语讨论范围必须保持分离——例如在公共领域的 θεαιρον 逻辑中。这两个部分构成它们自己的（叙述）话语。这个特点也是为什么我们只把某些解释当作元文本的原因。尽管任何符号都可以用来解释其他符号，但元文本中的解释一般都按惯例固定，它们是社会公用的而且也能自动被识别。简而言之，元文本的解释是毫不费力、不言而喻、无须有意预设的。许多社会实践都需要这种推定——不管把它叫作框架也好，符号通则也罢，或者其他的名称——但我们的重点在于目前我们公共领域中遇到，文化中实践的两个元文本。

在一个更广阔的人文诗性语境中，元文本概念屡见不鲜。一段时间以来接受美学（在传播学中即著名的"读者反应理论"）都把重点放在阅读和理解过程如何通过构建一个理式而起作用（彼特斯和哈里斯，2005；艾略特，2005；艾特玛，2005；伊瑟尔，1972，1976；奈特，1999；斯科特，1994）。文学阐释理论是这个美学的起源，它的兴趣在于喜剧和自传中的奇怪的幽默力量聚集。早先我们看到了姚斯对卢梭《忏悔录》的第三审判案例的印象深刻的描写。那些可以让我们自嘲的东西，在我们嘲笑舞台角色时总是起作用的（姚斯，1977）。在古代喜剧中，这第三种实例类似于控制对悲剧无知的演员在舞台上的表演力。

框架构建，即调查传播者对某个事情（新闻故事或问题）的呈现如何影响接受者的观点，最后只不过是一种媒体效应议程罢了。简单来说，符号－实用框架中的 θεαιρον 模型能让我们看到更多东西。元文本阐释文本，由于它们特别的解释模式，符号学在这个方面能帮助我们，因为它运用了一系列符号关系。作为文本顺序，主从结构的依赖关系变成了在新的规则之下进行的解释中的解释。对于公众舆论来说，前面提过最重要的解释是叙述目的。另外，还存在完全针对丑闻的其他形合解释。"客观"新闻的现实影响是不可放弃的。这样，元文本也传达了一个符号关系，即第二性界定的真实性符号关系，如果没有真实性，新闻就只是小说和故事。原文的解释作用并不限于目的和事实，由第一性所界定的情感特性符号，也跟故事的元文本解释有关，它们可以将这些故事变成一种特殊的新闻故事。这种情况主要出现在"有人情味的报道"中，但也出现在丑闻报道中。我们必须看看这些符号如何从连贯元文本中散发出来，而这些连贯文本是通过它们对新闻故事的"新闻性"进行具体诠释而产生的。

因此，元文本和现实效应与感情暗示一样，也是典型叙述中相当确定的部分，而不仅只是框架中的"选择和突出"。它们本身就是框架，是相当固定的惯例，不仅成为体裁惯例，同时也对大众媒体意义生产起到了一定的约束作用。因为元文本甚至在任何文本产生之前就预定了意义，那它们对某个特别意义的产生一定有理由具备自我理解力。元文本 I 作为对解释的解释，它的完美典范在调查性新闻中是最明显的。在此情况下，新闻最好的时候可以获得业内人士和消费者的一致同意。元文本 II 是产生的工业实践意义，它们描述的更多是精美杂志中的"软新闻"或"生活方式新闻"。但是，我们可以确认的是，新闻行业或大众传媒的这两种基本模式都没有以纯粹的形式存在，它们总是会混杂了娱乐资讯、"有人情味的故事"等。

元文本既来源于文本形合结构或文本阐释，同样也来源于公共性理念——它们是以文本形式表现出来的历史、文化和社会体系。在实际运用中，文本是具体的，被人奉为神圣的存在。它们在以政治议程、议题框架（盖姆森和莫迪里阿尼，1989；雅各比，2000）、定义者（弗格森，1990）、舆论导向专家等作为话题中起了推波助澜的作用。框架构建，既包括放进一个框架，也包括覆盖一个框架，它的目的是超越这个框架。约书亚·盖姆森所说的"制度伦理故事"（2001）描述的就是具有价值审判权的大众和强大的行动者之间相对固定的关系。尽管这个关系通常不是直接展现出来的，而是作为一个社会制度的危机出现。这个社会制度是大众舆论假设的起规范作用的"事物"，并对其做了如下描述："性丑闻中揭发的不仅仅是社会规范——比如跟性相关的规范或其他规范，具体制度的或非制度的——同时也揭发了制度实施以及新闻媒体的关系"（盖姆森，2001，187）。

规范的监管工作最好当作独立的文本，因为它解释性依赖的文本并不能明确进行监管。任何文本的溯源，即元文本的逻辑建构，都涉及显性或隐性的理由。例如，如果一篇科学文章探索的不是真理的话，它就不可能作为科学文章存在。这种带有寻找真理责任的探索所做的比它本质上的要求要多：这种探索被设置于任何研究活动或编辑行为之前，因为"文本"在这种情况下不是句子的组合，而是任何一个有实际意义的行为。相反，小说在逻辑上来讲是建立在作者想象的基础上。只有大众传媒才能将公众舆论表达为"有一个更高的地位"。这种文本的自我合法化从上层传达下来，它还有同样权利让它呈现的东西接受它的判决。两者都是简化形成的意义，它们被浓缩为公众舆论的元文本 I（"权力的合法化"）。

公众舆论话语与被呈现事物的语用体系相关，因为前者修改了后者的意义。元文本修改了文本。然而，处于从属地位的意义以何种方式受到模式影响，这并不是任意或偶然的。事实上，这其中特点突出，每个参与这种交流的人一定会了解"公众舆论"其实是某种特殊的意义。这种特殊性不需要穷尽全部的理论可能。相反，它将自己限制为两种通过从属关系而占用不相关意义的方法。"公共元文本"恰恰就是这两种经过特殊模式化的依附关系。只含有这两个元文本的舆论是文化的偶然性或意识形态，我们只能够描述，（参看§3.3），但这两个元文本在逻辑上是互补的。

首先，元文本 I（"权力控制"）被正式界定为，通过真理的对等物，即"全体"的观点。将行动者的权力合法化，或者叫授予行为的权力。其次，再通过正式界定，将作为主体的行动者，与处罚事例之间建立起关系。这个就是元文本 II，叫作"自我实现"，但同时也可以叫作"快乐主义的元文本"。

这两个元文本的特殊差异，互补性，不是偶然的。相反，这种差异从逻辑上讲，来自这一条规则，即公共舆论本身不是实际主体。元文本对这两个逻辑上互相分开的公共舆论区域实施不同的控制：一方是通过目的的授权和建立，另一方是通过行动的执行或表现。实际主体的能力受到权力元文本（I）的控制，而身份元文本（II）控制主体的表现。在这两个方面，尽管它们的条款和语义陷阱会正式出现在每一个产生公共舆论的文本中。作为元文本，它们只需要被发展成为相应模式化的叙述程序。如果叙述考虑自己所叙述的行为，那么它就利用它一直努力达到的目的来界定实际主体。但是，如果这样的叙述关心的是评判这个行为，那它就有了眼前实际主体的特性，而且只有在偶然的情况下才具有实际主体的成就和成功。因此，如果公共舆论通过处罚和目标是想要不采取实际行动就确定这个行动，那么它的核心，也是唯一把握的目的是实际行动能力和行为表现。从主体的视角来看，行动本身取决于有行为能力和成为一个行动者。

总结，公共舆论的这两个首要目标一方面要通过元文本 I 实现：要想掌控行为的许可（"能够行动"），必须将这个行为合法化，同时也要通过元文本 II 实现。要想对实际主体本身进行判决，必须将主体的自我实现与处罚事例的预定联系起来。直接对行为进行干预则完全不一样，公共舆论让自己起作用的唯一选择是加强或减少实际主体的权力。但是，充当帮手或对手显然不是媒体舆论的意义所在。

6.3.1 元文本 I：允许行动

什么是表现？显然，它跟意愿和结果有很大的关系。因此，它属于一种意志性的行为；反过来的情况是，受缚主体通过意志到达它的另一面，并在实质上实现它的意愿。而客体一般来说是造成阻力，但它包括主体意愿对象的一切东西（人或物）。意愿以各种方式受到约束。如果表现是主体和客体之间的转化关系，主体就能达到或获得"某些东西"。如果与这个与意志行为相关的"某些东西"是一个人，那么就会产生一个不同的意义，而不是通过物质获得。实际主体的表现不是产生一个简单的"是"或"不是"的结果，而是在此意义中产生多种变化。

意志关系的范围包括从像机器人一样服务于客体到像父亲一样爱的模型关系。前者的连接模式是"占有"或"失去"——也就是说，当机械性的主体拥有或失去一个物体时，它就"有"。当一个实际主体把另一个主体当作它的意志对象并与之关联，也就是在第二种情况中，那么它就"是"，而这构成了"爱"或"恨"（即，一个人不是"占有"另一个人）。物质客体对于拥有主体的素质没有多大作用，一个充满仁爱或憎恨的主体会经历内心变化。虽然主体和客体获得反向面对面，但物质占有却比获得爱要简单得多。对于占有，需竭尽第三相关物所有权法律概念；而爱却不能简化为一个静态不变的法则——它的三重意义更加丰富，包含相互关系和广泛的时间维度。两种情况都是整齐有序的三元关系，就对立一方进行解释。但是，在占有中解释统一性，要比在爱中简单得多。在此，主体变成了"父亲"，而客体变成了"儿子"。因此，把两者的统一性提取出来变成"爱"，则信息量不足。

当物质占有代替了人与人之间的关系，这就以非常敏锐的方式重新解释了表现。这里不仅是一台机器，而且能够产生"意志"的国家、经济或自然。像"官方教堂""教权"等词汇产生了这种意义。因此，"官场"只能够"拥有"的是主体。虽然现在使用这种说法，但这种意志性的具体化原先是个人的词汇，因此，教堂意味着主（即集会），而教会机构则是被选择的（确实由上帝召集）。

因为大部分媒体话题都围绕着人类社会，所以一般来说，关系模式比起占有模式，它与意义的关系更明确。因此，这些表现模式的利用是意义策略。经济，作为占有模式的一个范式，它几乎不会被惩罚。相反，管理者、政客的失败就会被惩罚。因此，选择相应的替代品是由意义决定的：媒体中的私人化倾向容易导致惩罚的发生。当有负责任的人，没有匿名的国家机构会果断地"做"这或做那，而是由高层的政客在进行各种。通过这种意义伎俩，行为就带有了个人属性。这导致的结果就是：对机构的占有变成了个人关系模式的一部分。机构行为就是"客体占有客体"类型，私人化的伎俩掩盖了这个真相。繁荣的经济状况、股票牛市都从客观上很难进行处罚性解释，但它们的公开表现建立在那个预设的基础之上，这也不容置疑地适用于教会主体。因此主教必须个人承担社会世俗化进程的责任（某些调查指出）。赞美也是以类似方式进行，这么看来，好人形象出现在教会（例如电视福音布道者和教皇），并被赋予了极大的道德权威。

元文本 I 的词汇化形式是"权力合法化"，因为权力来自于能力（能够行动），它与行为表现有关。凭借特别关注，它能够让私人化的媒体对各种行为产生兴趣，是因为它有能力作为目的和审判实体实施其控制权。但是，处罚和目的，更感兴趣的是成为按照天性发展的主体，而不是通过积累客体成为一个主体装备。这就让我们看到了媒体中固定思路，即"能够做"和"做能所做"的合法化程序。合法化被当成一个议题只是因为它首先让关系叙述处罚。这个意义的逻辑前提是：人们可以通过实际客体将某东西赋予实际的主体，而且主体通过它与客体的关系而转变（包括变化、发展、增加）。什么也不是、什么也做不了的主体，无法被叙述，也因此不被处罚。不起眼的大众无法引起媒体兴趣，因为他们成为主体的过程中，什么变化都没有发生，即使他们本该改变整个农村直到无法辨识。只有对于那些在大众中出类拔萃的个人来说，行动才能进行自我生成和自我实现（通过赋予他们的客体）。

这个过程在对权力拥有者的惩罚的叙述中尤其明显。强权者获得的影响力、权力、财富、荣耀、受欢迎度等都要经过某个人的审判和证明。这个通常是因为要考虑外界的阻挠。例如，在宗教话语中，如果外界举行对主教问责的世俗运动，威胁到了等级分层，那么这个情况就会出现（例如，参看汉宁森，2004；国家青年记者，1977）。这使主教受到约束（由于这个事件的影响），他们必须要证明所获得的等级权力是合法的。这已经变成了一件非常司空见惯的事情，导致出现了以下标语："最后的君主专制"（暗示对大主教的处罚程序），"等级制度"和"底层运动"（用来竞争稀缺的权力资源），以及"世俗民众公投"（等于是反对专制制度的投石党运动）。对我们来说，重要的是，行使权力并不是一种占有，而是拥有权势，这是转变之后的主体所得到的东西。

6.3.2 元文本 II：自我实现尺度

元文本 II 是元文本中的第二个形式意义过程，其目标瞄准于能力。意指发展中的主体，从一个主体状态变成另一个主体状态。在目的论叙述程式中，只有改变的主体才能成为角色。G. H. 米德在将"我"变成"自我"的过程中，提出了一个主体，将自我概括为另一个我。然而，他利用心理学术语，重新建构了这个不断泛化的主体。仍然有待实现的"我"（I）变成了幸福、可识别的宾格"我"（"Me"），非常类似于"对英雄的认可"，即普洛普童话功能中的一个"自我"（Self）。它是"成功生活"故事下面的装饰金箔，是对模范人物的英雄化。真正的问题在于实际行为的逻辑转变。行为中的主体，他们只关心他们自己——也就是说，他们只根据自己的感受来调整意愿，与那些意愿中只有一个总体目标的主体不一样。

　　虽然心理学的论证无法令皮尔斯信服，但他仍然可以从主体视角来解释他的实用主义真理理论的第一个版本。实际主体既不简单拥有真理，也没有完全被欺骗。因为实效主义将现实当作对认知的矫正，使它变成自己的负担，所以，主体不能够自我满足，只能是一个询问者——也就是说，是一个质疑或相信的人（在怀疑－信任循环中）。主体从来不会完全相信一般的真理，也不会完全只考虑自己独特的感受。因此，"如何让我们想法清晰"的不同方法就是实际主体不同的行为表现。这些解释质疑的方法也描述了主体转变的认知行为和习得。相同的逻辑，以更加世俗的方式，让公共舆论能够预先决定主体"实现自我"的目的，也能决定按照公共模式进行改变的目的。获得成功以及"过上成功生活"的意义在下面所预定或规定的典范中：明星、名人，而且也分别在超出私人空间的可耻的怪物或失败者中。在很多领域，这种抽象的模型变成了，包括从性到职业的具体"事业"。

　　旧的自我在较大的可变范围内，变成了另一个自我。这个范围的两个极端分别是纯粹的转移性和纯粹的反抗性，它们很容易理解。如果反抗主体的行为以它自我的反映形式进行——换句话说，如果它只反映自己而没有学会什么——那它就不能自己通向它的他异性、他者模式。另一个极端是纯粹的转移性，它的出现发生在典范模式单独影响主观性的时候。当一个转换性主体明显与它的目的或另一个自我相似时，即当它看起来像自己的另一个复制品（copy）时，那么我们就可以判定它正在发展、学习或成长。以个人为主题的小说（Entwicklungsromane）就是按照这种模式进行操作的。这个模式中，年轻人通常在老练的专家手中被塑造，尽管公众舆论没有像"女家庭教师"一样进行指导，但它为主体界定了公共角色，并为其个人发展预先决定了生活方式的理式。因为已经固定了角色例如，政客的角色，所以主体就要预判自己的实际能力自始至终都要符合这个理式。在此情况下，更不确定的是被消极处罚（美国一些总统候选人显然已经为自己迟迟不肯进行自我界定而付出代价）。

　　当我单独地反思自我的时候，在另一个极端，以一个公共角色，这同样也可以进行正面或负面解释。在此情况下，我会果断地抵制处罚实例所传达的模式。从负面进行解释的话，我就会因为屡教不改或者因为品行堕落而受到处罚。但是，如果这种解释让位于具有"骨气"的人的成功叙述程式的话，那么所有的处罚都会避免。但是这种情况的发生只是暂时的、例外的。一些"保守的大主教"就是以这种方式才断送了自己的名声。

中间阶段包含了大部分的公共自我实现。虽然"模仿"小于镜面反射，但是我（Me）和自我（Self）模式之间还是相当对称的。当明星和名人为公共舆论提供了建立模型的方式，那么这通常都会产生一种期望，就是实际主体与他们合适的公共角色典范相符合。"出色的"学生和"成功的"管理者既是公共自我实现的任务，同时也是"开放的"牧师角色。对于模仿来说，我们认为自我（Self）还不稳定、不坚固，它仍然需要以某种方式进行成型加工。从这个意义来说，生活方式更多指的是方式，而不是生活。这也解释了名人的卓越：他们相当高尚地要求我们成为他们展示出来的样子。对生活和性问题的咨询，已经变成了一种电视节目体裁（生活"指导电视"），并将这种压力进行了扩展利用。这种时尚的规定具有相似的方式导向意义，它要无害得多。责任（与自我的改变有关）一般都不是道德的，它更多是一种享乐主义模式（与另一个自我相关）。人们认为这是很有趣的，有趣的就是好的。而且，在主体个人发展中实现有趣的好处，是一种职责。本来这样的意义不会作为目的论效果而产生，只有自我实现的义务才会让人容易被模式的预先决定所影响。当缺乏中间对称关系时，这个平衡有时候会偏向模式预定或偏向抵抗改变。前者出现在明星身份或受崇拜的电影之中；而反对称性的后者挑起论战，使得模式带着敌对的意图强加在反抗的我（Me）身上。

从实效主义视角来看，这个范围只与主体改变的次数一致，从逻辑上来说更符合主体改变的类型。如果一个主体让自己受制于残酷的事实，那么它就屈服于"权威方法"。但是，"已经实现自我"的公共角色对这类想象一点帮助也没有。它们识时务，随时听命于主流的指令。在竞选活动中，尤其在其达到顶峰之时，与诺艾尔·诺依曼的"沉默的螺旋"（spirai of silence）相比，它以更加公开的方式施加压力。相反，如果纠正对主体产生的影响是纯粹共性的，那么它符合让想法清晰的形而上学推理法。狂热和偏执的爱国主义，是对一个人自我的定义，显然是"在原生态环境下"屡次观察得到的公共身份认同。它明确是公共关系的产物，被电影《桃色风云》最后一个场景所嘲弄。

"科学方法"主体关联物，当然符合皮尔斯的理式典范，但它是否存在令人怀疑。哈贝马斯理式言语情境涉及这个方法的模糊概念。这种科学主观性在公共空间有可能发生吗？由于大众传媒体制的限制，哈贝马斯已经舍弃了科学主观性。有人可能会赞同，在皮尔斯的形而上学中，这个符合"进化的爱"中提出的"退行进化论"，因为在这个领域，它恰恰就是对完全缺乏的真理目的论的纠正（CP 6.295）。在公共舆论中，目的和目标的预定，作为社会共识或资产阶级意识形态，它以戏剧性的方式到来（tamquam deus ex machina，分别是θεολογεῖον）。因此，公共主体在其本质上是有争议的：无论如何都只能是正确的事情（正如叔本华所写的那样）。

因为合法化概念支持权力元文本 I，所以，能力，即"能做到"，必须符合所期望的表现。我们已经大体上确认了公共舆论和另一个神圣使命之间存在冲突。在这个原生的丑闻中，公共舆论让教会从属于它（参见§5.7）。只要元文本 I 坚定地确认了处罚和目的，这个过程就会继续自我实现，即元文本 II 中主体理念。对公共舆论来说，政府部门是权力的象征；对教会来说，功能性身份（munera、政府部门和法师）都是圣灵恩赐的礼物（参见§5.7）。因为媒体可以到处运用它们的公共意义，所以它们也是用自己的方式来应付教会身份——也就是说，作为一个只有某些意义立场的文本功能来对待。由于教会的主张，潜在的冲突就在两个意义产物之间产生，这两个意义有不同的来源，却有相同的目的。除了这个叫法以外，Ministryc（服务）和 ministryp（权力）之间几乎没有任何共同的物质内容，但它们彼此也都希望能够将自己的术语运用于对方的内容处理中。在权力元文本中，自我实现也能随意渗透到公共舆论中，还能成功影响教会的内部话语。

第二个元文本符合θέατρον的神学领域。雷内·吉拉德认为，在模仿冲突框架中，第二个元文本与基于权力的神话有密切关系。他把这个描述为浪漫主义神话，即完全可能的我的幸福，也因此对我的全部幸福负责。我们已经看到，观念中的主体，其能力涉及了真实主体向一个模范或理式目标的转变。在合法性中，原则性问题产生：为什么一个身份本身总是不够好？为什么"我"必须改变？为什么它仍然要被实现？如果我的情况不允许保持原有的状态，那会发生什么？为什么我要被强迫通过对比，让自己变得更幸福、更富有，并且能够更好地实现自我？真实的自我应该与哪一个更好的自我进行对比？要么一个人选择遵循米德的路线，并将身份的创始看作是普遍性的增加，直到单个的我 I 变成社会性的自我（Self），要么就按照吉拉德的理论化方式（最终很可能是精神分析方法）进行。实用主义方法可以更好地应对身份的发展导致普遍性的增加，因为这个目的论成为认知行为的一部分，也因此成为符号过程的一部分。

元文本的特点并没有那么明显地表现出它们的逻辑性、真实性或符号性，但公众舆论的非逻辑约束把预先假设的事实强加给了这个目的论。各种话语都来源于身份元文本——比如，如果不能实现个人的幸福，我们都难以想象腐朽老套的女权主义叙述以及陈词滥调的"辍学儿童"叙述。如果我的内在性是固定的，我就不会想到比较得来的幸福（把自己想成不幸福的那类人）。同时，我们也付了这个代价：我们必须经常与他人"进行对比"。这个比较让我们无法自给自足。

这第二个元文本在Θέατρον（剧场）模式中的合适角色是什么呢？浪漫主义神话对经典角色的依赖，比起公众舆论因为合法化权力而对κορυφαῖοS产生的依赖，前者的程度要小。然而，它也通过角色来构建意义。在模仿性对抗中，这个角色必然是被宠爱的另一个，其魅力导致了与本身的我（I）进行对比（也可参看汤普森，2004）。与一个人的自我（self）对比得到的反馈，如何代表性地出现在θέατρον框架下，与观众面对面。正如我们见到的那样，观众是狂欢仪式中必要的组成部分，这个狂欢仪式是意义构建，整个围绕着准神圣知识，表现为务实目的。它与起调节作用的、表达公众舆论的现代大众媒体之间的关系解释了这个目的在逻辑上无法严格证明其合理性的符号事实。当我们用实用术语来对待认同时，那么一个认知类型或就会与四个实用方法相符合。如果形而上学的推理方法（皮尔斯，CP 5.381−3）在θέατρον中被实现，那么认同在最好的情况下会是一个"审美"认同（从基于任意的艺术鉴赏来理解某物的意义上来说）。

戏剧性的认同形成对当代媒体来说并不陌生。媒体行业一项重要的发明是造星系统。我们在此处的兴趣，与其说在于历史性的问题，还不如说在于好莱坞制片厂为这个系统做贡献的背后经济因素。一个更有趣的问题是：为什么首先会产生明星（名人、魅力……）？在此处起作用的产业实际是一台机器的制造；事实上，加姆森把这个过程类比于真空吸尘器与香肠机的杂交。加姆森（1994，15）说："这个机器把人们吸进去——把他们打造成整齐划一的模式——利用机械性流水作业线来传输他们——然后在另一端将他们输送出去，将他们紧紧塞进一个标有'美国名人'的光鲜包装盒中。现在，这种方法不仅适用于个人，也适用于公司，这些公司利用媒体来解释自己的卓越成就（润多瓦，波洛克和海沃德，2006）。"特纳描述了名人制作后面付出的巨大工业努力（2004）。这并不是因为好莱坞需要明星来宣传电影，因为电影就算使用默默无闻的演员，它自己也能够繁荣昌盛，受人欢迎，而罗伯特·布勒松、艾瑞克·罗麦尔和演员群体已经证明了这一点。

在明星界，到底正发生着什么？这些又为什么会发生？虽然加姆森写了很多"名人文本"，但他没有解释文本自身的功能模式，只是说明了庞大的制片厂公关机器的发展历史及其采取的策略。然而，这只是媒体构建的一个尤为明显的"幸福角色"的例子。特纳（2004）认为，它的产生既不是因为明星及其幸福的生活，也不是因为与这些偶像共享自己权力的观众消费者的贪婪。相反，整个原因在于两者之间的关系，因为明星变成了真实观众的认同模式。戴尔（1986，5ff）对三个明星（罗宾逊、梦露、加兰德）进行了具体探究后指出，具有成型身份的自然人如何被改造成"明星"产品，这并不是那么有趣。有可能成为明星的条件是什么？在对公共能力（即公众人物的身份）运用目的预设的构成行为（"star-for"）中，这个问题变得不怀好意。戴尔（1986，9）认为："明星表达了这些做人的观点，很大程度上支持了个人主义的理念，但有时公众对他们又伴随着怀疑和担忧。在某种程度上，揭示明星不仅只是一个银幕形象，而是有血有肉的真人这个事实，也是表达'个人见解'的一种倾向。"明星角色的创造以及明星特点的揭露，作为工业产品，让我们进一步提出疑问：这一点如何导致了公共规章的建立？维斯科尔（2005）解释了美国政客公共角色产生的相同功能，以及它如何发展成为利用造星系统来转移注意力的工具。但这个不能同时适用于其他角色，其中的唯一原因是他们的公共性——也就是说，他们的隐私性不为舆论所接受。

公众舆论从其原始术语的意义来说是戏剧性的：观众我（I）对另一个自我的行为提出了看法，以此才变成了观众自我（self）。这也是亚里士多德的 κάθαρσις《诗学》的意思所在；通过 ελεός καì φόβος（造成恐惧感）对演员产生了悲悯的认同感。通过这个反映性的观点，观众对自己有了大体的看法。因为这个反身认知行为以（舞台上的）模范为导向，而不以自己的行为为向导，所以它是一种观点，而不是认知。普遍性确实来自惩罚判决。文化研究对于"影迷"仪式、等级和行为模式，乃至于杀死偶像的描述（加姆森，1994，129-85；希尔斯，2002，2004），正是一种社会行为，这里我们要用实际术语来解释这种社会行为。认为影迷文化是一种准宗教行为或一种叙述行为仪式的想法经常在文化研究中得到认同（希尔斯，2002，158ff）。娱乐业本身知道，自己制作了"邪典电影"（继《卡萨布兰卡》之后的权威邪典电影实际上是《洛基恐怖秀》）和"邪典电视剧"（《X档案》《星际迷茫》《神秘博士》《吸血鬼猎人巴菲》）——实际上，它还试图通过制作续集等方式来保持被狂热崇拜的地位。

对明星而言，他们得到的好处只有这个模式效应的一半。从模仿冲突视角来看，当明星通过让观众模仿的方式来鼓励他们抱有希望，获得他们的认同时，就产生了不好的敌意和攻击性。首先必须把自己构建成一个被人欣赏的极权对象，然后接下来就是我们所知道的长期"个人崇拜"，只有在构建成功之后，"全体"的共同谴责才能对他大动刀斧。（罗马元老院曾通过删除他们在法律、建筑物等留下的痕迹，"消除"不为人所爱的已故帝王，这就是所谓的"除忆魔咒"。）这都需要以之前崇拜文本的作用为前提。同样，对偶像的反映性评论产生的谴责并不是基于个人经验的认知成就的结果。在这个意义上来说，它与圣奥古斯丁《忏悔录》中，对自己的生活经验或与他人的交往经验进行悔罪性自我反思而产生的负面自信不同。

毫无疑问，两个元文本在大众传媒中都是可见的。我们只需要探究什么东西绝无仅有地存在于媒体舆论的展示中——也就是说，在政治领域的权力合法化以及被消除合法性有多么吸引人的眼球。与此相一致，我们确认了两种媒体类型典范：调查性新闻和媒体丑闻。在本质上附属于政治的娱乐领域，存在各种带有明星和粉丝狂热崇拜的媒体类型。这两者之间的联系也许没有比在丑闻中更清晰的了。所有人对丑闻的意见都一致，尽管媒体营销中存在各种产品分化，尽管新闻被分化成严肃新闻和丑闻新闻，分成资讯和娱乐等。这么说来，丑闻似乎成了公众舆论中的精髓。

6.4　丑闻类型演绎

不是每一个真正的丑闻都被叫作丑闻；也不是因为一个东西一开始被称为丑闻，它就成了丑闻。丑闻是公众舆论产生的意义类型，是其中必要的副产品。一个目标的目的论知识构成了它的核心，但只有丑闻这个副产品才能证明目的论知识的合法性（尽管是通过强加的方式，而不是论证的方式）。丑闻更多的是一种逻辑而不是一个对象，一切都能被丑闻化。由于在工业化生产中丑闻无处不在（性丑闻、财政丑闻、政治丑闻等，以及这些丑闻的综合），所以按照内容对丑闻进行分类的做法并不合理。勒尔和辛纳耳曼提出"丑闻类型学"（勒尔和辛纳耳曼，1997，19ff）后，与汤普森（2000）一起将重点放在探究各种易被丑闻化的位点。与这个方法不同，我们在此不是要按照内容将高效生产的媒体丑闻事件进行分类，而是探讨怎样才能按照人们意愿，丑闻化任何一个对象，这比分类学有趣得多。在这个过程中，对丑闻逻辑，即准辩论的修辞进行考察之后，说明了以逻辑的方式对丑闻进行分类将更有益。丑闻不是任意的，但任何东西都可能成为丑闻。对实际目标的准确预测使得可能被丑闻化的客体限制在公共领域。我们不会将这个过程叫作限制（暗示着在现实社会生活中对某人负面感受的限制），因为就公众舆论来说，现实世界的愤慨绝对不是影响丑闻产生的因素。因此，丑闻作为一个原型存在，而不是作为社会行为存在。通过公众舆论的元文本接近丑闻，可以让我们按照丑闻性本质的多样化维度对丑闻进行分类。至于宗教媒体丑闻产生的可能性，我们已经简略提过这个方面的原则。下面我们将更全面地看待丑闻意义的整个范围。

根据θεατρον（戏剧）模型，我们区分了三个因素：（1）目标或目的预定；（2）行为本身或表现；（3）能力，即对实际主体的特征描述。据此，我们得到了丑闻的三个理论类型。目的预定或强加目的，在理论上和实践上都不令人信服。因此，这就不仅增加了丑闻目的的重要性，而且也增加了丑闻来源的重要性。它让完整的逻辑过程表现为目的预定。在皮尔斯哲学观中，目的和目标也起到了重要的认知作用。他不止一次在语境中证明了这一点。符号是最基础的语境，它作为第三相关物，在每一个解释当中都拥有解释项。通过解释项，符号过程从一个符号持续到下一个符号，在此过程中，存在一个不变的，同一的目标。也就是说，这个过程并不是没有方向的，它是每一个具体符号运用于"目的－解释项"的东西（从解释的终极目的这个意义上来说）。皮尔斯（CP 8.184）在研究中说道："但我们也必须注意，当然存在第三种解释项，我把它叫作'最终解释项'，因为如果对事情的考虑能够达成最终的观点，那么我们就能决定第三解释项是最终真正的解释。"公共舆论没有重要的关键认知目标。虽然没有以目标为导向的认知（自发性的），但此处目标已经确定下来了，就好像一个最终的真实认知已经形成了一样。所以我们确定的不是最终的原因，而是最后的目的。这给最终目的来源赋予了一个意义效果。

公众舆论有很好的理由可以将来源与接受者严格区分开来。新闻实践必须将它们严格区分，不然报刊和读者就成了完全相同的事情。只有科学逻辑可以假设两者之间的相同性，而且不需要进一步区分调查者和接受者（学生），因为在这种情况下，逻辑约束是普遍存在的。这个至少对科学理式来说是千真万确的，不需要权威的最终认可。

通过我们的舆论θεατρον（戏剧）模型，我们得到了以下媒体丑闻分类。

6.4.1　目的性丑闻

第一种分类是目的性丑闻，与（1）相一致。在我们宗教丑闻领域中，我们用以下的词汇对这一类别进行了语义化："篡夺""承蒙天恩的牧师""无需对任何人负责"和"滥用权力"。目的执行者掌握了"整体"知识，它是一个超验的实体，通过合唱表达的方式将这个知识传达给公众（即公众舆论）。问题在于：究竟有没有可能存在目的性丑闻？在这个层面，处罚实例居于什么位置？我们很难将目的丑闻化。事实上，如果支配这个过程的力量是一个认知（逻辑）约束，那目的丑闻化就是不可能的。但是，它在此只是一个强加的目的，与来源关系不可分割。现在，这个来源后面总是存在另一个有因果关系的来源，它反过来预定了更一般的目的。在这个语境之下，"更一般"只是意味着某人成功地使下级的目的在结构上居于从属地位。这种情况发生在当机构之间互相审判之时。每一种机构都有一个总体目标，对于机构来说，这个目标是基础的。结果就是其他的每一个目标如果从属于某人自己的目标，那么这个其他目标就成了潜在的丑闻。

除此之外，对目的实施者来说，就没有其他的丑闻可能了，因为如果这种丑闻状况没有被及时挽救，那么整个意义建构就会倾塌。在此情况下，目的预定就必然达不到预想效果——也就是说，我们对到底发生了什么毫无头绪，文本的目的是什么，被呈现客体的实际目的价值是什么。由于缺少目标，我们就又回到了现实生活中，每个人自己采取行动，行动的目的也是为了自己，而且需要自己找出什么东西值得追求（这也就是舒茨所说的与"客观"意义相对的"主观性"）。

媒体的目的性丑闻包含了这些可能的衍生形式：源头丑闻（例如：新闻界丑闻）和接受方丑闻（例如：观众丑闻）。Θεολογεῖον 丑闻类属于源头丑闻。每一个新闻界丑闻都是因为它们被质疑是否具有目标实体真实能力的资格。如果证明没有能够坚持真理的能力，那这种丑闻就会爆发。这种丑闻的其中一个例子是《纽约时报》记者杰·山·布莱尔，他曾肆无忌惮地捏造假新闻，甚至剽窃其他报纸中的新闻报道（辛德曼，2005）；还有一个例子涉及《今日美国》的记者（也是普利策奖提名者）杰克·凯莉，她多年来把可塑性虚构当作观察到的事实来发表（斯莫尔金，2006；怀亚特，2007）。

目的性丑闻比较罕见，它的出现需要必备两个条件：（1）当它涉及"修复机制"时，即媒体机构纠正自身或纠正新闻范式（辛德曼，2005）。但是，这么做之后，媒体机构重新确认了自己目的实体身份，确认的策略正是辛德曼提出的。（2）当它受到外界的批判时，特别是涉及了"党派性"、谎言等。理论上来说，任何"利己主义"的出现对属于"整体"的媒体来说都是致命性的。但是，这种批判必然来自另一个机构，这也意味着，对利己主义的控告和谴责很容易就能转而攻击批判方。这种机构的一个例子是科学机构，也包含传播科学机构。另一个例子是占公众舆论上风的教堂（参见§5.7）。

相反，κοῖλον（乐池）丑闻来源于另一个丑闻类型。谁是"整体"知识的接受者？直接分享这个知识的是那些聚集在狄俄尼索斯圣坛之前的人：κοῖλον 或"全体"，是大众的发言人（χορός）和 κορυφαῖος（领唱者）；在此情况下，只有新闻媒体和读者之间存在想象联盟才能起作用，表现为把"公众舆论"当作"全体意见"。

　　这个意义立场能否意味着公众和公众舆论的丑闻化？这种事情的发生只对部分观众才是可能的——例如，当《老大哥》系列或某些电视真人秀的观众是合格的"寻求原始冲动"或"寻求感觉刺激"；或者，电视福音布道节目的观众是合格的"盲目信仰者"。《老大哥》引起了强烈抗议，特别是严肃性报纸的抵制，抵制的原因不仅因为它是一个电视产品，而且也为了谴责它迎合了不得体、不正当观众的需求。尽管这种情况不常发生，但观众对此非常愤慨。有人可能认为这是不可能的，因为观众实体囊括于文本之中。但是，如果它呈现了"（包容性的）我们"和"你们"之间的关系，那么它就有可能发生。正派的观众在此情况下仍然是受保护的。丑闻总是涉及其他的"社会人士"，而不是直接涉及存在阅读行为的读者。正直且正派的（即严肃的）观众可能会看不起不能明辨是非的观众（即大众），但观众总体上永远不会被诽谤为没有能力或说谎。

　　在宗教领域，存在很多这两类丑闻的相关例子。陷入原生丑闻仍然还是教会机构的最终归宿。公众舆论，即处罚实例不允许请求上帝选拔。因为如果这种事明目张胆地进行的话，通过神圣选举的被指定者就会从公共指定者中抽离出来，变成了判决实体。这种对宗教实际主体的裁定经常是，而且几乎是不可避免的。至于教会权力，由于否认了神授权力，它通常意味着对有效权力的篡夺。它表现为无耻地"拥有真理"，而我们应该抵抗这种情况，或者把它当作是"最后的绝对王权""尚未开化的专制独裁"等，诸如此类。在教皇极权主义者争辩中，在普鲁士的"文化争端"中，在绝对无误的教条中或谬论要求（Syllabus Errorum）中，这个初发丑闻变成了历史。"上帝不是公共的"可以当作这个丑闻的标语，而且，即使到了今天，它仍然被用来解释这种相互排斥性。从这个意义上来说，当波士顿红衣主教宣称他只在上帝面前负责时，他其实是在媒体面前否认了他作为政府部门人员的职责和义务。同样，他的舆论反对派认为他的抵制其实是一种隐藏企图——也就是说，他否认了自己的公共责任。

　　原则上，当宗教规定被认为是篡权或骗人（或类似语意）时，它就会被人当作是负面丑闻。"露出真面目"的宗教演员其实"只不过"是普通人，这成了受欢迎的小说文学创作的主要题材。叙述电影也是如此，有趣的是在这个方面，宗教角色总会遭遇惨痛失败，而且他们实际动机也会出现信用问题。这在逻辑上可以从宗教实际主体的失败中看出来（参见下文）。没有陷入丑闻的神职可以英雄化为正面的"超凡魅力"。这种事件都是巧妙的公关，是"巨大的成功"。他们产生了宗教明星和拉杰尼希类型的宗教领袖，他们也叫作"薄伽梵"（即上帝，参见简·坎皮恩的清除洗脑影响的电影《圣烟》）。有趣的是在某些案例中，宗教演员自动屈服于目的和处罚。这种情况当然怀着美化处罚的希望。明星地位开始陷入完全相反的境地，正如我们在电视福音布道中看到的那样。

6.4.2　行为性丑闻

舞台丑闻 Λογεῖον，指的是丑闻被确定之后，对它的实际目的本身产生的丑闻效果。在这里起到决定性作用的是事实性的"面对面"，它与意志关系相反，再一次被区分为行动中的客体和主体。它通常关心的是自我执行的意义选择——也就是说，某人选择做某事之前，已经获得了做这件事情的许可、职责、权力和意志。这个方面既考虑能力，也考虑表现；既考虑才能，也考虑执行力。

一则 ὑπόκριτης（应答性）丑闻是行为人在自己身上发现的意义类别——也就是说，它关注的是行为人的能力。相反，πρᾶξις（交易）丑闻将重点放在了表现上，即行为本身，而行为本身取决于它的实际目的或动机。在宗教领域，如果一个宗教行为致力于达到一个非宗教目的，那么它有可能会被"推翻"。例如，最近的恋童癖丑闻，大部分是因为实际目标的逆转："教牧关怀"变成了"掠食行为"。波士顿神父保罗·R·尚利，在陷入丑闻之前，因其"教牧关怀"获得了大量赞誉。《波士顿环球报》以"掠食神父"为新闻标题，写道：保罗·R·尚利在 20 世纪 60 年代到 70 年代，作为波士顿"街头牧师"赢得了声誉——他是逃亡者和漂流者、吸毒者和性别认同障碍青少年的庇护者。但从尚利那里寻求宽慰和指引的人经常落入这个"性侵害者"的魔掌之中。与此类似的还有一个比利时丑闻。这些消息有一段时间都占据着全球新闻头条（尤其是比利时新闻），其时正值刑事法庭诉讼涉及一部法律，该法律允许比利时法庭审判违反人道的国际犯罪。但这部法律在美国的施压下做了大部分改写，因为阿布格莱布监狱虐囚事件揭发之后，这部法律就有可能使美国海军将领牵涉到反人道犯罪中来。

宗教主体以类似程序陷入丑闻中。这些丑闻通常都涉及实际能力，不涉及表现。《波士顿环球报》列举了一些议题，涉及为何大众会怀疑牧师的行为能力，还附带了清晰的举例说明：同性恋和教会，我作为一名同性恋神父的生活。一名之前在波士顿总教区担任牧师的人透露了教堂中的秘密、丑闻和自己身为同性恋的生活。还有两个例子："禁欲主义是否要重新进行审议？"以及"禁欲主义的来源"。天主教堂赋予了牧师自律和信任的光环，其禁欲主义的政策导致了恋童癖的出现，而且这种行为容易被掩盖。当宗教主体的表现成了重要的丑闻化对象，那么它主要与宗教主体的失败行为有关。一个失败的牧师主教，在其教众抛弃了他之后，变成了丑闻对象（"统计上证明"，虽然这与因果认知不相符，但在这里数据用以证明此目的）。

但是，并非每一个"丑闻"都会演变为丑闻。假丑闻具有不同意义。甚至存在一些功利主义丑闻，因为有时候丑闻只是变成了一种工具。因此，丑闻新闻中的八卦专栏变成让受害者遭受嘲笑的平台，而不再是自我提升的舞台。这种行为距离犯罪仅一步之遥。最近一直有人越过这个门槛：杰瑞德·保罗·斯特恩是《纽约邮报》的八卦记者（洛夫，2006）。据说他曾试图向亿万富翁罗恩·博克勒"销售"未发表的假八卦，企图敲诈他的钱。更严重的丑闻刑事定罪，是通过贪污腐败试图毁掉反政府的人的名声。这里讨论的不是一般的共谋论，用分析话语来说，通过判断谁能从丑闻中获利，然后决定如何对待丑闻，这种方法对于理解丑闻没有帮助。这是常规政治斗争的一部分，我们不必猜想丑闻总有一个带有既定利益的背后操纵者。这过分简单化了目的论的产生。而且，它不能够解释前面提到的丑闻本身所含有的剩余价值。在政治上，在丑闻上打上"上演"烙印是珍贵的主题和危机沟通策略。这个对策的意义在于将引发愤慨的对象弱化为我关紧要的声明，这种指责和策略是对丑闻的误解。

虽然我们不能否认丑闻可能而且也曾被故意制造出来（洛夫，2006）。在极权制度（以及极权不严重的制度）下，即使在今天，贪污贿赂和政治警察也会生产、捏造、找出或调查他们的敌人妥协让步的事实。在此我们至少看到了丑闻威胁（在公众舆论中或政府宣传中等）。不出所料，这导致了大家普遍不信任任何陈述，不仅仅只是不相信负面陈述（这又从反面证明了，在丑闻生产中，"全体"这个神授权力副本的存在是多么必然的事实）。至于教会主角，我们都知道他们经常完结于看得到的极权制度中。总是有人企图毁灭被大众所知的人的名声。为达到这个目的，通常所用的策略不是让他们与法律对抗，而是损害他们的荣誉。最简单的方法是用文字记录不得体的东西。在纳粹德国，国家的敌人 Fr·鲁珀特·迈尔受到裸体女人的诱惑，被盖世太保摄影师拍了下来。还有无数诸如此类的醉态和赤身裸体例子，毁坏了很多人的名声，也毁了各种妥协让步的人群。这同样也是首要界定者所拥有的权力，或者是讲故事者的权力，只要他们拥有了某种目的，他们就能为所欲为地编造事实来迎合这种目的。

7　丑闻编制过程

正如前文所讨论的，各种手段汇集只是一种丑闻计划、一种"预写作"，而非其他。一旦它被规定好、预备好、即将投入使用时，我们就要来讨论丑闻实际编造过程。一切皆由事件所决定。在开始描述这一过程时，我们也需要设定这一过程的中间和结尾部分。据此规律，亚里士多德的《诗学》指出这不仅是一个时间程序问题。结局的开始是一个逻辑操作（发生其后，故因其所致），也是朝向结局的一个转折点，以及对实现目标的认可。简单回顾新旧符号学方法后，我们将着手运用描述性方法，该方法经多次实践，不会压制公共意义生产。在第二小节，我们分析的事件可能是近年来媒体曝光的最著名的丑闻事件。这个部分将会说明，无论多么不同的事实都可以转变成为一个单一的新故事，记住这些"事实"本身的故事有多种不同的来源。我们认为，这个叙述成就是我们重新定位（所叙述）角色的历史和社会人格的结果（第三小节）。然而，丑闻性也可以源自一种不同编制程序，其中一个就是完全依附于宗教行为及其语用逻辑。我们可以通过丑闻的原型故事，对尚未讲述的丑闻进行重新建构（第四小节）。本章的最后一部分，我们采用看似交流辩论的核心要素：故事和事实。将其放在两种可识别的新闻媒体实践的探索框架下：倡导性新闻和讽刺性新闻。在本章末尾，我们总结了不同的权威人士如何"解读"一个现实故事。

7.1　媒体丑闻方法论

经验主义研究也关注我们即将讨论的这个领域（即丑闻）。对媒体现象的描述处在这种研究通常范围内时，被研究的行为规则却在研究之外。在人种论和统计学的描述中，这些规则要排在数据资料理论前面，或者至少是作为本国检测行为的通用规则存在。符号学－实用主义的方法将永远不会否定那些内嵌于行为的规则（自发逻辑），然而，它却根据符号很清楚地把握了规则。这一理论优势前文已经讨论过，目前从方法论上来说，它将会结出果实。

尤其是当我们处理和宗教、公众舆论一样复杂的社会现实时，如没有符号的中介过程几乎是不可能直接领会行为含义的。严格的"变量社会学"是具有误导性质的。因此前文演变的手段〔(θέατρον) 模式，元文本〕是'数据'的一部分。皮尔斯在他的《宏大逻辑》（1893）中写道，"真相没有数据"（CP 7.456），他的意思是我们通常所认为的数据实际上（很可能是假的）是从数据中推理而来的，因此这些推理就是数据资料。在目前情势下，公众舆论是逻辑推理的结果，此种结果适用于任何一种对事实、一般法律的观察。然而在这里，这些法律是特殊的：不受制于任何修订和预定。因此，这些法律建构自始缺乏因果关系，有时是诱因，当社会科学方法被应用于历史数据或临时数据（包括叙述文本）留存分析（布泰，2002；多里安，2001）。

在阐释方法论差异时，可以引用胡佛关于美国媒体如何对待宗教的详细调查。胡佛发现我们也可能预料——新闻方法导致对宗教缺乏一般理解。伊朗革命、美国的原教旨主义（戴维·科里什在韦科，吉姆·琼斯在圭亚那）、普波·约翰·保罗二世等都遭遇过公众话语，这些公众话语都坚定地支持自己的公理化信念，认为宗教在不断衰退。结果是当记者面对宗教现象时往往都很无助。但是我们反思这些方法、胡佛的前提条件及类似研究时，另一种不同的无助逐渐明显起来。照例它也深藏在假说和研究问题里面，用来开始运转未命名理论。宗教如何适合于新闻？罗伯特·达顿对这一问题给出了很好的解释，他比较精明地把《纽约时代》的理念"所有的新闻都适合印刷"彻底改为"所有新闻都适合我们印刷"（胡佛，1998，9）。但是，"适合"一词在这一语境下所指何意，如何来理解这种"适应性"？实证主义的研究视角不能询问宗教如何能够适应于公众舆论这一竞技场。即便舆论就是事实（事实当然不是如此），作为纯粹事实的宗教又是什么？我们在前面调查性新闻这一语境下提出过这一问题。随着这两个元文本得到发展，从历史和文化角度来看，都只能得出比较不确定的答案。

新闻实践围绕两个独立的支点旋转：首先，"某事"是事件，而且必须得到叙述；第二，"某事"也必须是事实。然而这两点对语言—实用的要求完全不同。实际上，在实践过程中这两点是相互混合的，甚至是相互促进的。即将成为事件的新闻有叙述的必要性和可叙述性，并预设转换，事实看似仅预设了事物外在的参照。实际上，事物真谛的定性先于事实。实际上任何事情都可以成为新闻，但是在成为新闻这一过程中，它的本源含义消失、新的含义随后出现。关于宗教新闻数量过少，过于无法理解、过于无意义的哀悼仪式忽略了公众舆论意义产生的特性和机制。

这种特性可能出现于作为推论演绎式的符号学——实用主义方法中，但是符号学也是一种经验主义的方法。然而，"经验"一词的全面含义，不仅指经验主义的方法，正如从我们对社会学"认识论"的讨论中所认识到的一样。而且就其根源来说，它本身是一种很费时的方法。它不仅是作为媒体事实的宗教丑闻，更是在新闻过程中产生的丑闻。胡佛发现，在新闻中调查宗教，更多关注于新闻记者的目的而不是他们的实际成效。但是作者或编辑的这种主观意图（包括自命不凡）与如何解释作为结果刊印的文章无关，有时他们甚至彼此矛盾。

重视时间节点对我们理解丑闻来说有深层方法论的重要性。把丑闻作为存在或不存在的事实，或作为引发丑闻的、事实背后的事实来对待，这是一种还原法。这样表达或许更贴切，"丑闻来到"，因为这至少会暗含对丑闻发展过程的一种基本理解。有些研究者关注丑闻的起源，从初期到晚期（布克哈特，2006；希门尼斯，2004，汤普森，2000）。有很多方法提及起源。其中一种可能途径是福柯提出的考古学研究：即一系列的"档案类的"发现。要求哲学家有强烈的外形构造努力，是为了让知识可见。但是这种史料编纂方法很少适用于媒体（席林，2003）。另外一种理论的途径探讨是传统意义上的史料编纂法。当研究人员让"事实自己说话"，一种较弱的历史法则就产生了。这就把丑闻的发展过程分成了很多阶段，即严格意义上来说是可预测的而不是"有规则的"。媒体的大部分历史就是按照这一广泛主流观念来界定的。我们的符号学——实用主义方法比这一含义更进一步，它不假定认知目标是偶然事件的集合，由弱法则把它们联系在一起。很明显，丑闻是意义生产法则。这仅凭历史编纂学的方法是不能充分理解的。我们靠近目标的基本方法是通过符号方式——而不是成为生产基础的意图，也不是对其产品消费的反映。符号比主观性描述更客观，这会稍微、至多在符号的解释方面激发我们的兴趣。从文化角度看，这一点应该很清楚，丑闻的符号是偶发的，但又是强规则。这就允许我们把媒体丑闻当作新闻实践（调查性的）的星级纪律（将规则奉为神圣）。在这里可以说，真实事件导致的丑闻意义简直是按真实时间过程进行。这引领我们走向了修辞学的分析方法，在即时过程中对论证逻辑进行分析——此种方法与量化内容分析不同，但也符合弗兰佐西的语义学方法。

7.2 事件：尚利事件如何制定丑闻目标

对美国总统来说，《华盛顿邮报》报道的水门事件意味着什么；《波士顿环球报》的 CSA 丑闻影射天主教教堂（尤吉·贝拉曾经说道："即使拿破仑本人也有自己的水门"）。较早之前就有关于 CSA 丑闻的报道，但是他们没让教堂卷入其中（坎农，2002a）。坎农推测，人们首先必须总是关注这样的话题，最典型的例子就是克林顿−莱温斯基丑闻事件。

最具爆炸性的丑闻是《波士顿环球报》（著名"街头教师"性侵男孩 A21/31/2002）萨夏·菲弗事件（2002）。这篇 2049 个字的报道是个导火索。现在回顾起来，这一事件也是典型的丑闻报道，它包括了叙述逻辑的目的论的全部先决条件——既有作者的也有整个团队的。它显示了其他故事的论据模式——实际上，也是整个丑闻的过程。目前的目标不是去重建历史上已经报道过的事件——而是对事实的重新发现和评估。我们的唯一任务是去重建和解释媒体如何制造意义。

事件简要情况如下：2005 年 12 月 7 号，本故事的核心人物保罗·尚利在一审中被宣布有罪，马萨诸塞州高级法院于 2010 年最终确定其罪名成立。他被判处在州立监狱服刑 12 到 15 年，被宣布有罪的指控是对小男孩的强奸。然而，原告（保罗·布萨）在他 20 岁时，也就是在他起诉尚利 10 年后，恢复了他对这些事件的记忆。原告的恢复记忆方法，是通过可疑的、不再广泛使用的治疗方法"被压抑的记忆恢复法"。很有趣的是，四个原告（审判初期有四位原告）恢复记忆仅仅是在阅读《环球报》的报道，这看似是促使了记忆的恢复——所以在法庭审问时问题就显露出来。作为犯罪事实已经被法庭确认的犯罪，尚利是个理式的审问对象。但是他所面对的指控，却并非是导致媒体丑闻的原因。来自法伊弗最初事件的这四个原告都不能在审判阶段继续支撑自己的指控。无论如何，怀疑之余，道德沦丧已经被确认。罗马教廷严厉惩罚了尚利，撤除了其牧师职务（坎农，290f，《天主教会法典》"消除教会势力"或解除僧职）。这就使得我们将所有事实问题，神职人员纪律，道德品行的解决聚焦于丑闻本身。

逻辑预先决定性最先实施，丑闻事件的最初报道也是丑闻剩余价值的整个矛盾值域，及矛盾效果的例证。

与逻辑支撑非常一致的是，这一著名事件以堕落（摘下面具）的英雄、叛徒人物开始的。然后转变成了"哥特式"叙述（英格布雷森，2004）。这一逻辑证明了意义建构对于随后的核心建设是决定性的。

理式的构筑。叙述的前期阶段，很明显菲弗事件与一个"重要的社会理式"有关——我们称之为事件的重点。叙述的后期阶段，这一理式被用来构筑这一事件中的理式目标和行动目的，因为只有一个很强大的典范被树立以后，才会有清晰的裁定。准确来说，可以看出这一典范在目前这一案例中是相当矛盾的，因为，尚利就其行为来说——在不同的语义场中，已经被大家尊崇长达几十年。不需要明确的重述，预设在元文本中越完美，就越难在典范中取得极性变化。

换言之，需微妙操作的是极性改变。丑闻性要想起作用，完美形象就要被极化，否则这些公众舆论要做出正面评价。手头的这个案件，明显的同性恋方面的刑事定罪与对其的辩护形成了鲜明的对比。这种价值判断的逆转已经深入到尚利的个人档案里：评价良好的个人简历。他公开地质疑教堂教义，尤其是谴责了同性恋。他为那些与自己性别认同做斗争的青少年，创造了一个"被疏离青少年部"。现在一个人如何从如此高的基座上下来呢？这个故事——在他的犯罪简历中——一种"很正常"的与二十岁的成年人亚瑟·奥斯丁的同性关系被报道。因为不能给这种行为定罪，它变成了一种"权力滥用"，把身份认同的元文本框架模式变成了权力合法化的模式。经过这一转变，很自然地官方当局应该成为指控的焦点（而不是道德问题）。尚利公开攻击教堂教义被积极归因于实际主体。然而同样将主要指控归结于主教，认为他没有及时采取激烈措施（即对抗反抗的措施，紧随着元文本模式究竟什么曾经获得过赞美）。再加上在其他元文本模式中，他们本应该采取激烈措施反对自我实现，某种非祭司式的行为自由。这个事件仅仅稍微提及了他"公开质疑"的内容（尽管在丑闻制造过程中它变得越来越清楚）。这里焦点转到了公开的演讲（对某些人来说是值得尊敬的，对某些人来说是丑闻），尚利在"波士顿委员会"公开论坛上发表过演讲，从而形成了名叫 NAMbLA（北美人/男同性恋协会）的施压集团（和广泛传播的报道相反，尚利没有参与其中）。顺便提一下，NAMbLA 纽约分会的赞助人是霍雷肖·阿尔杰，他是牧师和著名的低俗小说的作者，"美国梦"的创造者，但也是臭名昭著的鸡奸者——在集会中与多个男孩发生关系。

菲弗的去英雄化、丑闻化的运动可能仅仅因为两个元文本的貌似合理性，这可以假定为已知信息。人性的复杂的互动过程中呈现出来的结果：粗俗的，低分辨率的细粒图像。这一粗糙化的过程、原始的泛化，也是故意的，也就是有目的的符号和"以客户为取向的"期望效果。作为"解释"，这一切都可以被归于简化复杂事实的新闻任务。紧跟着这一模式，是预先决定目的论的不可避免的结果。然而，尚利媒体丑闻事件，不是直接经验或第一人称"参与者观察"的结果。这一新闻叙述以其他叙述资源为基础。总体上说，这些资源现在以电子方式来说是可以接受的，因此允许我们去重构和重新编辑。我们这样做的时候，我们发现各种各样的先前叙述，正确的唯一的资源，产生了一幅明显地比新闻报道的要复杂的画面，它是极度简单和还原性的。这些新闻故事的主要资源如下：一大主教区人事档案里的各种各样的"故事"；二，人身伤害律师和他们的作为叙述可能性的案例；三，有些包含在第二点、律师亲身见证的故事，再推演成自己的故事。除以上的主要来源外，还有历史资源的遗迹，20世纪60年代到70年代的公共关系的同性恋场景的统计结果。所有这些性质不同的叙述都在重塑自身元文本的新闻目的。

过多的尚利事件报道，角度不同、描绘入微，必须成为一件单一连贯的事件。"解释"总是新闻任务，通过单一连贯事件理解主要的解释力量。这一粗糙的"权威"关系就像小木槌，在这把木槌的定音下，完全复杂的，矛盾的关系变得非常清楚。例如，尚利的档案文件显示了一种相当紧张的关系：在教堂官方和对年轻人（同性恋群体和双性恋群体）的教牧关怀方面，即关于如何重新定义他们的身份性别。如果这是官方权力的关系，教会道德权威会遭遇悔改的侮辱。明显地，这是菲弗的元文本模式的参照框架，加之于这一框架的是这种权威的滥用。这一权威证明了这些模式如此彻底，大主教的官方权威使用更加貌似有理。他们不能使用它反对像尚利这样的牧师，他们掩饰这些造成失误的错误。

丑闻制造本身就是一种成就。为了在这种情况下理解这一点，我们需要去审视尚利自己的话语和他们的致歉目标。毫不意外的是，当他不需要为自己辩护时，尚利用完全不同的角度看待他的关系。他看待自己主要是"有问题的青年牧师""性别问题少数派牧师"，然而同时他没有否定或是为自己的性关系道歉（是同性恋或异性恋）或为其他人口中的"诱惑"道歉。在这种话语中，参照框架结构是复杂的。牧师动机和同性恋自我实现话语一样清楚和坦率，但这一需要并未进一步在文本中引发我们的兴趣。更加有趣的是尚利没有把自己描述得很清楚，就好像要扭转丑闻话语局势。他认为自己既不是英雄也不是恶棍，而是带有缺点（consfumature）。在辩护陈词之后，他说："很抱歉，因为没有告知我生活中的错误，因我引起的此种状况让我悔恨交加。我是多么嫉妒那些在晚年能够说出这样话的人，'如果有机会重来一次，我还会做同样的事情。'对我来说情况正相反，我会做很多未做过的事情。举例来说，我将不会成为牧师并与那些必须遵守的独身禁令进行斗争，也不会有那些无数的荒唐结果。但是谁又能知道呢？"他然后引用了神话－叙述的文学方式来阐释他的生活。"我的思绪跑到了格雷厄姆·格林的小说中那个美丽的威士忌牧师，最后一个留在墨西哥，永远在地下，再也无法离开（怀平朱斯基，2004）。"具有讽刺意味的是，怀平朱斯基让自己参与到关于尚利的话语中，这就使得"客观性"的标准完全"平衡"。

另外一个法庭话语是对尚利行为的重构（使用关于"强奸"的指控）。然而这里甚至不是专业权威或权利滥用核心考虑的内容。比较之下而言，菲弗建议，裁决作为自己的指控，从来没有组成民事犯罪或刑事犯罪的要素，也没有通过检举起诉来出台。司法过程当然也通过犯罪者、受害者、动机等来解释事件，但是严厉的规则和因果关系的排除和包括有关。这种建构目前受到调节以至于它与其他叙述的可比性不得而知。

这些比较证明了菲弗的丑闻构建成就。从公众舆论的名义来看，她最主要的贡献包括一个决定性的要素：假设道德动机。通过这一文本阐释她成功地使自己的权力元文本加以简化那些叙述成分的目的。然而，在阐释"邪恶的动机"时，并非像看起来那么简单。不同的文本资源有其他叙述成分且带有各自不同的目的，这些目标有很大不同。基于那些目标必须归属于不同元文本的事实、上述状况会恶化的事实。在这一事件中，两个元文本有相冲突的危险："滥用的权力"和同性恋的"自我实现"。后者是公共关系的部分，不仅仅是"运动"，也是具体指 NAMbLA，是最著名的尚利的公共形象。这里多年的新闻消息来源的两难境地以复仇的形式涌现，仅仅这一次，它甚至没有意识形态问题。消息来源确有自己的兴趣点，当他们接触到新闻媒体时，这些兴趣点可以是决定性的。菲弗的消息来源展示了由意识形态决定的兴趣冲突的不可协调性。她对这一点的纠正体现了她自己的意识形态，正如元文本所表达的一样。

尚利很显然在炫耀自己与男孩和年轻成年人的同性关系。媒体丑闻如何成功地看到这些遭遇不是作为自我实现而是作为权力的滥用？尚利把它看作是对"同性恋和双性恋群体"的使命，不是从过失行为中转变过来而是解放他们。这就给《环球报》增加了意识形态方面的两难境地。一方面，新闻媒体把这当作是与教堂等级制度冲突的事件，它明确赞扬了尚利反对大主教的压迫权威。在这一构建过程中，同性恋话语将落在元文本的身份和自我实现方面。另一方面，菲弗不能同时承认反抗等级制度的内容和原因——一种微妙的操纵。这一有争议的内容精确地说是"男人－男孩之爱"。

这一困境引发了关于社会价值观的根本不一致的反思，或者是同性恋自我实现或权威的力量，但这会令人沉溺于历史编纂学规范。这里我们关心的是即刻显得更重要和微妙的叙述功能，出于同样原因，丑闻发挥其丑闻的功能。当一件事既有积极正面的又有消极负面的价值观时，那么从逻辑上说是非常矛盾的。在这种情况下，元文本变得很有帮助，因为在没有争议的情况下他们能发挥作用。菲弗报道的事件完成了这一高超的技艺：转换极化的价值观而不是巧妙地确定自由的积极价值，在颂歌中的自我实现。然而，通过负面地再次语境化，来用作权威元文本。除了后者语境中的这一点以外，目标是专业权威的滥用："尚利利用他的权力和权威去捕食那些来向他寻求引导和支持的人。"

单独的一个人不能制造出丑闻，除非是作为部分代表整体。佩特罗尼乌斯给出了他经典的解释：不能打败驴子的人，打败了马鞍。惩罚一个独自的恶棍还远远不够。丑闻会出现如果这个个体代表更多更为普遍的行为人。尚利如果是一个独自的恶棍，公众就会把他至多作为忏悔的享乐主义者，最差作为精神病患者。这就足以使他成为魔鬼，对他的定罪本是一种公众奇观。然而这一事件就会成为其他版本的报道，不再是丑闻。只有通过某种共同身份（corporate identity），恶棍才能引发丑闻制造的兴趣。通过这一恶棍——虽然通过服从上级，与之保持不寻常的紧张或断裂的关系——整个机构都被拖进丑闻中。

完成这一过程并不十分复杂，这使我们看到了一系列法则。因此，展示更多的案例作为"更多案例"，暗含之意是操作过程中一定有规律或规则性。为了父母、教育者、精神病治疗师，可以做同样的事情，但是这里下列不同的案例不是没有更多案例——而是他们属于白噪声，属于碎屑的"社会沉淀物"。然而，后者看似在美国居于很高的位置。因此，如果这没有成功地成为"牧师"的问题——教堂的每个机构——那么公众舆论就不会有理由去注意并且用自己的方式解决它。针对社会沉淀物无计可施，并且让它逐步建立起来反对某些人是无用的。公共舆论使用"怪物"模式来对待这些经常出现的状态：持续的犯罪、地方性腐败等。同时，无论是谁成功建立一系列的法则，然后把这些法则缩减到一个简单的原因，就能进行有效的评判，这是公众舆论的功能模式。这里可以被运用莱布尼兹有效因果关系的常规等式法则：任何事情都有原因，尤其是如果它是系列事件，尤其是在正规体制内，尤其是事件的原因必须在规则内，在那些使用规则的人手中。

菲弗在媒体丑闻叙述建构方面的真正成就得不到欣赏，除非她对事件的再现不仅显示出参照消息来源。法律事务所的最初的四个原告当然是来源之一，事务所的既得利益正在从责任机构教堂中提取巨大的补偿（很有可能的是单纯的民事案件不会如此有潜在获利，和刑事案件联系的民事案件相比）。然而对菲弗来说，公众舆论在最开始生效和转化源头事件的赔偿逻辑。例如，在来源方面，律师试图完全开发尚利在 NAMbLA 中、在前辅理主教、日常生活中的参与。他们试图根据教堂自己的管理标准来证明疏忽的监管和管理。然而这一证词的结果（道德的反对自我实现逻辑和缺乏监管）不是被《波士顿环球报》利用，而是相反的甚至是清楚地确定。实际上，通过牧师，它假定了一种相当严格的对从属主教的行为控制。因此，一个人的品行不端很可能成为其他人的错误。但是对主教来说，与对主教的指控相对应，主教要在实践中确定禁止-命令或阻止牧师所做的事情是多么困难（汉宁森，2004）。根据这一指责，这一纯粹行政的"快速轨道"程序和针对嫌疑犯的路障措施——对大量媒体丑闻做出的回应——没有遵守基本的牧师权力和适当的程序规则。然而，他们的确取得了对雇主—雇员关系的几乎直接的控制。这些强迫权力和其他方法假定，当大众传媒使得普通主教——或者到最后是教皇——为牧师的滥用职权负责。除了主要责任以外，其他间接的文化也是惹人嘲笑的：独身文化，神学院文化等。

新闻来源和新闻意识形态的原则性冲突在这个案例中不是通过斗争，而仅是经由推测的方式得以解决。因此媒体制造的最终完成品的详细文本分析比历史-批评分析更具有指导作用。这就把故事文本作为整体来看，研究其连贯性和建构原则，就像它是一个具有创造意义的原创产品。

很多人不断强调新闻业的叙述成就。这并非意味着（这也是经常被误解的方面）新闻故事是小说或是独立的叙述空间。它仅是本身需要阐释的叙述因果关系。我们接下来会关注这一逻辑。

7.3 尚利事件的角色结构

要想全面了解这一复杂的功能关系，我们需要汇集文本提供的角色，然后分析他们的论证功能。目的不仅是归档所有出现的行为人角色，而是按照推论的顺序。那么我们如何"在其中争议"所有行为人的排序？

传播学中只有几种方法能认识到推论性论证。例如，话语分析手段可以投入使用。除了严格的数量限制以外，甚至内容分析也采取类似于文本逻辑的角度。然而，这些相似的方法中的每一个都与多样化的理论预设想相呼应，因此，不讨论认识论就去突击搜查这些方法论仓库是不理智的。这一丑闻事件中的叙述结构，从θέατρον模式推断出来，是有争议的，不具有契约性（一般存在于新闻实践的大多数类型中），意味着结构围绕语用主体和反主体建立。因为仅有一个主题，叙述结构将会类似于合同。这种类型的文学结构被用在未来的小说中，但也用在陈腐的同性恋出轨故事中（留在我们手边的主题范围内）。媒体故事能够建构同样的叙述议题，也是"没有反对者"；然而——就刚刚谈及的原因——这类故事被典型地呈现为"有对手"。然而，在争论继续下去之前，它的目的必须作为文本内的目标被预先决定。记住这一点，在菲弗报道的丑闻事件中，下列的人物和功能角色如下：

元文本的级别。目的预决定的接受者是纯粹源于阐释本身的功能性角色。考虑到它在文本以外有很多定义。这一角色究竟可认证吗？一旦我们拓展新闻事件讲述中阐释符号的语言学概念，讲述中的阐释痕迹也是可检索的也是可以恢复的。我们手边的这个事件，对记者菲弗和《波士顿环球报》聚焦栏目组来说，阐明的基本原理，是新闻必须/应该/能够被讲述的原因，即传播本身。这一庄严的职责从本系各个方面各个发挥作用，尤其是团队的英雄化（奖励、其他报纸的表扬）。这一最重要实例的叙述功能不是去发起自身行动，而是授权他人去行动和惩罚。这一功能在全能的公众舆论这一语境下起作用，即 θέατρον 模式下的 θεολογεῖον 轨迹以及"客观性"的工业实践。

文本层面。这一事件作为语用主体清楚地标出尚利与他的反主体波士顿律师劳伦斯·E·哈顿之间的引发争论的相互关系（后者可能向记者提及而有助于开启此事件）。双方都喻指更大的机构——教堂和司法体系。然而没区分的（稍后我们将看看民事和刑事法律要素）这一行为的语用客体（即是主体的行事对象）是四个受害者（三个是哈顿客户，附带对波士顿大主教区的民事赔偿要求）。这些案件可以被概括为青少年的同性关系行为，始于尚利对有需求人的诱惑。

一，阿瑟·奥斯丁"在 1968 年在圣弗朗西斯教区长的管区首次遇见尚利，谈及他与其第一个同性恋人分手"。奥斯丁说尚利做出了特殊的请求，要了解关于他的生殖器和同性经验的具体细节（控诉内容：尚利让他做性奴直到 26 岁）。

二，"受害者住在波士顿的后湾区——42 岁的男人"（控诉内容：长达七年的性爱关系。期间，尚利也安排他与其他男性保持性爱关系）。

三，"一位斯通哈姆的男性，死于 1998"（发言人：他的兄弟姐妹和母亲）（指控内容：根据这位男士的兄弟的说法，尚利在猥亵这个男人以后，尽管他公开支持同性恋，会"告诉他尚利在完成上帝的使命去找出来谁是同性恋者，并告诉他会因为刚刚发生的事情而被打入地狱焚烧"）。

四，尚利的另外一个受害者，"在 1993 年与大主教区达成赔偿协议"（发言人：他的姐姐和母亲）（指控内容：指控说在 1969 年她的弟弟 11 岁时，他们的母亲在他出走后送他去圣弗朗西斯尚利那里。她说尚利在办公室里虐待她的弟弟，但是直到 90 年代，她的弟弟并没有告诉她及家里的其他成员，"我的弟弟认为这是一种罪"）。

更多的边缘化的人物作为语用主体和反主体的助手在法庭裁决的争议性结构中，从功能上未做任何改变：

五，牧师威廉·F·墨菲，大主教区的官员，当时负责处理性虐待投诉案件。

六，"顶级教堂官员"。

七，"牧师约翰·J·怀特"。

八，"唐纳·M·莫利塞，大主教区的发言人"。

功能角色分配的结构现在可以扩展到过程问题中。在这个故事文本中，什么引发了这一过程（公众舆论的裁决，即丑闻）？这一指控从何而来？谁来指控？什么原因？需要按照叙述技巧来回答这些问题。

这一过程始于新闻叙述的贡献，归结于真实生活中社会人的功能角色。仅通过这种操作，我们不再惊讶，任何不关注这些事件的人（即走向记者的"归附"），将外来因素：视为己出，以通用原则的名义，变成了原告（真正地"客观"）。律师和他的当事人有既得利益，这足以解释他们的指控。然而，他们的指控不仅被当作是，而且作为机构失败指控的重建。接下来在保证技术实现的叙述中，人们充分意识到承诺破坏，牧师系统性地滥用职权（性或其他），把承诺从那些负责人那里掩藏起来，但是又沐浴在公众伪善的阳光之下。亚里士多德的《诗学》被认为是叙述必不可少的典范。相应地，大家感兴趣的不是单一的而是典型事例（比同时代的好或坏）。手头的这个故事，丑闻主体也区别于同时代常态的一种类型。

除了公众裁决和指控的新闻建构，也采用了两个深层的叙述技巧：一，人物角色的贡献；二，类型化（typing）。通过对比，司法裁决把法律运用于可决定的案例中，通过司法理念严格地分配角色（原则上是"每一个都能胜任审判"——人身保护法），或者根据法律利益做出调整。比较而言，公众舆论裁决，自始至终必须建立在细节之上。

在这些众多角色的作用中，有人反对人们须应对"自然"的角色，没有这些属性，相关角色也会吸引人。毕竟受害人就是受害人，犯罪者就是犯罪者。然而，在现实社会中，一个人的角色归属永远不会毫不模糊。为了使一个人和他可能归属于的角色之一联系起来，要求有可确定的文本。社会中有很多这样的文本。权威地来看，角色归属仅仅限于法庭。在社会互动的真实世界中，角色归属是可以协商、接受或者纠正的。出现围绕某一角色打官司的事实证明了这一可能性：至少在某一党派的眼中，它会有另外一种角色。

角色出现的顺序如何制造了叙述动态性？叙述上封闭的文本，例如小说，这一问题是多余的。对一个"发展着的故事"——这也是新闻故事的定义——概述了故事发展超出故事本身这一问题：故事如何在叙述技巧中转换为丑闻？为了达到这一点效果，新闻作者必须决定单个故事的整个目的，单独事件的普遍意义。既然通常来说情况如此，就显然不是很清楚。新闻实践需要这种逻辑操作，即故事的"背景"、"深层语境"、"阐释"，一个故事可以用暂时客观、更普遍的框架来解释。"倒置的金字塔"的发明——抛弃了迄今为止常见的按时间顺序叙述的方式——强迫作者去找到和确定总体目标。在这以后，我们能够在头脑中想象这样的故事会是什么样子的，仅仅讲述一个接一个的事实？当然，我们会识别这不是一个新闻故事。如手边的这个故事，菲弗拓宽了总目标范围，不是把尚利故事作为妖怪的单独行动来叙述，而是作为一个人的行为模式，然后作为整个机构的行为模式问题来看待，以"独身问题"解释尚利。

阐述实例的作用日趋重要，也是动态化叙述发展的一个结果。这也是叙述人物具体为预先决定目的负责的表现。然而，在菲弗新闻故事中，该作用是复杂纷乱的。角色的抽象本质是通过回答这个问题才更为具体地被把握：谁能够做什么？因为叙述文本不允许任意人物实施主观任意的实际目的（例如，自我控制）。有必要建立一个规则，授权每一个人物去实施一定行动，或者根据作者计划来执行命令。这样的一个超级计划不需要是目的中的唯一一个预先决定。实例阐述也不是仅限于至高的、新闻的层面。在菲弗新闻故事中，阐述也是逐步实现的。

这一超级、元文本层面对某种元情节负责。它仅仅是预设，大部分是由文本演化而来，好像是社会授权让机构进行转换（改革）。没有进一步的论证，就这一功能的发挥，我们的尚利故事几乎是一个完美案例。一连串毫无疑问的确切真事，最初看似是以事实为方向，然而却仅是作为叙述和裁决讲了个故事而已。事实变成了错误证据，是一个准合法的，几乎经典的修辞，用作谴责的目的。与这些目的相协调的是，添加了另一个要素（例如，被倾听的权利和为自己辩护的权利），法律程序的修辞仪式。我们不能简单地预设菲弗的新闻预决定与法律体系目的完全一样。当然法律也预先决定自身目的——从逻辑和社会角度来看，辩护过程中有上千年的历史和革命的断裂。即使如此，司法制度内嵌的最后手段中的核对和平衡，仍然相异于新闻的本质。新闻仅仅是从中借鉴形式而已，新闻能够从其他可能形式中进行借鉴。这就是说，作为新闻业的基础，依赖于司法形式的原因是不清楚的。然而，无伤大雅的文本线索暗示了元文本情节：a. 尚利故事是聚焦栏目组发现的最有害的牧师性虐待案件之一；b. 实用主体和客体的角色分配，这里意思是，文本把谁作为受害者，把谁作为犯罪者；c. 更多的角色分配，通过裁决故事结构或者新闻调查的仪式来强迫接受。

文本层次和主要情节带来特有的授权人物，尽管记者是作为被动的授权方式。授权实例本身是真空的，必须被蕴含其中——无论如何，不存在自动授权。记者对"公众舆论"可以通过阐述行为来填充这一真空。以授权实例的名义作者在做什么？宣称拥有知识去"做正确的事情"，她仅仅需要将叙述和价值捆绑。语用主体尚利和反主体哈顿，都是以目的的预决定为方向——尚利，仅仅是与之对抗。如果希望去重构尚利的话语再现（不是"尚利掠食者"的叙述主体），我们需要更大的努力去想象反对故事核心和决定叙述目的。相应的用这种方式，真正的主体被当作是语用主体，经常感觉阐释错了，或者在尚利的案件中，——他们把自己当作仇恨和诽谤的对象。完全不同理式，完全不同的动机化的想象的痛苦，是很难从尚利自己的话语中去重构的。在他自己的辩护中，一再列举了晋升、荣誉（在前）。他们也祈求几乎仪式化的治疗效果，尚利的牧师身体对同性恋青年的关注（强烈暗示这样的身体关心是同性恋遭遇）。

虽然在菲弗故事中，没有证据证明她有直接的和清楚的目的预定，这种规定性的新闻工作绝不寻常。然而始终真实的是：叙述目的的实在的预先决定在受害者中经常出现，受害者围绕他们所依附的角色必须有角色归属，而不是作为语用主体而是作为行动客体。因此，这是由意义所决定的：所参照的真实世界行为者被绘制为叙述角色，随后将尝试去重构这些行动者的行动目的。他们都被分配了客体叙述角色——用自己的话说差不多这是可以重构的，即作为受害者的自动陈述，根据话语意图和话语叙述目的决定而行动起来。然而，由于被归入丑闻目的预定，他们都一致符合权利滥用中的逻辑对应物。只有这一点使得故事连贯起来（也是诗学意义上的"时间和空间的统一"）。作为被滥用的权力，暗示了被滥用权力者的无力：被引诱、缺乏意志（奴隶），因年幼等因素不能做出深思熟虑的决定。所有四个受害者，通过叙述转变成了行动客体，以一种或另一种的脆弱无力为特点。

但是这些难道不是真实世界的事实吗？除了他们是叙述性建构的产品。它可以被客体化，这不是建构规则以外的实际事实的限制吗？毫无疑问的是，尤其是在他们不得不判断他们行动结果的情况下，严格意义上说孩子们不能做出决定，出于论证目的，让我们允许故事中提到的这些人物没有能力在真实世界中做出决定。然而，我们这里要处理的是叙述功能。无论他们在真实世界中什么样，在这种叙述中他们一定不能对其行为负责（当然，对于民事伤害诉求的法律话语也是如此）。这些青少年实际上无能为力到什么程度呢，在真实世界中，他们与尚利的互动可能永远不能被重构。把这限定为"引诱故事"或者"治愈"（尚利）互动可以商榷。在这种互动中，无法重构是菲弗故事中的常见命运，可能也是法庭的命运，甚至是参与者的。后者仅仅拥有记忆——实际上，"被压抑的记忆"，已经长久地融入个性中（利夫，2003）。这里用自己的插曲和事件留作个人史，或者作为整体已经变形事实的插曲。因为法庭内外的法律进程已经表明，这种个人记忆（如果是事实）几乎无法被其他来源确定。当在事件发生范围内，有文件记录痕迹，它们通常既不是辩护性的也不是诉讼性的（这些文件可以变为尚利辩护性或诉讼性的个人档案内容）。换句话说，没有事件的转换和保存，事实幸存下来的可能性很小。

那么人们只能得出结论，菲弗故事有她自己的叙述法则——或者，作为一种非相互排斥的选择，也就是采用某一党派的观点。她无处可以接近"事件本身"（兰克），并且无法通过对事态的直接观察形成自己的叙述形式。但她采用了标准化叙述形式，通过此形式反过来建立源头的标准化叙述模式，以达到和超级叙述决定目的一致的程度。与更多原始素材微妙相关的是，新闻建构的效果还是粗糙化和简单化的，甚至为了他们自己的利益要求来简化消息来源。那么这一点完全可以让步，复杂现实的真实内容已经让位于新闻媒体产品——然而，通过很多目的引导的过滤来实现传递。这更像是现实的保证和表征而非客观性。新闻故事更强调真实，通过尽可能多地阐释纯粹事实（例如姓名、地点、如果可能还有时代、和公众历史资料，像尚利的工作记录）。然而，几乎所有这些事实，仅仅是附属物而非取决于事件。

这个故事有更深层的目标预设。每个受害者故事有他自己的叙述结构，如果我们作为自己话语的碎片重构它。然而，在这些重构中，一个人必须小心地把特有话语痕迹从新闻产品中的叙述用法中分离出来，因为就像记者和聚焦栏目组做的一样，所有受害者的故事很清楚地展示了实例阐述。这种表述不同于超级故事框架，这些追踪不会被隐藏，这一例子非常清楚地预设了目的，因为作为本不应该发生的性关系（语义上的"性虐待"）。然而，在这些陪衬情节中，有足够的矛盾心理允许我们去在受害者自己的话语中重构那种有效的复杂动机。因此，对菲弗来说，尤其是是否同意发生性关系是决定性的，毫不含糊。特别是在成年继续发生同性关系，受害者（和他们的律师）发现很难去指控那些权威滥用。这就允许这种关系显得更像专业水平的失误（即，牧师关系中），结果受害者声称遭受这种失误的伤害。

"辩护"几乎是强制性地出现在新闻叙述中的另外一个重要角色。为了满足"平衡"这一客观性的标准，在公众舆论的裁决以前，类似于程序公正得到了阐释。那些对尚利行为负责的人和其他人必须在辩护中带来什么？这是这么多"裁决"模式整体的部分，它在故事中的表象暗示和预设了模式本身。这一模式如此强大，在薄弱传闻基础上进行强大指控，它郑重浮出了表面（雅各布和《环球报》员工，2002）："尚利对小男孩的偏好不是秘密，至少在这个城市的某些地区，据说街上了解他的人都会绕开他。尚利，现在在米德尔塞克斯郡监狱里就强奸指控等待判决，不可能发表评论。使人气馁的是，那些随着尚利的职业名声，对他怀疑的人，不知去哪里表达对他的忧虑。"毕竟，波士顿是信仰天主教人口最多的城市之一。不是同性恋社区，尤其是热衷对性虐待畅所欲言者，使得蒙在秘密和谴责中的斗争凸显出来。

有人可能猜测到，辩护的角色地位和它的功能价值，是一次对新闻实践自我反思式的领悟。毕竟是法庭裁决本身的基本建构处在危急关头，对新闻实践的自我理解也是重要的暗示。它制造了非党派性、平衡、事实和观点间区别的确凿性。因为被告同时也是法官，虽然公平必须通过叙述的形式来阐释清楚。这种自反关系通常不是达到很深的层次，沦于提供机会去想已建立的事实——当然，是在记者已经权威地建立那些事实之后。在允许对手论证之前，根据修辞学，这两种辩驳问题和事实问题都早已决定。

总之，我们已经看到新闻再现中很复杂的传播关系都粗糙地简单化了，即使当其被公众认可的时候。在各种各样对消息来源的叙述再现中，对丰富的细节认知越接近，这种简单化就越加凸显，把这一点归结于某些框架就太过简单化了。不是围绕细节图片而画出来的框架（隐喻的形式）而是图片的粒度本身被缩减了。现在，这是个叙述化的案例，正如海登·怀特所表明的（1984）；这也是历史编纂学的技巧（我们之前讨论过）。然而，这种公众舆论的具体总结，远远超过了历史编纂学（福柯的观点：没有按照后现代主义的观点来实践）。《波士顿邮报》和法伊弗仅仅求助于这一点：这一发现本身是很古老。

7.4　两种话语的丑闻建构

对于丑闻来说，也存在着与事件相关的完全不同的消息来源。"丑闻性"事件的另外一个来源是宗教而不是公众话语。在目的如何预定方面，使用"丑闻"一词，可以察觉到不同之处：在这里指教会社区，在那里指公众舆论。尽管它对于媒体版本提供几乎是独家参考，仍然存在不同种类的丑闻。迄今为止经解释，这一点是毫不惊讶的，从对这一术语的单一性的使用看，欺骗性的误解能够导致两个方向。然而，长子继承权属于丑闻这一术语的宗教含义，因为在圣经语言中其语义自有来源。它在"陷阱"的语境下浮出表面，然后出现在"道德过错"的语境中。这一术语的进一步使用在保罗《新约全书》中被关键性地确定下来。在此书中，他谈到了"十字架丑闻"。到了后来"丑闻"这个词从它的最初含义中解放了自己，只在法语中出现并通过法语传到了其他语言，在这个过程中它形成新的意思："对公众舆论的冒犯。"

"对公众舆论的冒犯"这一语义本质上继续掩藏了概念的不同。忠实的原文本和公众舆论有不同的实用程序和不同的预定目标。"引发冒犯"和"使跌倒"（本来意义指猎人的陷阱）、丑闻等所有这些概念指信仰的传递和违背。相比较而言，公众舆论认为丑闻是被权力庇佑，而权力往往试图掩盖其邪恶意图。

信仰元文本不是可以直接理解的。这就是为何我们需要理解绊脚石、陷阱和诱惑。美国最早的CAS丑闻发现者之一杰森·贝瑞，用天父的话来给自己的作品命名：引领我们走进诱惑：天主教牧师和儿童的性虐待（cf. 坎农，2002a，19）。然而，舆论裁决之前的控告完全扭曲了这句引言的逻辑，因为上帝祈祷的诱惑没有被控告（它来自对原谅的请求），而不是与上帝救赎关系的丧失有关。眼见为实，没有理论引导的一般方法直达信仰的真相。因为在这种情况下，逻辑上它们是必要的令人信服的真相。这些真相因此被转换成可信的见证。对那些不能接受这些真相的人，他们成了绊脚石、"十字架丑闻"，或者作为愚蠢的丑闻，或者作为有意识的免于排斥的丑闻（1 哥林多前书：1.23）。这是有意识的副作用？如果是这样，那么忠实的核心信条将会是丑闻。例如，仅仅有选择性的复活目击者（使徒行传：10.41），没有一般可以接受的和引人注目的目击者，或者上帝的不可解释的选择，约瑟夫而不是他的哥哥们，大卫而不是索尔，等等。

因此丑闻（冒犯或堕落）从外界来看，将会是信仰的另一面。"对某人来说成了丑闻"，结果，该手段引领某人走出不信仰。一定的教会法规规则被控告、解释成为掩饰。从内在角度来看，必须从避免丑闻的论证语境来看待这一点。根据是否有某些因素可以引起丑闻来看，教会法规与程序不同。教会法规有自由裁量权的教规来避免丑闻，包括保护犯罪者个人名誉的教规。在这一层面，破坏被虐待年轻人的信任是牧师的渎职行为。最为严重的教规之一对此类犯罪的可能处罚中，这一点是很明显的——此类处罚适用于那些不适合法律惩罚的事件。实际上，公众甚至更希望看到教规裁定的犯罪，例如赞成成人同性恋的案例。然而，对于 σκάνδαλον 模式与那些公众舆论的丑闻原因有所不同，例如，当各种各样的话语认为 CSA 恶魔是吉欧根时，解除僧职的波士顿牧师因此在监狱被谋杀，对不同丑闻的感觉源于不同的理性。不同的原因导致不同的结果和机制反映的不同方法（公众范围、法律系统、教堂）。原则上，教堂惩罚不同于司法制度的惩罚。在极端的丑闻案例中，教堂也更在乎那些相关人物的名誉，至少比公众舆论关注得多。

迄今为止，除了关于足够的裁决这一点以外，甚至是牧师的语气听起来更像取悦为恶者。《波士顿环球报》写到对红衣主教梅代罗斯和和劳主教慈父般的、鼓励的语气时比较反感。然而，教堂用这种语气交流是必需的规则。"我有信心，你会把很好的牧师服务给予圣安德鲁教区神的子民，实际上就是该性虐无权牧师已经被有力地从先前的教区移除，因为他宣称虐待至少三名受害者"（菲弗和《环球报》职员，2002）。《环球报》十分期待针对吉欧根受害者的严重裁决。主教对这些主张的反应——为牧师提供治疗很清楚地被描述为不够充分：

> 在一封写给梅代罗斯的手写信中，尊称其为"阁下"，日期为 1980 年，11 月 2 日，吉欧根报告说："我得到两位天主教医生，约翰·布雷南，罗伯特·马林斯的精心治疗。他们保证在很短一段时期内我就可以重返富有成果的牧师生涯。我渴望回去，感谢上帝的无限祝福。"聚焦栏目组上周报道布雷南在一项民事案件中被控对病人性骚扰。后者接受 10 万美金达成诉讼和解，而马林斯是没有精神病学或心理学经验的全科大夫。

读者注定要对惹麻烦的牧师被"怜悯地"对待很愤怒。在随后的报道中，这一点也很清楚，包括关于神学院学生的心理描述、远离尘世的独身的故事（这里也包括二次元文本一致性发挥作用）。

很清楚的是，教堂裁罚与公众裁决截然不同。公众舆论阐述为隐瞒，而在教会实践更微妙地看作是良心问题。这不仅是"语气"问题，它被正式建立在内心之光论坛中，忠实地隔离告解室以外的所有可用信息。牧师的不端行为被看成是上帝和罪人之间的事情。教堂是罪人丑陋性的虔诚面具，公众舆论看成是犯罪行为的掩盖（正义的阻碍）。这种裁罚方法被上帝无限的原谅和持续假设会改变信仰的意志这两点支撑着。在公众舆论看来，这些很容易转换成与自我保护有关的不合逻辑的放任政策。聚焦栏目组（2002）：

> 甚至虐童案庭外和解的牧师之一说他也曾经困惑教堂是如何在不知情的公众面前成功隐藏其问题，以及其他牧师的诸多问题的。那个牧师和其他在 20 世纪 90 年代从其教区调走的牧师一样不同意许多律师的观点，认为法律寻求保护自身的公众形象。"他们保护的是教堂完美社会的概念。"这位要求不公布名字的牧师说。"如果大主教之管区真想保护其他牧师免受丑闻打扰，他们本可以更早抓住我们中虐童者的把柄。"

元文本逻辑的对抗清楚地表明轰动一时的插曲，即围绕在宗教法庭滥用的过时拉丁文教规程序建构的出版。这被教会律师泄露给公众舆论，然而却没尝试从内部阐释这一文件。通过这一泄露，它马上变成长期运行的系统掩盖的犯罪事实。2006 年 10 月，这一文件（被爱尔兰的《费恩斯报道》支持）成了BBC 专题片《性犯罪和罗马教廷》阴谋理论化的基础脚本。

公众舆论丑闻表演的舞台不同。元文本可抽象翻译如下：权力是（必要）的恶，须受到无权者的牵制。牵制功能发生时（根据权力分离理念），时间（任职期间和立法阶段），数量上（独裁者的绝对权力无法控制），（尤其是）权力任何时候的颠覆（大多数人的暴政是合法的，因为不掌权的最高统治者能够在任何时候进行颠覆）。公众舆论参与超常的授权，因为它不是特有的主要行为人。通过这一实际目标，权力的邪恶一面的揭露，也就是说，当它试图越界时，便是权力的反程序。丑闻的产生仅是手段，邪恶的可见一面。如今，丑闻作为产品结果可从属于彼此的两个方面来看。此舞台和戏剧手法的语境下的结果是可见邪恶，产品总是清楚地呈现邪恶藏身处，也只有在此语境下邪恶发生。同样在另一个古代的政权中，一个绝对君主可以促进国民整体利益；相反，一个被彻底控制的权力无法阻止只是赋权委托人对丧失权力的少数人实施其特殊利益。这些想得到的选择没有一个可在公众舆论元文本中占有一席之地（或者这一话题被看作是不可思议的"政治厌倦"）。

7.5 事实：陷于事实判定和讽刺异化中的新闻实践

目标预设至关重要，但并不能涵盖媒体丑闻的方方面面。当目标设定推动了事态发展，产生了事实，这个目标就给人一种类似党派说教的感觉。狄奥尼索斯祭祀仪式（θέατρου）和市民辩论会场（agora）互相吹捧时，因为他们有同样的判断导向，所以他们之间的言辞产生了效果。仅从现代观念考虑，这种判断的共性显得不妥。然而在过去，审判就像是祭祀一样神圣，演变成狄奥尼斯剧院。司法审判同样也保存了修辞中特有的争论元素。而争论对意义的产生有追根问底的精神，同时也强调已产生的意义本身。剧院让人们忘了是这个神圣和虔诚的狄奥尼斯祭祀引发对已完结行为的再现。以此类推，司法仪式（意大利语仍是 si celebra un prcesso）弱化了争论原因陈述，即作为赋予权威评论对错的能力假象案例。同样，现代媒体修辞是：倾向性新闻报道作为工业时代的媒体品牌，没有在偏袒任何其他事物。尽管这只是一种不切实际的空想。如果某事件被再现为一般事件——也就是说，是一般符合标准事件或一般违规事件——是倡导的核心，那么这同时也是媒体职业不可或缺的一部分，即正义的书写仪式。

迎合公众审判的话语内容包含两大类逻辑上分离的事实，他们在本质上是截然不同的。第一种是案件（字面上是落入），即案例落入普通法审判。第二种是存在事实，且肯定会被承认或否定。就其中的逻辑关系来看，后者是二分简化符号，前者是真正的三元体。从修辞角度上来说，前者需要当作为法律问题处理，而后者是一个简化的二价事实问题，也就是说只具备二个值：真值和假值。假值话语的关键在于让人信服（例如，不能充分证明问题的本质），这也包括将后者的真值留给前者处理。判断事实是真是假的证据因此变成必须是真或假的规则证据（沃顿，1997）。

倾向性新闻报道将传播信息奉为使命（调查性新闻：奉为正义的使命）。信息的整理—挑选—都围绕一个目标，事件描述只是辩护或指控的陈诉盖然论。尽管结果明显受到所选信息的影响，但是至少在形式上不会显现。问题的关键不是案件双方在法庭上详细阐述个人观点，而是将它以真实事件处理，且不是作为法律案例处理。[这就是为什么在法语语源学中，chose（事件）由causa（案件）派生而来]。

为了呼吁事实真相，必须把之前景化为一项意义产生的任务。此外，这个任务可以借助行业惯例将它浓缩成为一个规则和禁令标准。这种形式下的规则，从广义符号学来说，需要在新闻报道框架下重组第二性的所有要素。所有要素需满足支持者，反对者，作者以及接受者的一般话语场条件。只有在此框架下，阐述事例才可显现。否则的话，阐述必须退位，避免与接受者或读者沟通。当然，不止表述者和接受者的沟通受限，沟通必须还要面向大众。从逻辑上来讲，我们所说的这个"全体"是指向全部的，不受任何限制的研究群体，这些人从长远来看，会对事件本身产生一个足够充分的见解。使用第三人称单数对实现这一目的尤其有效果，"我们"属于泛指，不特指任何人。在此框架下，所有事情的发生都源于一个内设的因果关系（遵循经典修辞原则）。新闻报道与很多其他话语使用惯例都遵守这一原则。

新闻报道的语言管理相对来说更典型。阐述事例与被阐述事例处于两端，但又不是完全分离的。与被阐述事例产生的不同程度上的距离，对新闻报道研究很有意义。这里的事实是在"真实值"的基础上进行评价。被报道事件是真实的，但其真实性或多或少受到报道人对事实忠实度的影响。我们在讨论目标预设对新闻业至关重要的同时，也应该谨记新闻业并不受到叙述因果关系产生的事实的限制。新闻事件涉及很多外部引用，制造一种真实感，而这种真实感与阐释新闻不相关。一般情况下，新闻工作者通过这些以时间积淀的信息，比如说提供多余的事实二价数据（姓名、任务、地点等），来获得相应的等级。然而，这些信息库在职业实践中更加丰富。比如，它包含一种权威性叙述事实的方法：用事实说话—可被表述为一种等级。这种真实等级按照每一位讲述者与事实的相对定位而产生。实际上，真实等级表明新闻报道中并不是所有内容都是同等真实，或一样真实。只有当言论可以独立存在时，它才可以标记为绝对真实，这几乎是阐述事例的专属特权。当新闻工作者将某言论具体到其他人时，附加的引号使言论的真实性减弱。阐述事例不再为此言论作担保，而是与此言论保持一段距离，就像这是来自其他人的观点。引言的参与使报道具有一种独特的魅力，尽管恰当地使用引言很有可能制造一场名副其实的辩论战。因为新闻文本制作人的观点与使用的各种引言有一定距离，所以一个引言可以威胁到下一个引言的可信度。这些以及其他类似的对策论预设了一套条理清晰的真实度等级评定。

0级，专属原始事例阐述的评定等级。叙述合同的最终担保人和责任人，是内部包含不同职能的媒体机构。并不是所有的文章或广播或电视都可明确地看到其作者（新闻工作者、记者等）。即使是完全无个性化的通讯社或有线新闻也必须确保他们报道的内容是实实在在发生的事情。然而，在大部分情况下，事例阐述明显可见，就像《波士顿环球》的"聚焦栏目组"，萨夏·菲弗及其团队。视听媒体在报道时加入了更多信息元素，进一步增强了事件的真实度。因此，报道人（主持人）拥有最高的权威性，而屏幕外的记者只佐证了主持人所报道的事件。由此我们可以看到许多多余的真实指标—这远远超过纸质媒体提供的新闻内容。其中有一些与系统有关，所以无可避免（例如背后不断变换的背景，包括旁边的人出现在画面中），也有一些与拍摄有关（例如手持的摄像机，模糊的声音和图像）。用恰当的词来表述这些真实指标则是卢曼的"信息获得系统的内在抵抗"——抵抗，即对所获信息的可靠度及精选成果的质疑。评定为此等级的直接影响就是事实假象。事实（即是对此的陈述）一旦"给出"，所有关于此事实的其他陈述都是这个基本陈述的情态意义。

－1级，"专家级真相"，被认为是证明报道人报道内容"绝对真相"的"铁证真相"。有时，外部评论并不是作为意见参与，而是以专家的姿态介入。这些评论被奉为毋庸置疑的声音，但很多时候只是证明了主持人、记者等所报道的事实。这些步骤将媒体机构置于与社会制定知识的领先位置。学术专家知晓政治权力操作和私有经济运作，因此相对专家来说观点更中立。在后面一个例子中，权威言论很容易就可以变成一己之见（1级）。这个真实度等级有时也被转化成实际的程序模式。至于生活新闻报道，涉及健康杂志、投资专栏，以及两性建议。两性建议尽管缺乏那种让人不禁偷窥的吸引力，但却镀了一层"科学"的外衣。鉴于这个等级与阐述事件产生了一种特殊的共生关系，所以很难说这个等级是评定阐述事件真实度的，还是说这个等级也是为阐述事件服务的。特别是针对偏向于谈话类的电视节目，嘉宾和主持人扮演的角色很大程度上都是侧重其中之一。在任何情况下，肯定不会出现外部评论者垄断真相言论，而主持人或仲裁人不参与其权威建立的格局。在阐述实例时，双方肯定会签署一种叙述协议。按照这种锚定力，任何进一步让步都是带有此属性。

＋1级：只有得到阐述事例的允许，才可以发表观点。到此为止，与事实的直接联系已经不存在，而对于真正目标的观点，很有可能成为娱乐他人的众多观点之一。所以阐述实例能胜任收集很多不同观点。观点收集并非出于想要综合了解事件的全部，而是针对两个职能原因。第一，观点多元化可以掩饰一个明显事实，即阐述实例真相也只是众多可能选择之一。然而，通过等级划定，一种观点逐渐晋级成事实，而其余的则沦为单纯观点。第二，外部观点的巧妙构成允许一个微观的理式社会化组成形态——社会工程的微观形态的出现。很明显，这种形态形成只能是简约的。这也就意味着，从众多可能性观点中，阐释表明了两大立场："左"的和"右"的。无论这些立场有多么的重要，阐释实例的侧重使其成为"左倾"观点（自由、积极、启示或类似的），而对立的则是"右倾"观点（保守、被动或类似的）。因为所有观点都不是事实，而这众多的观点又是必要的，所以在两大职能立场上选择哪一立场便成为一个随机事件。唯一需要的就是在众多观点中以某种方法产生一种对立。当然，对新闻报道来说，如果这一揽子对立观点是现成的就再好不过。产生的负面影响导致在选择哪一观点为最终解释时给人产生自然选择的错觉，以此掩饰了阐述事例也是选择和典型化的过程。

这种等级的一个著名子群体就是讽刺。在广义语境下，我们将这类体裁归为调查类新闻（参见§6.2）的附属物（在一些文化中被称为混合物）。在报道真相的新闻领域中，讽刺占据了一席之地，这种手法更多地在漫画中体现。一些漫画相当传奇，以至于一份报纸的综合性风格浓缩在漫画中。毋庸置疑，这在很多北美报刊中不可能出现，因为它们的卡通版都购自辛迪加。这些卡通至多只能用来影射和讽刺政治和社会事件，但是他们不会以讽刺评论来对照每日新闻。在电视上，讽刺出现的形式更为多样，而不仅仅在娱乐节目（通常是指喜剧）中出现。显而易见，或是通过特制节目板块或是通过系列新闻报道，这些节目亦在重现视听版的新闻卡通。在英国撒切尔时代，"翻版"节目（Spitting Image）开创了用漫画形式评论时事的先例。但事实上，德国 RTL小组创造的《爆炸!》（Explosiv!）才是这一模式的鼻祖。

德国 RTL 小组曾经用讽刺性插图《爆炸!》为其新闻杂志添彩。其中有趣又典型的案例之一就是：在 1992 年天主教全国会议的报道（或者说是"假纪录片"，迈克尔·摩尔）中，制作人安排一对热情拥吻的情侣，即一个怀孕临产的修女和一个牧师进入到大会人群中。"新闻故事"再现了大会参加者的愤怒反应，客观报道了他们就像发现内奸一样愤慨。在模拟访问中，真正的修女被问及她们的反应。通过这种讽刺形式，很鲜明地体现了这些在天主教非常具有代表性的角色（以副标题出现，只为确认异教徒）。接着一个有图文并茂的标题做了一个事实假设：首先是真正的修女，然后再让假扮的修女穿同样的服装出现。这种"戏中有戏"的方式旨在通过再现的方式观察真的修女在看到假扮版时有何反应。这产生了一种更深层次的再现：讽刺的主题不仅向真正的修女展现了她的模仿版，同时也向我们展示了"真实"的修女，即生活中的真实一面。然而，"修女"不仅真实地表现了自己，同时也将自己带入到自我认识的元语言状态（这是另一事件的起源）。她们不仅清楚地向我们表明（更确切地说，是展示）了自己，同时也向我们显现了她们的实际能力——尽管这种能力被给予了负面评价，恰是因为这种能力缺少性行力，却在假装圣洁地保持自己形象方面游刃有余。

《爆炸!》制造的讽刺抑制了证明事件和接受事例之间，作者和观众之间存在的差异，而偏向于专属的我们（与教堂的那边的你相对）：我们对那边的你嗤之以鼻！通过将那边的你与理式中的人做对比，在假想的讽刺裁决前评判，制造喜剧效果。但需要两者参与才可以感受这种讽刺：我需要与理式中的他者一起嘲笑荒谬的他者（参见姚斯，1977）。为确保万无一失，这种喜剧效果在再现时被复制下来。一个女人在嘲笑怀孕后期的修女时，她的反应被完全展示出来（编辑后），而这一切意味着什么则是毋庸置疑的。同样地，我们嘲笑那边的你。戏中有戏和恰当回应的观众与戏剧相呼应，双重影射在这里绝对完美。这时，所有的角色建构也陷入危险中。本意是为了展现一位毫无掩饰的强烈抗议的天主教妇女（表面上确实成功地展现了），然而，在这引起群愤（针对这个讽刺节目的意图）的事件中，也产生了真正的元信息传递。这个女人本身通过再现我们成了阐述事例。由于她向我们传递大量信息，再现效果很有可能失败（在修女接受采访的时候，依然有此效果）。而现在，这个女人进入了我们的元级，并从事我们的行为，即具有引人窥探等特质。也有可能这些事例会发生改变（特别是补救措施在结束阶段不起作用）：采访者针对再现的"性爱立场"提出一些具有挑衅意味的问题，人们还是能够将此理解为再现领域的一部分。但是当这个愤怒的女人挣开束缚，逃离她预设的再现领域（回答主持人关于看到这对修女和牧师照片的反应），并揭开这个愚弄诚实善良人的游戏时，这些还都可信吗？那个时候，她会对我们直言不讳，因此也就避开了这个阐述事例。

然而《爆炸！》对元信息传递还心存警惕。在现实世界，讽刺主体应该由采访人以及当事人（在编辑的语境下，即愤怒的对象）组成。在我们的世界里，讽刺主体正在参与另一个完全不同的讽刺游戏（按照亚里士多德在他的《诗学》中对喜剧的定义，也就是那些知道内情并且聪明的人）。真实世界的参与者清楚地明白是戏中有戏是纯粹挑衅的（只要有人能够重新建构就可以）。我们对主体进行讽刺、不加掩饰、直白暴露。然后换句话说，我们同样也能观察旁观者对此作何反应。而这些观众是有微妙区别的。处在真实世界的女人不知她会在其他哪个剧目中现身，所以她只是一味地针对事实给自己辩护，并不知道我们已经在嘲笑她。她没有发现我们在笑，只是想着通过严重挑衅、嘲弄和完全攻击来处罚我们。当这个女人使自己偏离了讽刺的对象，那么她在沟通时就可以脱离我们这个群体，而专注于与采访人的愤怒对决，而新闻意义的修复也就成功了。如果真实的观众在听的过程中并未思考阐述事例，那么一场我和讽刺对象之间，即讽刺偷窥，知道更多情况的我和拒绝这种沟通关系的讽刺对象之间，将展开一场真正的沟通较量。然后，在这场较量中，阐述事例有责任保护我；这就是叙述协议。

讽刺绝非单纯地插科打诨，它站在支持真理天平的立场。然而，话题需要与对象区分开来，而画漫画，撰稿人则有权力将他们的幽默用在他人身上，也能对他们的讽刺目标隐瞒事实。那些目标人物在直白的喜剧幽默中渐渐卸下面具，同时他们也获得了外在的事实：在嘲笑自己的同时，他们对自己也有了更深的了解。如果他们无法看清自己，那么只会觉得自己受到了伤害，并且排斥接受在讽刺语境下既存事实。作为另一种选择，除了受辱其他什么都没感觉到。如果是侮辱，那么目标人物可以调转讽刺交流的方向，抹杀喜剧效果，并质疑讽刺话题并非诚心只当做玩笑（或是诽谤行为），而是心怀恶意。

3级，最低的等级，因为可有的事实少之又少，所以刚能达到讽刺目的。英国喜剧剧团巨蟒剧团和刊物《翻版》等高傲地凌驾在他们嘲笑的客体之上。这个赋有权力的姿态很是让人垂涎，以至于有些人想要试图使它固化为新闻报道的核心姿态。在宗教丑闻领域，或多或少都会有一些诙谐报道利用讽刺权力——如果不能够达到 0 级真实的水准。这样的例子从讽刺性娱乐剧（阿尔莫多瓦《不良教育》）到严肃地控诉和愤怒地漫画。

2级，包括事件直接相关方证词，但同时涵盖采访时实际情况。这一等级的新闻报道不会以正当观点去评价事实，而会偏向于讽刺地揭穿一个明显的说谎者。目击者和受访人没有权利拥有自身的观点，只能说出单个的，非一般化的事实。在新闻作品中，他们不承认普遍事实，而是侧重事例的阐述。同样的，受访人并不只是表达他们对记者所述真实事件的个人观点（否则的话那些观点就会变成声明而不是采访观点），而是叙述单一的事实真相。当他们的叙述仍在所涉单一事实的范围圈内时就不会有危险。然而，如果他们想要将他们的单一事实变成一个普遍有效的事实，就会陷入与新闻阐释事例相悖的对峙危险中。如果真的陷入这种情况，那么整个新闻界采访业的威力与能耐就会产生效力。尤克尔（1986）将之称为面子威胁等级的备战。引用杰弗里·利奇礼貌准则，出现采访对峙的情况时，能够从绝对礼貌的状态逆转到直接威胁人面子的紧张局势。尽管这些手段都属于语用学的范围，但是却能成功地用来解释这种采访中特殊的话语权分配情况。他们并没有将丢面子或给面子的根本原因确定下来，而这根本原因与谁能获得叙述事实真相的权力有紧密关系。通过新闻采访来调查事件情况的主动权并不是均衡分配，很明显这会倒向于阐述事例这一端。尽管采访采用的是对话模式，记者才是那个能够阐释事例全部，并且不会给受访人给出什么是事实定义，更不会采用苏格拉底先生的问答法。通过这种采访模式，这个阐释事例早已给受访人设定了主题。而受访人在采访时就只剩下两种选择，要么就主题发表观点，要么就顾左右而言他。然而，态度不明却让人理解为有意隐藏不说。所以，受访人在明确事实真相时，只是起了一个补充证明作用。如果一旦逾越，他们就会被认为是对阐述事例权威的直接攻击，而这个权威是所述事件话语真相的基础。而要获得这种权威，就需要采访人在一些老生常谈中确定方位，在一些他们允许的范围内让我们的公众舆论去重塑事例整体的公共意义。这种引发事实可能性的解释并不会与阐述事例的真相定义发生矛盾。

回到新闻漫画中，漫画的出现概述了真相等级有效性的本质问题。显而易见，这些图画并不是一种作为美学对象的公众意见媒介。所以，阐述事例的意图最终决定了漫画意义。如果漫画只是完全出自个人的单纯沟通互动，那么它也就不会背负如此重要道德责任。事实上，一些漫画确实体现了道德（穆尼和菲韦尔，1989）。只有一个赋有道义的要求才能证明即使违反政治正确性也是合理的，并且能够得到普遍礼貌地接受。要不是因为在道义和漫画者主观意境之间刻意地制造矛盾，人们不得不把漫画看成是冒犯或者诽谤（迪亚斯，2002；琼斯，2001；琼斯，2003；纳伦，1990；温切斯特，1995）。在诸多文化中，人们并不接受漫画的冒失，尽管漫画作为一种艺术形式已经在不同地域延续了相当长一段时间。而它真正缺少的东西就是一种追求更高道义的坚持——即是对抗社会行为准则的坚持。自从 16 世纪以来，一种奇异的说教性的图画方式开始在意大利广泛流传，即漫画。这种艺术形式很好地适应了时代潮流——特别是继霍加斯漫画在英国流行之后——变成了大众发表观点的媒介。漫画，特别是关于政治、阶级斗争，以及种族歧视漫画（德尔波特，1995；格林，1998），在社会危机严峻的年代，达到了它们的鼎盛时期。例如在魏玛共和国和纳粹时代，在集体主义社会主义时期以及战争年代。而在当今，漫画只是公众舆论的一种普通手段。

尽管有这种传播，社会中的有些团体成功成为漫画和讽刺对象禁忌。我们把这一切归功于女性主义，因为针对女性的一些类型的漫画不再存在（利森比，1985）。同样地，男同性恋和女同性恋成功做到了从可笑到高尚只有一步之遥（le pas du ridicule au sublime）（改写拿破仑，颠倒一下这句的顺序，他于 1811 年从莫斯科撤离）。在目前的政治氛围下，一些约定俗成的话语已经把他们从受害者的角色中解脱出来：除了女性（布雷利，博尔斯，和琼斯，1979），还有虽然不是作为宗教团体而是作为社会群体的非裔美国人（布朗－纳盖恩，2003）和犹太人（反－反－反犹太主义）。针对穆罕默德的漫画，伊斯兰世界集体作出了激烈反应，从而激发了关于道德化的公众舆论权利去超越其他人的争议，尤其是当它诉诸这些有意夸张手法时。过去，人们会认为宗教是不在争议范围内的禁忌话题，然而，如今人们可能声称考虑教区制度对宗教进行打击。正如科威特谚语所说，人们可以击打麻袋，警示呆驴。

究竟什么是漫画？我们如何能从理论上来理解它（库普，1969；施特赖歇尔，1967）？漫画、政治局势和接受反应的历史连接可以建立。然而，这些方法没有关注到本身作为符号的漫画。这里用目标的预设逻辑，使其方便于我们对公共领域符号学的理解。很清楚的是，所有的漫画都有其刻板原型，和其背后的恶意意图一样多。要想理解漫画，阐释的确定目标必须有效。同样地，漫画简化面部特征要点，把它夸大到奇形怪状，识别起来是无穷地过度粗暴的简化。我们已经讨论了尚利丑闻中新闻叙述的微妙传播格局的过度简化。在漫画中，同样的简单化更为粗糙，但是具有更明显贬损的意图。因此漫画变成了道德高位选择的方式（针对道德低位），和任何形式的宣传一样。范围包括从对教育的指手画脚（如过去的反对妇女受教育），到尤里乌斯·斯特莱彻的纯粹的种族仇恨和他不光彩的讽刺杂志《攻击者》（*Der Sturmer*）（例如，以它的普鲁士的犹太警察局长的漫画而臭名远扬）。

8 丑闻效应及事实

不无缘由，本书前几章为了明确其结论的叙述意义，尽可能地将复杂"事实"主题归类。初看之下，"事实"的概念十分模糊，没有批判性的判别分析，就无法简单作为参照点。因此，当"真实"指的是媒体丑闻中所谓的"真实的故事"，那么这指代是过去的事实。当我们考虑到媒体丑闻的政治用途，那就指向了未来事实，在这里我们称之为"效应"以示区别。在我们看来，从简单形式上来说，丑闻是否"真实"或"客观"这个问题是毫无意义的。所以，在第二个问题上会产生更多的兴趣，即政治问题：丑闻产生的"真实"目的是什么？在这个阶段，已很明确地预示，丑闻无法选择客观或虚构：它们必须是真实的。虽然那些丑闻故事总在炫耀他们自命不凡的客观性，但有一点是肯定的，那就是丑闻并不是一个真实世界的（物理）对象或者是状态，是可以通过检视而彻底澄清的。

当丑闻对象被称作"客观"，即将客观的外部事实作为借口从丑闻事实中推出举证责任，这才是正当社会（即被观察的社会和被考虑的社会），这也就是前面讨论的叙述策略。当然没有严肃报刊希望被指控伪造或编造丑闻，然而，这些"输入"成分时常被批评起导向作用，尽管最后"编造"也终结于报刊新闻。无论怎样，事实是丑闻的核心，这也引发了两个无须沉迷于朴素或意识形态实在论问题。第一个问题是上述的叙述技巧：（1）客观印象是如何产生的？另一方面，尤其第二个问题；（2）真实世界的事态如何可以和参照物建立联系？这两个问题并非同义反复，一个是有关媒体战略，另一个有关真实世界的社会属性。

本章接下来的两个小节将分别解决这两个问题。第三节则将讨论上述问题的调查结果，即丑闻真正影响的是有关制度而非个人，这将作为对媒体丑闻的"道德暴行"理论的结论性批判。这种也适用于对立面的批判（即，机能主义），这也需要抑制所有行为人的观点。第四、五节将讨论一个综合的制度现实及变化的符号学理论，利用先前讨论过的社会符号，首先第四节是从行为者观点的复原，第五节则是对符号学体系的调查研究。显然，这并不是无知面纱下的类似罗尔斯主义的体系，而是一个对真实的实际世界的有效认知。本章的最后一节，则是对丑闻的规范性及其挑战的论述。

8.1 丑闻的客观效应

首先，简要总结有助于第一个问题的前期分析。在严格意义上，依靠不同媒体的不同技术，现实指数提供一些冗余信息，而未造成任何叙述发展，从故事角度来看，这些仅仅是干扰。同时，他们也暗示故事的真正起因是用来呈现现实印象。从这点来说，故事旨在上溯，揭示理应是事实而毫无疑问的现实。将故事的叙述对象（即丑闻）插入在可核实并已核实的事实中，会产生一系列相同的、连续的真实效应。这种类型的特点是，我们将所有事实混合在一起，激进的审判性描述，概括主观性。不仅以引用或原声进行概括，也作为一种典型"客观性"的语言系统。这将文本从上至下，从语言和视听的角度允许它运用真相形态。因此将与文本有关的视为真实的、主观的或是虚假的，怀疑它们或真或假；或者通过进一步个性特征来判断，特别是在视听媒体中，（如歇斯底里的、权威的、粗俗的，可以通过相机镜头或者是语境直接显示出来）。

毫无疑问，既存事实作为事态最具说服力：事实胜于雄辩。但是叙述结构不能是事实性的，因为叙述能控制一系列时间暂时朝向一个目标发展（时间本身不是朝向一个目标），而一系列规则是我们的目标。目标总是不太客观，因为从定义来说它尚不存在，而行动却使其永久铭记在心。这种消除—存在的预先决定被设想为"社会想象"，这只是简单意味着超个体带有可沟通的实际目标。新闻故事中的客观性"骗局"是基于一连串单一事实，结合冗余事实，这都是真实存在的。该事实被错误地传递，使得规则构成有序系列。因此，对于故事，无关真假，只有可信与否（这也就是叙述可能意味着华丽言辞和富于诗意）。

最初《波士顿环球报》的 CSA 丑闻，产生最主要的客观效应首先是为支撑客观性提供一系列目击者。这些目击者都以相同方式出现，律师为其诉讼索赔把他们卷入法院和诉讼公关的姿态（罗施沃尔布和斯塔克 1992）。这些目击者也严格遵守既定的修辞风格来叙述，但是每种叙述的背后都隐藏着控诉，这种伤害指控由被告承担唯一的责任。采用这种形式，新闻体裁显然转变成了我控诉，但只有利用这种方式，才能将信息转变为丑闻。

在法庭上，CSA 事件内部模仿公平进程的模式，符合罗马法审理案件时兼听则明原则，即被告须有机会被听到。当策略是将责任转移向更高的实体上时，真正被控告的就并不是单一的被告或是罪犯，而是他们所代表的整个体制。只因采取这种文本策略，大主教管区发言人唐娜·莫西里成为错误的公关战略中的决定性因素。通过故意拖延，她错过了最后一个为此事件"编造"的机会，而这种沉默也通常被解读为被告的"掩饰"行为。

8.2 客观性丑闻效应

第二点，更重要的问题是在客观环境下查问客观效应，我们可以停止讨论对经济意义的影响。丑闻是一件卖得极好的产品，正因它具有娱乐性，因此媒体产业能否取得经济上的成功也取决于它。与此同时，大量生产的"世俗化"丑闻自称没有带来任何影响。《镜报》主编皮尔斯·摩根在《卫报传媒》中揭示名人"名声游戏"采访中列出了此游戏的规则，明星和名人一般都是这些丑闻的目标，虽然这最为无效却又利润丰厚。这个行业的行家彼此之间都有一种默契，明星或名人的私人领域被偷窥，实际上是明星炒作的一部分，由他们的代理人来实施。

然而，媒体丑闻除了经济当然还有其他效益。丑闻也并非无益。当我们据此意义开始行事时，实效主义者认出这一丑闻效益。如果丑闻的实际目标也预设了在真实社会互动的行为目标，那么类型和社会体制相互交织（作为一种行为规则）。这种现实并不简单，这的确是将个人融于我们的中间，即融于缝隙中。因此，现实中的一切把我们联系在一起。如果丑闻的真正对象可被理解成特定的我们的现实，那么不妨将它假设为语义的具象化。有人大喊："这是丑闻！"意指可耻的我们，或者付诸我们背后的普遍意义。无论这与里克尔的"重新成形"概念背离得有多远，这就是哲学人类学试图识别一种超出人类历史的永恒：永恒的正义，人类的永存。这里，让我们关注在媒体丑闻和历史不公正"丑闻"中所存在的普遍性，这是根据不同的行为目的而理解社会的一般规则。例如，这种普遍性表现在宗教领域中的万能上帝，他无所不能，行为不受人类掌控。

现在真正的问题是，丑闻这一事实的"客观性"，通过一个更特定方式产生丑闻的确切事实，尤其是媒体丑闻。现实问题来自于目的普遍性。早在宣称"道德恐慌研究"的学派里，首先从其产生的影响来处理丑闻，揭示丑闻特有的成为现实的方式，这始于英国伯明翰学派媒体社会学（科恩，1972；扬，1971）。他们的研究论文表明丑闻尽管由媒体制造，却产生政治性影响。这是一种特殊的现实效应。对于社会学的典型效应来说，研究议题一般是毒品消费、名人嫖娼行为或者犯罪的发生率。忽然之间，在一批集体意识的唤醒下，公共舆论话语说服自己，犯罪率呈上升趋势俨然已成为集体威胁。最近人们相信，对于排外的社会来说，突然来了很多外国人，会将整个社会置于危险之中。然而，这只是社会学上知名的托马斯定理的一种版本吗？处理丑闻这种媒体产品也暗示了"客观性"效应是不必要的。换句话说，在有效的因果关系中，相同的社会现实也可能导致其他不同效果。英国媒体社会学学派以这种方式在客观上起到捅马蜂窝的社会因果效应。虽然在相对有限的情况下，媒体有效的因果关系可以应用，然而，对于媒体效应的研究也是众所周知的问题和争论的焦点。尽管它有符号互动论者的愿望，甚至勒尔和海纳曼（1997）的媒体丑闻理论仍是延续这种方式，也远未真正超越它。这里的"符号性"还不足以引导阐述媒体的符号性质。根据宗教的社会学战争模式，我们只能选择经验主义真相或者符号其中一个阵营。然而，对媒体的符号性质的认知，并不是简单的阵营转换。

媒体和社会现实之间存在着一种很神奇的联系，那就是"规范"。作为实效主义者，我们在深层次的第三性里将之强调为社会符号（详见第 4.4 章）。社会性精确分析了一种符号关系，表明"社会现实"从未能简化成为面对面事实，否则，怎么可能建立"社会规范反映主导道德"的学说呢（勒尔和海纳曼，1997）？如果通过媒体生产丑闻，然后从社会性现实着手叙述形式，因此而形成像ηθη的叙述共同体（根据亚里士多德的《诗学》）。这也隐含在叙述本身，科恩和扬早年描述的"道德恐慌"，现在已经被带入更为清晰的视角，特别是与媒体文本本身因果关系连接（麦克罗比和桑顿，1995）：

> 虽然在他们的时代，道德恐慌的原始模型和引入的意识形态和霸权重述一直在作为例证在干预，我们认为不可能依赖过去阶段和周期的模型，单一的媒体，整体社会或霸权反作用力。大规模扩散和分化、小摊位和微媒体，多元声音，受制于"道德恐慌"的议题意义竞争和比赛。这也就表明原模型和修正后的模型都是过时的，他们远不可能考虑到存在于社会团体和媒体，"现实"和再现之间确定关系的复杂网络。

将规范摆弄成物质性的东西，从而可进行"客观性调研"，这很快就给我们带来不可逾越的障碍。基于集体的幻觉、新的规范，创建出来并得到特别批准。

符号再现并不是过渡阶段可以忽略的沟通，一旦发送方在接收方身上达到效果，等式则自动取消。符号的决定性因素在于他们本身，如果没有再现，则一无所有（自我 quoad nos）。皮尔斯著名的反对笛卡尔的反直觉主义者论争无须出现在这里（cf. 艾赫拉特，2005a，95ff），但我们仍需铭记在心。如何在没有符号的情况下考虑社会的因果关系？为什么媒体或者其他社会组织会影响真正的社会相互关系？如今，我们被卷入与后现代主义的辩论争端中，需要在这些问题上有彻底的反经验主义的立场。选择立场似乎是不可避免的，不仅是在选择研究此问题的社会学方法上，也在此问题的定义上。那些研究后现代方法论的人因此调查媒体与社会之间的关系，媒体丑闻与社会条件之间的关系，当然他们不会找到任何因果意义上的效应。如果就反映的这种本体论可归类为唯名论的现实主义，也就是说，唯名论认为存在有单一事实，并且最终能把一切变成任意的、非实在的、理论性假设。在此关键时刻，我们可以利用符号学的批判现实主义和实效主义作为对此效应问题的一种回应。由于符号的三元关系，不仅是以一种简单的形式，而是在三种模式下，任意事物都可"成为"符号。符号也不再是一种有识别力的概念，正如人们不再暗示任意事物的非符号。这里，正如前文所提，效应已经成为关系中的一部分了（第 4.2 章）。

我们对公众舆论的反映显示了我们在此（θέατρον）模式中高度复杂的符号关系，虽然这总是与现实的符号相连，但问题是：哪种现实？涉及公众舆论的符号究竟是什么？风力直接影响风标的符号（使用皮尔斯喜爱的示例直接关联到外在的现实）。对大众舆论的调查（历史实践的起源）证明了这是一种目标预设的符号。现在的目标是，对于每种定义，尚未成事实，但预示未来（futurum），更准确地说是未来的事实（facturum）。因此，在此目标领域下，大众舆论参照的是什么？究竟什么才是丑闻效应（我们最初的问题）？我们现在知道何种符号意味着丑闻可利用其效应，并且发现在产业实践中何种符号已被系统使用。因为符号描述的是认知行为，符号就是实践，而效应描述的则是确定实践的确定性效应。这也让我们更好地追寻传统的研究，而不仅是受到符号学的启示。

8.2.1　作为效应的丑闻

对任何丑闻效应的调查，可能会从矛盾修饰法的"经验文本效应"开始。事实和丑闻效应可以从三个方面来看，就是三种不同的传播实践，每种都有自身独特的语义场（然而，这往往会混淆他们之间的关系）：

1. 诠释（上游领域）。
2. 文本（媒体产品本身）。

3. 受众（下游领域）。

这三方面阐述了常见的叙述产品，每方面都是单独产生意义（或者必然隐含）的必不可少的一部分。即使是使用"经验"的方式（即不可理解的）去调查，叙述意义都包含这三方面。因此，"受众研究"（下游领域）对解释行为进行研究，而不是研究媒体消费的社会团体的社会心理学。诠释的语义丰富，包括"公共关系""危机管理""媒体活动""公关沟通""宣传"和"传播者研究"等方面，这些无非是让叙述目标显得更有意义。诠释也不仅是权力者对于低下者的"战略性行动"（因为这种行动已经运用到这种逻辑）。媒体顾问的核心在于对古老技艺的虚构，也就是争论术、辩证法和诡辩论（叔本华，1983）。在某一意义上，这三种观点都不由行为人、代理人或者社会机构构成。在埃塞尔和哈通的"微观视角"中（2004，1043f），例如，将丑闻视为四种行为的修补行为或是共同效果，包括：告发者、被谴者、非难者和评判人。也就是说，做坏事的人的邪恶行为是通过告发者规范的至尊权力显现出来的，这也从具体的人在共享的社会背景里的不同行为显现出来。如果描述者直接参与，这种手段无疑会对宫廷丑闻进行描述，那么从民族方法学逻辑的角度来说这就"造成"了所有其他参与者的社会行为。洛拉·蒙特兹，一位史上臭名昭著的丑闻人物，她的真名是伊丽莎白·罗赞娜·吉尔伯特，她和巴伐利亚州路德维格国王的一世情缘，成功地引发了1848年的慕尼黑革命。然而，当历史人物洛拉·蒙特兹最终在马克斯·奥菲尔斯的电影（《洛拉·蒙特兹》1955）中出现，这也许会成为白宫媒体丑闻的模型（或玛丽·安托瓦内特等），其意义就可以使用自发的文本规则来解释。人类真正的愤怒更深一层既没必要也无效果。接下来的问题说明如下：

1. 媒体丑闻究竟需不需要有效的社会现实来产生意义，例如，民间丑闻或任何其他社会经验？

2. 模仿的关系如何生成（好比拟像）？

3. 媒体产品从何处产生社会行为之外的潜在意义？

如果丑闻并不是客观的、世俗的事态，也不是主观想象，但也不能完全理解为单纯的文本结构，那么丑闻又是什么呢？换句话说，媒体丑闻可识别的特征是普遍性而不是概括性吗？我们可以掌控丑闻现实，就是施加于"全体"的可耻效果（普遍，而不是概括）。如果丑闻有更多的认知效果，也仍是社会行为或完成任务，那么如何以经验去衡量其效果？要回答这个问题，我们必须先确定这种效应在哪里，对谁施加这一效果且从何处可以进行衡量。

一个简单的传播模型，发送者—信息—接收器，或是"皮下注射器"的变体，这无疑太简单了。这种拟人化的模式并不能公平对待媒体的复杂本性，因为他们必须要减少心理效应的任何社会影响。传播模型，包括不同级别的抽象阶段更适用于，例如系统理论或者广义叙述学的生成论。在缺乏足够的抽象级别的情况下，三部分中至少有一个使用启发式研究和沟通。然而，用特定的抽象理论，诠释—文本—受众作为两种高级和一种低级抽象层次的基础：θεατρον（戏剧）模型的公众舆论更为抽象，虽然仍使用了拟人化，但纯粹语用逻辑水平代表了最高级别的抽象。在这种层次上，只能做出一种合理的选择，如是否具有行动性，或系统性，或现象学逻辑，或实效主义逻辑最为恰当。针对所有社会学或者社会功能分析都不太抽象，或者说是在一个较低的水平上。

《波士顿环球报》在 2003 年因其成功在波士顿总教区推出 CSA 丑闻被授予最著名的普利策奖（"有价值的公共服务"），此丑闻"报道了罗马天主教神父的性侵犯事件"。普利策委员会的官方推荐强调了《环球报》"勇敢的、全面的报道"，这"刺穿了教会的讳莫如深，激发了当地、国家和国际的反应并造成变化"（《波士顿环球报》，2003 年 4 月 8 日，A1）。这种制度的转换或许就是出版商巴伦（包装编辑部的发言人）认为的在历史维度中彻底的世界进步："你过去这一年里所创造的历史。你会使世界变成更美好、更安全并且更人性化的地方"（以一种奇怪的方式同时提醒着我们萨达姆之后以布什为代表的世界）。在《波士顿环球报》A19 版，同样描述了对于一个强大机构造成深刻变化的成就，尽管遭遇了阻力：

> 丑闻的报道撼动了罗马天主教会最核心内容，而《波士顿环球报》在昨天赢得了普利策奖，因其报道了从 2002 年 6 月 6 日开始，总教区未能阻止牧师约翰·吉欧根虐童案丑闻。一年后，波士顿强有力的教会因失去了领袖而深陷危机。《环球报》的报道包括了 2002 年大约 800 个故事，导致了整个美国甚至是世界开始审查神职人员的性虐待事件。

这一评估是由一系列的外部独立机构的消息来证实的。

> 汤姆·罗伯茨，《国家天主教纪事报》的编辑说道："有关所有维度的丑闻，确实以前所未有的方式动摇了教会。事实上，我们刚刚开始面对这样一个事实，这是一种腐败，并且是系统性的。在国家之间，它将被更为公开的处理，教会风气也会很快被整顿良好。"而沃尔特·V·罗宾逊，这位领导虐童案报道的环球聚焦栏目编辑说："在我还能忆起的有生之年，没有其他受人尊敬的机构像教堂这样被摧毁，""这影响不能说不巨大，考虑到教会特别是波士顿的红衣大主教长期存在的非凡影响力和道德权威。"

在 2002 年的 7 月 7 日，《环球报》的 D3 页，专栏作家安德鲁·格里利对过去五个月《环球报》的报道做出了总结，环球报的回顾调查报告题为"背叛：天主教堂的危机"。

> 洪都拉斯的红衣主教，很多人认为他会成为下一个教皇，他指责美国媒体（包括本文）像纳粹、共产党员、尼禄和戴克里先（罗马皇帝）一样迫害天主教堂。这位可怜的人一窍不通。事实上，《波士顿环球报》的调查人员帮了天主教堂大忙。这迫使天主教改革勉强的等级制度，它揭示了天主教的无知、傲慢、愚蠢和对等级制度感觉迟钝。这种罪恶模式已经初露端倪，成为侵蚀教堂的肿瘤，并且迫使主教去消除它。如果没有《环球报》的调查，6 月的达拉斯会议上，主教们也不会制定"保护儿童和年轻人的宪章"。更不用说他们本应任命的世俗监事会，以确保各自教区的承诺。

从经验主义来看，媒体丑闻不是观众而是制度性的转换行为。我们如何用实例来描述此行为的改变？要做到这点，我们需要准确地将此制度性行为描述为"以前"或是"经过"，然后进行比较。功能主义者描述一种制度性行为的整个运作方式与此无关，而描述一种严谨行为而进行的确定交互关系便已足够。作为一种互动，强权者（λογειον）必定认为无法接近"全体"大众（κοιλόν）的支持，除非它已由媒体（χορός）进行调解。制度正是代表此互动，这就不会引发对抗，因为大众就是处罚实例。这为争论设定了限制。从经验上来讲，丑闻效应充分被定义为体制行为的一种转换。"危机沟通"将自己描绘为修复的专业实践，体制的传播策略指导包括相关的体制行为因改变而接受咨询。由于任何丑闻经验在历史上都是偶然的（因为方法论是表意纪传体），所以缺乏广义抽象方法论（以法律为依据的）的把握。另一方面，概括"实际上"发生在寻找战略性行为的规则和方法时，对于咨询行业，这种认知能力是基础。

除了时机驱动的危机沟通，还存在着注重体制行为的永久产业实践。这种做法一直尝试将制度化本身就等同于孟德斯鸠的政治制度的权力分配。奥特斯丘尔（1984），特别是舒尔茨（1998）确认在类似体制的特点为"新闻调查"。舒尔茨提出平行地位的理论（新闻第四权）权力分配，作为新闻的一个分支（"作为一种对行使权力的检查"，1998，232）。在现实中，这种产业实践更是成了某种风气，正如舒尔茨自己承认的：记者恢复第四权理式责任的可能性在 20 世纪 90 年代徘徊，这是非常乐观的。尽管如此，也遭遇到反弹。在 20 世纪 90 年代末端，推动早期运动的原则遭到贬低。观众也显得越来越厌倦信息披露和绝对把握，管理层疲于高成本，而记者发现其注意力指向三流的讼棍，民粹主义运动旨在"指证罪人"，却陷入对公众人物的"饱和性"新闻报道（同上，230）。这种对关注度降低趋势的描述是更为中肯的产业意识形态，而不是一个体制行为。此种制度性骗局的历史命运可以预见："就像发生在本世纪初美国专揭名人丑闻的八卦杂志的流行并进入主流，然后消失，新闻调查的普及在 20 世纪 80 年代发展沿着一条相似的道路。在 90 年代初，有大量节目和出版物具备公开监督议程，特别是在商业电视时事报道方面"（同上，230）。

尽管有特殊之处，媒体丑闻显然已经成为大众产品。"常规丑闻"作为日常流出的文本实践确实要胜过偶尔监督："将焦点移回消费者欺骗、轻微犯罪、法律和秩序，百年以来的备用流行新闻……作为新闻和时事已经成为电视盈利的关键，不仅是娱乐，新闻要吸引普通大众也至关重要。电视新闻和时事像一只饥饿的野兽般吞食故事，贪得无厌地像肥皂剧和电视剧一样偏爱人格、魅力、好人和坏人"（同上，230）。然而，如果这些都变异成一种制度姿态，正如蒂芬（1999）强调的一样，这就成为一种政治制造。到这个阶段，丑闻的现实性已生效，并不由真实的叙述事件构成。相反，丑闻真正目的是为了进一步选择同样的政治目的，在于使用永久陈述这样所选事件的可能性。其形式尤其适合这样的目标，因为它产生的危机，这就将制度压力转而作用于丑闻对象的演员。

在制度之外，或第四权，更进一步，是为了提升一种平庸，尽管有一段时间盈利的工业实践规范性水平。麦奎尔（2003）提供了意识形态自证实体化的一种伦理传播实体化的标准案例。这将类型角色及其社会效应转换成"一些权利原则，和既满足社会基本要求又广泛接受主流媒体机构命令的责任"（ibid. 298）。然后是道德规范的列表来满足行业的最佳实践："尽可能多的利用有效的自由沟通，包括一个接收信息的公共权利（同上）。"此外，使用这种自由带来坚持真理的责任，在最广泛的意义上，包括信息量、开放、正直、诚实和可靠性。媒体有社群团结的义务集体参与社会生活，这包括表达和支持社会组成团体的需求和利益，以及满足基本知情权、社会和社会文化需求。媒体可以合法地解释并使用其出版权（同上）。然而，道德化仅是上游领域进一步研究选择的最终后果，过分强调主观经验的丑闻经常低估文本的生产。

8.3 主体性方式和功能主义批判

似乎没有什么比愤怒更有效的丑闻了。愤怒，相对于制度化或政治化的一种效应，是一种更加主观的体验。如果社会学研究对个人经历感兴趣的话，那唯一的条件则是它放大了丑闻的个体效应，导致了"正常生活"的困扰。这一假定（如同勒尔和海纳曼，1997）保守的品行会调节日常生活，就产生和"非正常事物"的一种自然对比。什么又是不正常呢，除了是否会产生道德义愤，含义却是不甚明晰，并以这种方式循环出现。

体验愤怒似乎很自然，然而却容易忽视丑闻被解释的本性。文本和丑闻差不多，是由预先设定目标来进行解释，所以，也同样可以分析丑闻效应。人们可以将该效应看作是一种交际目的，从具有内在联系的文本目标中区别开来。对主体性方式来说，因为这看似和媒体丑闻处理无关，却假定社会丑闻道德义愤的唤起和媒体相似。符号学也无法忽视丑闻来源于公共舆论，是超越政治控制权的一种政治设施。也许它应用了社会丑闻特定的一些模式，但是目前社会目标也已完全被取代。当声誉在社交领域岌岌可危时，舆论作为一种制度的强制力一般在多大程度上开始作用于所涵盖的民众。媒体丑闻破坏或至少是扰乱了权力拥有的合法化。尽管原始力量转化成权力获得"全体"的公认，而它建立的管理能力是为了强制每个人。相反，社会声誉则是扩散的，决不强制。那些失去社会声誉的人也许阻断了相互间的作用，这样来说，社会丑闻的处罚就是从定义出发而不在法庭裁决。这种丑闻也显示其惩罚特征，不是基于规则而是"全体"的自由裁决（例如：社会各阶层担心自身遭遇这样的丑闻）。

关于媒体丑闻，符号学认为目标确定为丑闻本身的诽谤性意义。这种手段的目标关注与其说是针对"全体"，不如说是对于丑闻惩罚对象的愤怒。或许有人会反对这一说法，例如，对于"名人"的惩罚并不符合这一点，因为对于他们来说没有产生负面影响，这是去合法性的结果。但到底什么才是这种媒体丑闻的特有对象？对于名人关注，并不意味着他们就是丑闻适宜的对象。之前，我们显示了对身份认同元文本发动惩罚的复杂性，在这里也提出了理式目标，但重点是假设，因为这些目标并不存在于道德中，而是由人类的具体行为所确定的（勒尔和海纳曼建议）。假设意味着阐释目标文本的预先决定（这种想法就如同ηθη亚里士多德的《诗学》一样古老，因为"风俗"也有叙述引导功能）。至于决定名人意义的情况，很有可能不是关心他们的道德福利，相反，是这里我们正在处理的"全体"，代表了很多大于实际的名人，以及形成示范的名人在这些场合构成的他们的普遍性认同。那么人们去寻找惩罚名人的丑闻效应是错误的。我们也不应该在观众的道德愤怒中寻找，两者都不是我们关注的焦点。因为他们并非目的，最多是用手段达到其真正目的，即建构"全体"的身份认同理式。

媒体丑闻和现实社会世界的关系并非显而易见。假设媒体丑闻的真实世界原因是很难的，因为真实的社会生活中有一些有意地、特定的违规者干着无数大家熟知的违反规则行为。即使有极少数的此类违规行为演化成丑闻，但是违反行为本身不会引起媒体丑闻的正常特异性。勒尔和海纳曼在谈及媒体丑闻时说，在其他标准下"这些丑闻必会发展成故事"（1997，13）。实际上，如果这种定义能够被颠覆以至于人们能夸张地说"叙述必须先发展成事件以后才会演化成丑闻"，那么这会是更正确不过了。丑闻的前身就是叙述，并且正如我们所看到的，叙述首先作为目的论来建设，随之而来的就是处罚。只有这时媒体丑闻才会变成现实经验，至于其他，勒尔和海纳曼的定义完全遵循正常的叙述准则：动机的归因（第三和第五个标准），和混合处罚（第四和第六个标准）。为了在丑闻故事中发挥作用，故事的叙述参数必须极尽详细，并由组合决定，因为引起丑闻的不是角色性格而是故事的典型进程。这一点经常被忽视（如上，1997）。丑闻最明显的特征就是从结尾处罚开始。一般情况下是先有结论，然后开始建构理式，这与"占主导地位的道德观"是基本一致的（如上，11）。

在θεαιρον模型总结中，媒体丑闻的叙述性，不仅是全面的技术，而且考虑到了公共领域的文化适应性。相对勒尔和海纳曼的基本叙述意识，既不需要求助于社会的道德本质，也不依赖愤怒的主观经验。他们（1997）或多或少地解释了丑闻。在我们分析案例中，他们留下太多问题：大规模的教会丑闻如何爆发，以及为何会出现得如此突然且出人意料？教会丑闻真正包含什么？这里，本意为叙述反应却把我们带到类似人类学反应。他人关于政治经济学的回应，已被证实是一种带来盈利的新形式新闻，甚至是在互联网新闻。裴伯和卫斯波德说："在20世纪90年代，互联网的出现不仅作为一种广泛的媒体技术，更是为丑闻提供了一个论坛。网络充斥着与丑闻相关的信息，如《德拉吉报道》网站对克林顿和莱温斯基绯闻的传播起着至关重要的作用，已为谣言和轰动提供了论坛。"然而，互联网不像新闻监督具有权威性（见艾赫拉特，2003），这大大减少了其惩罚潜能。

总体概况如下：下游领域的愤怒无法解释为什么有些事情变成了媒体丑闻，而上游领域违反规则是这一过程的关键所在。而唯一最直接的解释则是：它必须涉及解释或内部文本机制，这正如勒尔和海纳曼所见的开端。丑闻的有效成因是愤怒需要的解说项，但它并没有赢得真实效应，而只是赢得了对制度变迁的效应。只有文本从目的性的本质来解释媒体丑闻，其目的是有助于体制的转换性效应。

这就再次诱发了功能主义的幽灵，似乎这是对社会强制本身改变的直接而肤浅的解释。这授予了丑闻像生物体一样具备整体功能，并从功能上加以阐释。功能主义也阐释了丑闻的目的和效果。这也让我们更好地理解"效应"比丑闻消费者的道德愤怒更为广泛。此外，社会行为人的行动视角也会被拒绝，这种视角假设在任何具体的人类行动者实际目标下的宗旨都无须再论证。但是，我们从哪里可以获得这些社会通用性知识呢？最多我们会陷入社会学先验论之中吗？即使这些知识的来源伪装在生物隐喻背后，即使这将我们从在社会领域的超验主义思想的知识劳动中释放出来（如格奥尔格·齐美尔明确表明），最根本的问题仍然保留：社会目的不能被体验。有机体功能主义的思想早已存在于社会学绪论中（马里安克和特纳，1991，107）：

> 迪尔凯姆的功能主义以对社会融合或必备的强调，以及满足这种总体需求机制为特征。就此而言，迪尔凯姆直接跟随法国思想家，始于孟德斯鸠，继而孔多塞、杜尔哥、和卢梭，然后转至圣西门和孔德。在他的职业生涯中，迪尔凯姆提出解决基本问题的四个基本机制类型：1）文化（集体良知，集体表征），2）结构（结构间相互依赖关系和小群体的形成），3）人际关系（仪式和随后的欢腾感和社会团结），4）认知（分类、象征模式）。

从那时开始，我们就一直活在功能主义的困扰中，因为其知识基础受到了质疑。C. 赖特·米尔的伟大理论标签沿用了帕森斯的功能主义并且提出了这样的质疑：这和观察所得的社会分析和研究并不相关。

有些人发现功能主义的缺点，这就是社会的交互系统部分功不能从社会行为人的视角重新制定。而功能主义的系统理论着重强调了丑闻是超越任何行动者的视点（霍夫简，2001）。新功能主义家，例如亚历山大，认识到需要用行动理论来补充功能主义（施温，1998，76）："帕森斯在'解决问题模式'下进行……（斯梅尔瑟）将社会视为一个利用手段，目标导向的企业。在经历一定程序后，出现在某种分化状态的系统紧张在一个新层次的分化中得到解决。"然而，"扩展"在功能主义方法中仍然是外来物，因为系统功能倾注的务实动机仍然是令人费解的，但这对丑闻主体来说恰好是决定性的。

8.4 丑闻效应符号学

我们的结论是：通过文本生产，丑闻效应发挥独特目的。在现实影响下认知得以变化，这不是一个学习的经验，而是实施的目标。然而，其效果的确是真实的，也就是说，它改变了现实。上述问题只是关注轨迹的变化是否涉及愤怒感觉或在社会制度的"愤怒"（也受功能主义青睐，它不得不牺牲行为人的视角）。而符号实现了超个人的逻辑却没有抑制行为人视角，相关问题就在于：谁使用这个逻辑，又出于什么原因？根据皮尔斯在"如何使我们的观念明确"文中的方法，这些原因可以反映坚韧、权威或一个先验观念。最原始的方法就是保证绝对质量。在这里，丑闻只会动摇，影响社会的安全感。只要丑闻保持这种实际水平，就没有明确合宜的社会目的，而只是单纯保证目标。在一定意义上说，愤怒的感觉相当于惯常法，只要有"愤怒的社会变体"（其丰富的语义包括从沙文主义到政治正确的一切）。

然而在公共舆论领域，社会目的可以不再是一个纯粹的逻辑保证。根据形而上学的先验法，清晰的信念是达到美的观念的基础。公众舆论是这种"美的观念"。因为它不欠缺现实经验，它屏蔽了知识或学习的获取。一位法国大革命历史学家，受到启蒙理性意识形态的洗礼，将看不见的手想象为"不可侵犯的国家"共识，该共识没有建立在真理之上，而是显示了意见和利益的分歧。这种意识形态能够有效隐瞒不可逾越的利益冲突，对立，也是强制力量的最终依据，两者都是真实的经验（贝克，1990）。先验逻辑也可以包含权力主义特征，这和形而上学和权力主义方法之间的区别并不矛盾。由于前者在范畴上绝对高于后者，所以他们由权力主义方法组成。在符号关系中，权威之后是一个第二相关物决定其他两个相关物的关系，且决定第三相关物。

在社会领域，当然，"美的观念"不是一个美丽的心灵或灵魂产品，而是一种集体观念。我们的社会生活中除了公共领域，还充斥着有用的虚构。基本的法律概念（例如所有权）是常见的无形虚构规定的基本形式（卡文尔森，1988）；是无法体验的认知结果。因此，他们是规则而不是法律（自然）。"美的观念"可任意交换，即使在社会生活中，由惯性进行随意性检查，而经验只可被一个更充分理解的经验替换。社会观念都不是个人幻想，而是制度分类。

公共舆论明确是一个预先确定的目标，并由此走向逻辑目的论，而社会制度则不够清晰。不是所有人都可以轻易而精确地追溯历史格局，将公众舆论看作是社会政治制度。因此，并不是所有体制能够清楚地表达自己的意识形态基础。然而，有一个针对所有主要社会制度的足够数量的历史考察，足够他们看到目前的形势，而非想象可以选择的背景。想象一下不同形式的制度无须努力幻想，而只需一些历史想象。语义恒常性仅仅是暗示更稳定。保罗唯尼（1971）公正地说：我们应用"国家""法律""家庭"和类似的概念，好像他们指定的东西，以单一的方式和我们今天的制度现实一样，比如说，罗马。然而语义的使用并没有证据表明罗马作为国家（即，在罗马人民）是和当代国家制度"相同"的（基因）。此外，历史想象也已经失去，比如对古老奴隶制的理解。

如果所有的社会制度有因情况而异的逻辑基础，然后在某些格局中，相互影响形成意识形态。"美的观念"制度不在逻辑约束下发展，而是科学认知面对自己的错误方式（参见皮尔斯的实用准则）。社会制度只能是稳定和保持（通过"形而上学"如果不是权力主义的方式）。然而，该方法仍然可以成为我们行为的指导原则（控制），因为它也允许我们以一个想法修复信念，那就是一个符号。

即使在体制中行为人的视角也可维护。在体制丑闻中，我们不需要假定行为人直接关注丑闻的本身目的。然而，注意的是只有一个第二相关物，它总是由普通的第三相关物完成。这第三相关物的确以丑闻为目的，相对其他丑闻来源，由它预先决定社会制度的目标。如果丑闻是符号解释而不具操作功能，那么他们构成的解释，从目标体制本身的恶意解释不同。在此基础上，我们得到一个体制拟对话的可能性。恶意的不同解释的是现实中相对固定的模式，这是典型的公共舆论。然而，丑闻的力量使另一个体制强制被动。

如何将（非）合法化功能作为一个逻辑操作？重要的是行为人视角不仅主观，还是一个合乎逻辑的概括，具有社交性和传播性。从目的论产生媒体丑闻，一个共性发展呈现为在公众舆论中的"全体"需要进一步详细解释。这个"全体"存在于旧制度的历史事实是不充分的，它必须作为一个准逻辑约束出现。也必须被视为逻辑必要而不是任意强加。

人们可能被诱惑通过有机论的或系统的功能来解决一个生成的"全体"。然而这已呈下降趋势，或是打破一个社会的解释群体，或是放弃行为人角度（正如我们所看到的）。即使合法化，在一个社会生活中仍有一个起作用的连贯解释，而不是在一个封闭的社会系统之间协调的上级系统。然而，在一个社会仍有不同类型的行为。因此，也有逻辑各自连接不同的实用类型。行为控制概念的意义仍然是可能的，而不需要抛弃，只有现在，整个行为类别是可控的。例如，概念的丰富内容如"经济"或"钱"使得"所有可以构想的后果"这类行为明确（可以在反事实条件激活），所以他们构成了一个连贯逻辑。

然而在这一点上，重要的是这不是解释的终结。即使是这样一个"逻辑"行为（比如说，经济）可以进一步普及。然后人们得出可能的后果，例如更广泛和进一步的行为本身，因为它改变了世界然后"经济"本身相对可以参考更普遍的行为。在这种情况下"经济"和"钱"，仅仅是对理性行为类的一个特殊的情况—就是投机自私自利的行为（根据当时的经济理论）。从这个解释层次会立即得出结论，必须有一个单一的，最普遍的，也是最高的行为。皮尔斯避免这种黑格尔式陷阱，它足以成为符号，这是我们的想法，有一个相对更为普遍的相关关系（即，它是一个第一相关物的第三性），因此是相对不太普遍的一般定性关联。

在被解释时，一切事物本身必须在其他事物之前合法化，这使得语用符号比一个功能结构体系更为自由。实际在这种情况下，合法化手段"将带来法治"。在历史格局中，如果存在由一些类型的一般概念控制的大量一般行为，那这些行为已广泛合法化。然而，这些行为还可以进一步阐释彼此。而这些解释永远不会发展成相互排斥的"合理性"悖论，这意味着解释项没有发现进一步规则。这种合理性仍具备，例如齐美尔和韦伯中唯名论社会学的一个重要概念。当我们既不在历史哲学的方法论，也不在唯名论基础上共享，那么多方面综合问题就不太迫切。此外，最小的单位不再是必须纳入社会合成的个人主体。相反，每一个想法在本质上已经是对话，无论它发生在一个主体或是另一个主体符号过程中，然后继续加以解释。

8.5 制度：对目的的实际预设

如果这些制度存在于现实之中，那么它们到底是什么？关于社会制度的经典问题也同样出现在实际语境中。行为种类是基于它们的内在逻辑，如果它们存在，就不会不断地发明和再发明，相反，它们需要某种持久的存在。古典制度主义，例如雅克·卢梭，显示出使制度具体化和具体行为分解开的倾向。在此逻辑下，符号学毫无困难地得到历史性发展。

从制度（institution）这个词语的词源所获甚少。首先，它是圣加伊乌斯对未来法学家的指示。这也是为什么《查士丁尼法典》（*the proeomium of the Codex Justiniani*），后来被称为《法学文明法典》，专门介绍了"*cupidae legume juventuti.*"从那以后，关于制度的观点一直与规则相连，也保持着与其法学家起源的关联。关于制度的观念对任何社会理论都有着巨大的影响。接受这种想法意味着在原则上反对所有内在的自我本位论甚至是唯我论。也就是说，这将排除行为主义论，以及更为功利和理性选择的经济人理论。这种影响可能诱导新制度主义重新发现制度并在社会理论上得到进展。正如机会主义者努力谋求利益，经济理论过于强烈的影响对人类行为的理性加以定义。如我们所见，这显然不符合任何实效主义者对于行为的定义。至少，经济人可以对某种类型施加强烈的约束。

如果通过制度发生人类行为，这意味着对行为的控制。然而，控制手段不仅是意志行为遇到现实阻力，也是在更为普遍而非本身利益的规则。"市场"有一只看不见的手进行调控，适应经济人的机会主义利益。然而，通过制度的行为规范，理性和合理的普遍性显然是预先决定的。

人们很容易将这种行为还原性地设想为意志性行为，然后发展成为利益导向的动机。从行动者角度来看，这种观点几乎自然地强加给自身。更为困难的是如何理解普遍性与意志力的关联，因为后者只需主体和客体之间的二元极性。如何从行动者的角度来看我们所讨论的实用主义准则？无论如何，将可控制性引入行动与真理伦理学有关，这也就是"真相"价值。这又与制度有何关联？制度行为只能超越真相导向行为的复杂性，因为制度的目标预设有别于真相导向认知的理式。这不仅是由于前者的强制性质，还要通过其设定的逻辑性质成为"美的观念"。制度调节行为，在认知的同样情况下，没有强加的逻辑必要。有如此多内在偶然性，他们也确实需要强制来调节效应。首先，这就是真正的法律，然后来源于法律，以小规模的行为规定对应小规模的强制机制。对应于皮尔斯的"科学方法"，无拘无束的逻辑和认知在制度中是不存在的，但这种偶然性足以弥补目的和处罚的强制性。

制度能让人更好、更简单、负担更小地理解社会本身定义的形式问题。社会制度也就是解决方案，因为它们自身成为呈现宗旨的目标。从行动者角度来看，问题和解决方案都是重新制定的，当然这就是更大的一种优势。在没有前期引入吉登斯"代理"或是布迪厄的习惯，这是可行的，符号和阐释便已足够。定义问题不仅是一个实际生活问题，而且是一种让人对某些事情产生怀疑的逻辑过程，从而进入一个怀疑—信赖的周期。而怀疑仅是一个存在事实或问题，这就二价地存在于真相和现实阻力之间。因此，有一个问题是适合个人意志的理式对象，如果能将解决方案设定为目标，制度随后提供自身解决问题的方法。这个问题必须存在（即有事实的存在感）。目标（也可以说是制度）可以保持其普遍性，因此，也可以作为行动，一种将来时（*futurum*）。基于事实问题，制度依据目的论逻辑假设自身。

　　虽然复杂的过程描述是语用关键，但它完全符合符号的关系运作。制度所强调的是简单理由的符号，它们除了事实问题没有别的，也就是说，它们仅代表了一般的语用目标。通过使用其他的符号，来确定他们的正确解释，即现存的符号使用语境，对制度来说是一个此时此地经历的问题。没有某种"劣势"经验（这里指的是记忆或是想象中的），例如权利制度，这是不能解释的，它只是一个没有意义的符号。与其他制度一样，经验充足的事实决定了与制度相关的独特问题。

　　建立公共舆论制度还有多远？在这种方式下，什么问题被定义，并且可以通过公众舆论来解决？虽然这可能是个非常古老的问题，但有一种非常现代色彩的力量来确定非对称格局的分配。在此排列中，有一种绝对权力（君主），一直在作为反势力剥夺着大众的权力。解决方案是发明"全体"作为最高级惩罚的实例，同时也是典型制度角色的分配。同样，如果教会无法像其他制度那样合法化，教会也必须以某种方式扮演社会制度中的角色。问题的定义可能是制度的基础，在这种情况下很难识别，而普遍的对抗则显示出道德制度，社会问题可以被定义为在道德怀疑的状况下产生的话语处理。我们只需要通过理解社会功能问题，抵制来自于替代功能主义的诱惑。

　　而问题和它补充的制度上的解决方案并不是认知思维的自由发展，它们仍认为这太过任意。因此，目的论之间的冲突并不能排除，因为没有不受约束的社会元目的论存在，这类似于认知"长远情况下"并不可靠的自我修正过程。相比之下，每种目的论必须伴装是最终的一个，因其有效性不受限于其本质，它们将这种无穷归因于强加的任意性。目的论代表着对反抗现实本身的一系列连贯的强加的意图。因此，现实的问题是二元意志的结晶，然后从制度中接受"任意通用"的规则。

　　然而，规则的起源或产生，不见得是个人意志结果，而是敢于宣称制度权力源于梭伦的经验或是神秘的法律委员会，雅典城邦的原始立法者。社会契约理论，压力不仅源于个人意志而是全体的共识。这种逻辑问题起源于常规（即希腊政治理论背后隐藏着"法律规则"）。这种起源的偶然性可视为历史事实问题，但并不和这样的符号关系相关。

8.6　制度的去合法性：媒体丑闻目的

　　制度代表了合法性，而制度之间的冲突也反映了合法性的矛盾。在此矛盾中，一种制度只能让另一制度失去合法性。例如，宗教通过媒体丑闻的公共舆论丧失合法性。去合法性的效果远可以达到创立制度的定义问题。

这些问题出现在媒体丑闻里，例如涉及各种电视布道者。这里，集体体验部分问题即一种确定的二元世界观。邪恶从善良中分离导致了疾病被解释为魔鬼和上帝之间的拔河赛观点。只有在这种险恶环境下，制度化目的脱颖而出，即在充当救世的中介人后，电视布道者身边簇拥着信徒。在这样极端的个性化时代，电视布道者成了对手中的对手，所有人以他们为中心，集会仅是其附属。电视格式也将此制度化在时空的凝固中崭露头角（对比5.3章节）。继而通过公共舆论，这个二元世界会失去合法性：例如，"有害身心健康"或"原教旨主义者"。一旦发生这种情况，会在电视上演出不同效果。这将中介人转化为病态的盲信者或是虚伪、堕落的道德猎犬，其威胁听起来空洞无物。公共舆论已经处罚此人。一些意识到惩罚的电视布道者早已试图通过媒体丑闻来拯救他们，有时会使用极端的情绪化表演来公开忏悔罪恶，泣不成声，喋喋不休，上演极富表演性的一幕，例如特写镜头，将电视布道者主题变为表演的唯一内容。在公共舆论惩罚的早期过程中，丑闻目标有机会重新定义现实，如果没有成功，剩下的则是陨落的明星：电视布道者看着自己的伤口，不断抱怨或是攻击性地诽谤。

制度或其行动者可以试着通过"抢占先机"的策略使另一个制度失去合法性（威廉姆斯，布儒瓦和克罗瓦，1993，597）："抢占先机被定义为在爆出或被别人捅出之前，自行揭露（或是在法律允许下爆出自己的客户）负面信息。"下面给出五个这种策略有用的理由："框架"（即定义故事发生的背景），增加被告的"可信度""抗辩形成""旧新闻即无新闻"（即破坏惊喜时刻），和"意义的改变"（即与陈述者预期相协调）。而后来的研究认为最后一个为最重要的部分（多尼克，凯斯和威廉姆斯，2003，267）："抢占先机是指在劝阻的策略中，个人为减少在观众评估中的负面形象而首先揭示潜在罪证的行为。"同时，多尼克以及他的同事们根据其隐秘性，看到了这种策略的影响，当然这也不是他们的新发现。作为一种古老的修辞手法，其主要目的是通过预期的忏悔，重新定义自身的至少是部分的弱点。重新定义发生在不同层面，从坠形珍珠问题开始，使得估值问题非常有价值。这种策略最初在法庭上成功地练就。丑闻的目标因此以本身的制度为基础，可以解救其定义问题，为其提供不仅可忏悔，并且可构造有利环境的信息。

阿潘和庞珀将此法庭策略运用到公共关系中（2003，295）："抢占先机的策略……也许会减少记者使用违约的危机新闻框架和新闻价值的冲突或混乱相一致的可能性。因此，实践者可能会加强记者的可信度来塑造新闻文本的良好意义。""违约的危机新闻框架"的实质性代表了那些刻板报道，这有助于将完全分化的事件机械地归结为惯例事件类型（即我们概念化为元文本）。最有趣的结果是，除了权威的话语者，一个重新定义的现实被报道，与被视为对立的文本惩罚的可能性进行比较。因为这种对待不具备合法性，但当目标制度成功地抢到了先机，重申新的合法性，尽管经证明是失败的。因为对立方的惩罚仍有可能，这种策略尤需谨慎使用。"因此，当抢占先机被视为坦白、即时沟通最真挚的尝试，其结果可能是记者被视为可信的实践者和信息的接受者。另一方面，如果实践被认定为可操控的，其结果可能是更多有关于公共关系实践者和其组织对立面的报道"（阿潘和庞珀，2003，296）。

虽然后现代主义倾向于强调现实定义的多样性（泰勒，2005），对立面的解释在公共舆论的语境里显得更为充足。合法性并不是任意的，法律的观念指明了目标（或者说至少其实施的可能性）。尽管存在大量故事，但每种解释只有一个实际的目的，那就是目的论。如果目的论崩溃了，甚至导致目标的问题，那么整个故事将会瓦解从而引发一个不同的故事。波士顿 CSA 丑闻显示了所有令人满意的透明度。在分析故事中的隐射含义时，我们仍然可以发现被认可的自主文字的不同来源，还有隐藏在主要"丑闻"论述中的另一层含义。在公共舆论合法的揭露下，这也包含了不同问题的定义，制度的解决方案和自身的合法化。

可能存在整个策略库以躲避媒体丑闻的无情机器，甚至是将那机器转化成自己的优势，成功地扭转局面。在所有这些策略中，全体参与者都知道其利害关系，并且为制度背后的合法性而使某个制度失去合法性的残忍事实，这不仅仅是构成主义者的"现实"。在紧要关头习惯性动作的可行性或不可行性就好像是规则操控下的集体。丑闻通过改变其规则，确实在对社会现实有影响，并真正改变行为。现实被定义为一种行为准则，而在实效主义中规则则被付诸行动。这让我们专注于规则本身而未忘记现实。"可传导的"现实是合乎情理的，因为合理性只不过是可被重新解释的行为种类，由此合法化有所不同。公共关系几乎像丑闻一样可以被重新解读，两者都立足进一步解释情况下带来误会和欺骗。通过其"正确的"解释，新闻业和公关产品拉开距离，通过其能力更好地解读公关因其既定利益而只能狭隘再现的东西。同样，丑闻也是可被解释的，有些虽然难以解释清楚，但当别人愤怒地过度解读放大的目的论时，丑闻也不向刺激让步。两种解读的方向完全相反，产生了实际效应，并且也不利于现实的改变和制度合法性的缺失。

从行动者的角度，现实在实际设想中具有重现性，因此，惩罚也同样能构成现实，因为它们有时会阻碍行为。这在超越制度框架的情况下，也适用于个人意向。在公共意见下的实际主体的现实性变化，公开通过对若干不良行为和邪恶意图等的裁决结果。这些很难上升到丑闻，但丑闻会异常放大所有负面的解释。丑闻不仅为负面结果负责而解释实际的主体，且具有负面地概括主体能力。从而，真正的效果是通过对个体行为人和其他实际的规范行为获得的，出现这种解释正是实际的责任归因。媒体丑闻中最主要的是没有可承认的责任人让丑闻可以防患于未然（见普亚，2002）。在政治系统中，责任作为一种准则并不难分配，因为总会有人负责，或为此得到称赞。万一实际行为只由实际的个体负实际责任，丑闻的维度需以转移扩大责任至更高层。发生在2002年的波士顿CSA丑闻中，弱小的个体犯罪者逐渐让媒体失去了兴趣，反之，在确定主教的"系统性犯罪"后，反作用于拒绝给予这些人类行为实例任何合理性的传统方式（见5.7章）。

媒体丑闻目的的问题没有被体制性的现实而耗尽，其同样也从个体行为人的角度深入。然而，媒体丑闻是影响制度的唯一途径。这一点早在波士顿丑闻中清晰地得以证明，水门事件和拉链门事件也给予了美国总统职位新的定义（舒德森，2004；汤普森，2000）。

总之，如我们所见，丑闻的效应是真实的，但究竟真正意义上引发它们的真正原因是什么？这个问题是"客观丑闻行为"声明的原因。无疑事件的客观性，客观事件的丑闻性质根本上并不那么客观。

考虑此问题有助于朝着原因的方面，从反方向上延伸现实效果的认证。体制行为的创立被定义为制度为问题所提供的解决方案。在此因果链下，丑闻只不过是抛出问题和定义问题的恶性手段，这以丑闻从压力中暂时拿出解决方案为特征。其塑造能力，创造意义的潜力仍是决定性的，但这并不意味着永久的状态。只有制度能够永久化，并固定化。当固化进一步发展时，丑闻将从外部挑战机制的逻辑性。

这并不是重新包装的立教的"现实主义"新闻研究（较之6.2章），有两点原因：首先，它并不否认叙述新闻产品的潜在形成意义。其次，我们并不沉迷于天真的真实性概念。事实并不是丑闻偶然碰到的"存在"，他们只需要捡起并传递给目标体制。丑闻的"事实"并不是普通的物理的或是社会的世界；相反，他们受制于丑闻。

然而匆忙下结论，即新闻行业仅是一个娱乐行业，易被完全误解。这个结论并非没有"谨慎的报道"，报纸也不只是编造童话故事。甚至，它并不意味着在媒体行业之外不存在同样的意义生产。

这并不是说前所未闻的科学研究在努力变为一种公共辩论。例如，流行病的研究能确定癌细胞分布在哪些区域的常规检查。但这个研究的重点，即此方法毫无办法表明因果关系，不是正态分布的方法而产生的一张变异彩图。虽然这种单调乏味的图片在几乎所有情况下都可能流行开来，当它可视化时，其实际意义便显露出来。例如，在锥形的顶端插入焚化炉的外形。尤吉·贝拉说："从理论上讲，理论和实践是没有区别的；而在实践中，则是有区别的。"即使没有因果支撑，这样的发现也迫切需要政治行为来支持。成分的添加让某些模式的权力合法性丧失，如强大的企业利用无能为力的普通百姓；以及一个英雄的任务是保卫民众；出于适当原因，罗宾汉就是绿色和平组织的角色代表。这些附加成分就把科学报告变成公共舆论的一隅。新闻故事甚至可能以报告者的研究为基础，或是一种收集其他精确的新闻与信息的主要来源，如数据库、公共记录和其他数据采集。即使当记者使用第二手数据，比如包含他人结论文本的第一手数据，仍是一种信息收集。

然而，记者如果不写故事，如果他们不是使用这些数据来写故事，如果他们没有选择和整理这些数据，就不能完成他们的任务，为他们创造的故事谋出路。这些故事是目的论逻辑性的创建，正如我们所证明的，事实的真相难以预测，但它旨在因其目的而调整事实。这种逻辑性的差异，一旦被认可，也将为承认真正的意义做出贡献，并完整地出现在新闻中。从更广泛的文化角度看，在我们的社会中还有更重要的具有公共领域意义的角色。

关于历史文化格局中的"公共领域"，我们可以问以下几个问题：这种权力的确是一个紧迫的问题，它需要一个永久的解决方案吗？显然，根据资产阶级历史文化的适应性，专制主义时代之后，权力有被滥用的危险，有一种本体论被分为两种，抓住权力和权力剥夺。此外，这样的身份是一种永久遭受打压的问题吗？为了保持功能公共领域至少应继续存在。然而，什么是实现社会现实下的丑闻条件？这种丑闻存在条件的可能性是"自由民主"（裴伯和卫斯波德，2004a），因为在这里腐败破坏了信任，这有赖于公共的责任吗？从这个角度来看，没有信任是新的现实问题，它迫切需要一个至少在权力领域新制度的解决方案。

权力没有任何公共责任是可能的，实际上，大部分时间它都在被运用。目前，它在公共空间之外及其富有责任。精确的控制机制也出现在当代国家机器的透明度模型：民政专员，消费者保护中心，议会和司法部门。这一切表明了一般涉嫌的滥用权力，因为权力本质上是很诱人的；而另一方面，权力必须在负责人的监督下行使。这实质上是舆论的现实压力。然而，从历史上看，自由民主的国家则是例外。在中世纪佛罗伦萨和威尼斯等共和国家，君主制国家的权力并无责任。在这些国家，正常的情况我们都可能称之为"腐败"的比喻，因为这属于自然（paraphernale）的力量。政治权力的增强对应于重要性以及司法影响的增加。背信弃义是没有可能的，因为权力不依靠信任，而是各种各样的暴力。马奇亚维利的《君主论》提供了所有的细节，但它是一个完全不同的问题意识，他宣扬不承担责任，但要提高权力的效率（他个人也是受害者）。

相反，我们所分析的丑闻显示一个非常成功又高度成问题的权力定义。比如说，咨询牧师和治疗师滥用其年轻的波士顿客户的信心和信任，这引发了现实压力，这体验可以变成一个丑闻吗？对于权力的经验和想象的可能滥用真的要紧吗？媒体或媒体丑闻会发展吗？因此，丑闻是某些权力经验的一致的社会反作用吗？在仔细检查后，丑闻造成的经验不仅是事实，还是加工产品，更有甚者，是必须采取措施。我们当然经历过痛苦的、讨厌的事情，但我们不必把他们当作是丑闻的缘由来经历。真正的丑闻导致了这种形式是"去做"而不是"做过"。因此，意图和目的穿透深层的事实，构成结论的事实将这种假定变为通俗的经验。没有这些确凿的事实，我们的经验只是在没有导向性的痛苦下，漫无目的的抑郁。然而，构成的问题，即使是丑闻那样恶性的形式，是将真实的现实和认知的目的结合的物品。制度就是在这样的问题中建立的。

明确地公开舆论，导致它不能仅是心神不安，且一般要承受痛苦，而使在优势和强大的校园欺凌经历变得显而易见。只有当目标引出事实时，权力才转变成一个问题，丑闻的原因。这一目标可以采取简单的理式化模式，或计划对危机的反作用，或其他任何形式的吸引力，包括禁忌。将事实变成有问题的事实甚至不需要实际痛苦或压力的加强。唯一重要的是，它应该存在，伴随着整合的理式，若非存在于现状之中，当然偶尔也未被排除在外。说教禁令有效地将义务与真实，实际的病症与克服或防止问题发生的任务相结合。连续的丑闻链不断施加这种压力，在这里它可以明确化，但同时也存在系统性麻醉此痛苦的权力。权力冲突在形式积极的法律中找到永久性的解决方案，这是赋予所有和每个人的绝对权力，包括权力持有者和立法者。

每个人都会犯错，因此，如果有人寻找简单的经验当作是现实丑闻的缘由。社会制度的权力总是基于定义问题，而不是强力的实际经验（痛苦）和软弱。两种经验的客体，体制和媒体丑闻，都包含目的论，在原则上允许我们确定目的论如何经历事实。在类比第二性和第三性的公共舆论的符号（如上所述），社会现实变为导致丑闻的原因。这使我们能够避免我们减少陷入对二元事实的理解经验，三元的第三性也是一种经验。这种典型的媒体丑闻，两种完全不同类型的体验混合和链接：事实和普遍性。一般在逻辑上，社会制度的经验因此丰富了事实经验，只能从二价上辨别真假。纯粹事实从来都不是造成丑闻可能性的充分条件。目的论或义务，同样也需有经验。

现在，我们可以认为这就是情境的符号关系。在丑闻中，与事实的关联即第二关联物，这无须被扩展。在目的论第三性的重压下，也就是说，第二关联物被简化为一个例子。其中有些一定是显而易见的，这些不仅是纯粹的事实，也是一般规律的实例。在这个意义上，对于指定的第二关联物不能是假的，因为这将导致法律暂停，也会引发新一轮的怀疑信仰的周期。尤其是在丑闻中，这种规律和目的论在原则上非常广泛，在有限的条件上永远不可能被伪造。目的论的实例：宇宙大爆炸之后宇宙在不断地扩大。这种断言不仅是被认定为宇宙的一般规律，也构成了一种目标的共性。这个目标未必需要决定每一元素的行为，例如，这种元素并不有助于目标对一般规律的伪造。特别是通过间接的手段，同样也可以获得一个目标，即萨尔瓦，在矛盾，偏差、退化中不管怎样持续奏效。事实上，如果本身能达到或者拒绝那么最终将被证实，如果另一个目标是与第一个逻辑相矛盾，那么最终组成的因果关系则不是有效的原因。

恰好同样的逻辑也适用于公共舆论的目标，并且权力的控制是这样的一种永久的任务。而符号和逻辑的框架不变，实际目标的理由是可以互换的。有些人在原则上则宣称权力就如邪恶的妖精，永远无法抑制其野心的增长。在另一种极端里，其他人证明权力作为上帝无限的力量，这种控制只能阻碍上帝的恩典。另有一些人反对神权控制下的腐败，似乎卫斯波德逻辑方法的背后是：祝福那些破坏了人类弱点或罪恶的自身利益的行为。最后因果关系不管实体化的理论，也同样支持这不同甚至矛盾的真相，这些都是社会古典哲学辩论的终结。问题是是否有共同利益（善公社），还是只有自我的私人利益（在数额上根据功利主义观点增加大家的利益）。语义的相关性在整个复杂的过程中仅是逻辑的本质目标，与事实的逻辑本质形成对比。公共舆论享有的特权，最终将不会受制于伪造的目标。同时，事实中内置的符号关系，暗示目标是可证伪的，权力是可控的，正如客观丑闻每天在证明一样。当我们阅读历史书时，有谁敢反驳这个观点吗？

结　　论

本书专注于两个中心话题，正如我们在引言中所说，其中没有一个在本学科中是不言而喻的或广泛接受的。我们首先论证，必须在理论和历史上掌握公共领域如何建构意义；其二，从公共领域到宗教之间存在内在关系。关于第一个论点，有人会忽略决定公共理论特性的徒劳努力，转而加以对显而易见的解释。第二论点将宗教引入可能显得冒险或任意，然而一旦包含范围确定，两个论点都掩盖了更深的挑战。如果公共领域并非没有理论支撑，意见的纯粹事实、经验汇集、以此构成意义（如我们所论），人们是否剥夺了个人乐意想什么的不可让与的权利？第一个挑战是舆论必须理解为意义，而非陈述为事实。如果有可能辨别公众舆论和公共领域作为全体主张的意义的明确形式，即使在历史和文化上是偶然的。第二个挑战只能是识别相互抵触意义的普遍形式。当法律和政治权力早被认可为逻辑上常和舆论起冲突或危险勾结时，我们已论证公共领域，被正确理解的话就和宗教发生特别关系。通过其意义建构的各自特性，他们因逻辑需要的特殊力量而相互关联，然而通过其各自主张而以特别不稳定的方式共栖。那些类似主张会导致两个后果：或是造成瓦解的冲突，或是元文本战术下的从属。后者就是丑闻的情况。假使潜在意义建构的解释和竞争关系是有效的，这会组成一个公共丑闻的新奇理论。作为符号意义理论，这一丑闻理论的新颖性也在于缺乏所有心理诠释。

从事公共领域特性研究是重要的吗？它当然不是新颖的见解，但可解构公众舆论研究的虚假有效性，其中我们已提及布尔迪厄和其著名论文（布尔迪厄1980）。"公众舆论研究"公司的调查假装把抽样的"公众舆论"作为目标以创建统计抽象化。然而，舆论不是等同于一群人或大众确定部分的意识（意见）的经验内容。正如布尔迪厄在突出实用的例子中所示，调查工业大部分都继续以自觉简化的意义模式为实践基础。作为社会学家，布尔迪厄为破坏性较小的社会意义研究手段而战，但社会意义不同于公众意义。相反，媒体呈现完全不同的情形，社会意义也非简单是某种特别类型。产生公众舆论的媒体通过文本创造意义，因此可能比简单社会行为更为严格和确切。

和公众舆论调查相对的消极地舆论界定仍然不是一个独立的理论实体。这样的理论只有通过彻底的批评，与重要理论（主要指卢曼和哈贝马斯理论）相对比才能成功。另外，重要的是将整个社会情境理论化，以便把握规范性，不仅如此，却是作为社会生产，普遍符号。直到那时，公共领域标准的独特理式规范才会在实用主义－符号社会理论中具备理论基础，而非意外的假定。作为规范，公众舆论和丑闻显示出特别的标准逻辑，同时作为有限但明确的社会实践。形成理论的努力是必需的，因为舆论是无形的，而非经验主义的，是纯粹的意义结构，是从内部产生的社会认知逻辑。和舆论相比，我们从意义的广阔领域理解和分析社会，且包含三种存在类型模式。和社会认知的广泛背景相反，重要的是强调公共舆论的局限，并非是思想的必然。严格来说，认知的或社会的必然性根本不存在，可以说是偷偷地寄生在社会机制中，最终经历史发展作为准制度附生于其他社会制度。

从公共意义形式来看，这不可能没有后果。哲学以往规范地仅仅关注公共意义认知。由于它是真实的认知，哲学认知理论自从亚里士多德和柏拉图论述修辞起就陷入困境，直到今天人们最多承认不太严格的次要的认知形式——未成年（次要）的尊严。通过尼采已经普及的后现代态度，出现彻底的真理和认知修辞化。自此，哲学学科强制（不由自主）发明不同的相等物可以取代真实认知。公共领域的相等物由哈贝马斯以哲学社会范畴竭力主张引荐（然而，实行后他又试图将其重新纳入真理的认知过程）。事实上，在目前哲学反映真理的事务状态下，不可否认的是过程永远无法终结，但仍需一个（走向结束）的方向。真相不再能够被定义为本质的，唯一的选择就是完全取消真相的概念，只承认某些真相效果，正如我们在与极端的构成主义辩论时所讨论的。因此，舆论并不被视为不够哲学，认知价值不足，那只剩下一种选择出于某种历史偶然考虑——也就是从确定方面理解认知过程。

这种决心不如它看起来容易实现，因为尽管它是纯粹意义，舆论并非简单的认知。我们全然运用符号理论的方法来决定，可表达实用主义的纯粹和抽象形式。它的实践优势在于符号分析不仅是推论必需的思维形式，而且是任何意义形式。哈贝马斯意义建构的语言分析最清楚地表明其方法仅能够发现公共意义是一种"真正意义"的缺陷形式（三种效度要求的论述理由）。他称该缺陷为（策略的、非理性的、代理的）同样对于符号学来说，第一参照点是基于经验的认知。皮尔斯将此领会为在科学方法中实现，平平受到无限制的、无边际认知进步的约束，还不能保证一贯正确的。然而，其他类型的意义也有效履行解答真切疑问、灌输新教义的实用功能。纯粹历史偶然设定的意义也被归入此列；公共领域宣传和公众舆论是非常重要的构型实例。在此设想下，公共舆论仍和调查研究的抽象统计差别很大，后者仅试图创造一个个人意见的汇集，试图显示的确存在着事实的公众舆论（常常分化为公众意见广泛组织的数量减少）。然而事实上，没有谁特别接受这一观点，它是一纯粹的抽象概念。然而，在媒体显示的公众舆论和个人单一意见完全不同，且毫无关系。我们清楚表明此类意义的从出生到历史发展的状况，在公众舆论媒体的日常文本证据，这里的决定性区别在于其独特的事实，也就是公众舆论或"所有"意见，构成意义及其效果。这不再是叙述再现的客观事实（正如行业神话客观性所显示），但构成全然不同的"主体性"以判断如何再现事实。"全体"人意见表达却无须明确。叙述形式（事实再现）定向为标准判断，而且并非没有目的。

　　需要特有手段来领会意义的存在。考虑到通常调查实践和构成主义哲学—社会方法的不足，这样一种手段更为势在必行。符号学，符号关系的抽象形式，一方面是由于组成三个通用范畴最可能的意义抽象，每一种可能意义在认知真实体验的过程中形成。另一方面，普遍范畴的意义分析也能够用于分析偶然的、历史意义。人们不合理地质询像公共领域的纯粹意义实体意义的真正象征（不是物质的）存在，它永远不会超过相当模糊的意识形态；如果是调查记者团体集体的，或者仅是一个单独操作者的政治世界观。符号学允许我们证明其存在并同时取得资格。该证明分两个步骤来进行：第一，我们必须论述这一符号在原则上是可能的，该种意义的抽象形式起初是可信的。第二，同样重要的是，此意义实践的历史事实存在（不必证明必需但只能是存在）。符号性质（第一相关物）决定意义（符号关系的第三相关物），阐释的独有类型。至于舆论，符号的独有性质使得目的论成为标志和意义的中心步骤。此特征的差异恰在于以经验为基础的认知。这样决定的如目的论的一般抽象术语，该意义并非特别在宣传过程中实现。它也将存在于其他历史构造的比较形式中，比如，实质上经济想法的增长。然而，它已变成作为公众舆论的具体历史，而历史决定的意义仅能被描述。抽象类型意义和历史构造的结合在叙述和戏剧的再现是不同类型，且指导我们分析《波士顿环球报》文章，几乎像描写古代剧场装置一样。只有意义相同允许我们识别同一事物实例，尽管它们在时间和实践上相隔很远。

　　随着悲剧，古代西方文化带来了非常特别的，源于狄俄尼索斯崇拜的宗教再现形式。当然对于悲剧不独特的是它在扮演致命的救难事件中，包含所有人参与的神圣仪式。这一特点由其他崇拜形式共享并存在于其他文化中。大部分情况下，是基本事件的如实重复，有时甚至盲目相同。勒内吉拉尔认为此模拟是起始的集体谋杀。但在悲剧中独特的是，这一事件是命运。人类卷入神圣命运，而神的惩罚无法衡量。这简直无法比较的命运成为仪式，因而通过行动再现理所当然。

为什么有狄俄尼索斯崇拜，个中道理尚未得知，基于此崇拜的文化应该选择和制造的正是这种形式的再现，连同其狂欢因素。尽管我们交给尼采去思索悲剧的诞生，去发现其中差别和同一性的取消。我们可以限制自己将悲剧仅仅看成历史事实。事实本身可以描述，而在欧洲文化的核心深处诞生了独特单一模式的意义。然后我们可以回顾历史，这种模式在深层文化中如何保留、转化和培养。原先的影响之深，公共舆论可赋予其"事实"形式。一方面，狄俄尼索斯在戏剧实践中得以保存而未间断并继续发展。另一方面，它也通过其源头和叙述紧密相连，命运的纠缠只能产生临时、趋向结束的意义形式，和惩罚一样无可挽回。

对于此种恒常的意义形式却自古就发生变化，我们不应感到惊讶。因此我们不期望当代的戏剧实践能够自觉意识到狄俄尼索斯崇拜再现。而在我们当代剧场，全面的狄厄尼索斯崇拜可能已感觉不到，尽管酒神已分裂成意义领地，有些方面仍能真正被感知，其中之一的领地就是公共舆论。这里尤其要忍受无情的戏剧惩罚。当代戏剧表演，相反进行得完全无伤大雅。它们当然仍是戏剧，可是不很严肃，即不是神圣的戏剧。他们仍为观众代表演员，但所有在剧中涉及观众的努力引起反作用（与布莱希特同步）造成被强迫的印象。他们不再成功让观众得到唯美主义的含糊安慰。所有这些恐怖效果在古代，尤其是早期酒神舞台上都得到呈现，并且是剧场意义的中心。最低限度来说，观剧应导向净化，不管在戏剧的悲剧可怕体验中站在哪一方的观众。这一古代剧场核心在当代世界不得不被放逐，在此仍有严肃的惩罚，行为不端也被无情惩罚，甚至作恶是在无意识或根本不知的情况下夸张地说，古代悲剧的深层特性存在于现代公众舆论，恰是因为它不仅是舆论，还具有现实效果的严肃惩罚。

如果公众舆论是古代戏剧形式意义继承的唯一案例，人们本可以对其起源产生怀疑，然而剧场逻辑也延续了其简单叙述性。在异文化中，叙述种类和其他风格不同的西方风格中得以保存（如神话风格）。特别的新闻故事尤其强调和依赖典型特征的西方风格：强力的目的论倾向，通过"反转的金字塔"，这一实践将亚里士多德的《诗学》（59a. 19）奉为神圣，已成为新闻故事类型的主要特点。人们可以不夸大戏剧模式的意义对西方文化渗透的深度和多样性，而最终在 18 世纪经过小册子的广泛宣传，和绝对论者的僧侣开战获得权力的合法化，几乎看起来自然的是选择惊人逆转的"公众舆论裁决"隐喻。然而在重构过去过错事实因素，裁决是永远相伴而非严格规范的法庭程序，该裁决也不是根据先前制定的法律过程。裁决形式的公众舆论，只存在于一个意义模型：酒神。作为行动和判断的交响乐轨迹的逻辑意义唯其此，领队和合唱队的解释实例在于此，其功能就是发出严正的道德警告。此外，仅在这里我们发现条款实例拥有全部知识。唯其如此，公众舆论才能像神的声音一样对权力拥有者做出裁决。

我们或许期望公众舆论的现代从业者在他们的实践中摈弃超越性功能。甚至是传播学拒绝认真对待调查记者对令人惊奇的论点辩护，并使其做法具免疫力。记者甚至保证其深刻反省。在"忠实于人民"的自利口号背后的原理（对信任源的不忠表现的辩护）是调查记者常常提出的夸张口号？至少在调查情境下，无人严肃声称遵循"独立新闻"实践。忠于某某，尤其是忠诚正被控制（转换），独立就被抛弃了。调查报告反而明确而慎重呼吁一种规范性，以承受（实施）接受者的处罚。然而没有必要当真，指望宣告自我认识的调查从业者（自我认识不是无意识的，在原则上与实践一致）。在这件事上，我们可以通过展示产品本身——在新闻故事目的论的运作下，以符号的安全方式有利于自身。当目的论逻辑约束行为再现很强时，这主要通过批评或惩罚演员来论证。目的本身不再是可协商的，且甚至无须被主题化或提及。在具体运用中，逻辑约束当然更为复杂。我们在两个元文本中以具体规范性形式使其复杂性可被分析。尤其具体在文本层面上，包含所有酒神理论痕迹。

有一点创造性和努力，人们甚至可能集合支持公众舆论构成目的论论点争辩。公众舆论的确带有为上帝代言的所有特性。将意义模式点连接起来，认出神学知识形式，超越授权。然而，这样一种争论（温和）是夸张，即使技术上有可靠的符号学文本分析支撑，揭示出这个公共领域意义功能的默示预想（隐性的前提）。但更重要的是布局（构象），即是与"他者"神学高度对抗，和以神之名言说和授权相反。一旦我们领会这一意义对抗，惊人的相似才能抓住丑闻宗教的程序。宗教媒体丑闻就和其他丑闻有所区分。政治丑闻也循着同样的削弱合法化的意义步骤，但缺乏对公共知识本身的根本挑战。它不公然反抗整体的公共认知，包括该认知像宗教—甚至像宗教必须为了其身份的暗示角色。宗教如何像宗教（目前）对世俗未决的公共舆论做出反应（原先相当神圣）是另一种论述—是神学反应，不在我们此际关心之列。简单参考汉斯·乌尔斯，冯·巴尔塔萨经典神学著作，犹太－基督教对悲剧和古代剧场的反应的彻底反省（巴尔塔萨，1937，1973）。我们站在对宗教声明做出反应的公共舆论一边，站在媒体丑闻一边。

本研究关心与宗教相关的媒体丑闻，宗教存在于从属的媒体世界。冲突关系，相当复杂的意义建构技巧，公共领域和意识形态基础自我曝光的危险等，它们的内在机制才是我们真正的主题。已分析的 CSA 丑闻是关键。表面上，媒体报道内容涉及基本特征，在成功建立联系前并无神职和宗教之间的固有关系。因为像性虐童这种普遍的社会问题（已在成百上千的研究论文和项目中做过调查，仅致力于探讨此问题的专业科学杂志就已过剩。我们提到，或引用了它们中的一些。他们的证据指向家庭作为这一巨大社会问题和悲惨人类现实的主要神经轨迹，加上身体虐待或暴力）。我们已分析了一种新型的带有明显特性的媒体类型，带有清楚的特有身份，即牧师的 CSA。这里 CSA 不再是一个社会问题，而是牧师的宗教问题。牧师尤其令人愤怒的是他们声称可以有利于特别的神圣宽恕。从牧师的自身角度来看，他们建立身份，不从个人目的和兴趣，而是从接受的授权出发行动。这使他们的角色具有特色并反映在其行为中，从而向合适的评估标准和惩罚妥协。然而最重要的是，这一神圣授权保证其他世俗目标授权的案例被阻止惩罚，但是不仅对宗教原告方有豁免权效应。宗教丑闻的意义建构对公众舆论方产生相应效果。当逻辑控制下，提出元文本时，我们已然分析从属文本效应。实施处罚，不比元文本规范性更具正当性，公众舆论能同时假设并同样正确地预设行动。错误惩罚固有的貌似有理显得更有说服力，而公众舆论，一个元文本，假定这一目标角色高于它选择授权的任意行动。正如它处理政治权力合法化一样。